政治文化与政治文明书系

主 编: 高 建 马德普

政治文化与政治文明书系

美国公民不服从理论研究

On the Theory of Civil Disobedience in America

郝 炜◎著

天津出版传媒集团

天津人民出版社

图书在版编目（ＣＩＰ）数据

美国公民不服从理论研究 / 郝炜著. –– 天津 : 天
津人民出版社, 2022.11
　（政治文化与政治文明书系）
　ISBN 978-7-201-19033-4

　Ⅰ.①美… Ⅱ.①郝… Ⅲ.①公民—社会行为—理论
研究—美国 Ⅳ.①D971.21

中国版本图书馆 CIP 数据核字(2022)第 223051 号

美国公民不服从理论研究
MEIGUO GONGMIN BUFUCONG LILUN YANJIU

出　　版	天津人民出版社	
出版人	刘　庆	
地　　址	天津市和平区西康路35号康岳大厦	
邮政编码	300051	
邮购电话	(022)23332469	
电子信箱	reader@tjrmcbs.com	
责任编辑	郑　玥	
美术编辑	卢炀炀	
印　　刷	天津新华印务有限公司	
经　　销	新华书店	
开　　本	710毫米×1000毫米 1/16	
印　　张	22.5	
插　　页	2	
字　　数	290千字	
版次印次	2022年11月第1版　2022年11月第1次印刷	
定　　价	89.00元	

政治文化与政治文明书系

天津师范大学政治文化与政治文明建设研究院·天津人民出版社

编 委 会

代序：公民不服从的多重面向与两张面孔

　　如果说权力是政治学的核心，那么权威与服从就是围绕这个核心展开的既对立又统一的两个概念。如果权力是一枚硬币，权威与服从就是权力这枚硬币的两个面。把这两面翻过来，覆过去，我们就会发现，这两个面为我们展示的，是一个问题。正是从这个意义上讲，政治的根本问题也就在于人们为什么会服从国家，服从权力。在现代民主国家，这个问题就是公民为什么会服从国家，服从权力。公民不服从理论，正是从一个相反相成的方面对权力这一重要问题进行了回应。研究公民为什么会服从与研究公民为什么会不服从，其原理是一样的。甚至在一定程度上，研究公民不服从比研究公民服从更有意义和价值。毕竟，在传统的君主专制体制下，臣民没有不服从的权利。当然，在现代民主国家，公民的不服从也不在权利范围之内。这决定了公民不服从的两张面孔。同时，公民不服从广泛地涉及民主的、法治的、道德的，既有实践的指向，也有理论的系统，存在着多重面向。

一、公民不服从的多重面向

公民不服从有着明确的实践面向。无论是像美国、加拿大这样的西方发达国家，还是像巴西、伊朗这样的发展中国家，甚至在公认的发达民主国家，都会频繁地发生公民不服从行为，确实值得我们高度关注。2016 年，美国的"民主之春"运动还自称为 21 世纪以来规模最大的公民不服从运动。正因为如此，自 20 世纪六七十年代美国民权运动以来，公民不服从一直是美国政治学界、法学界等各个学科领域的学者经常讨论的热点话题。

美国公民不服从理论的产生与美国的政治实践紧密地联系在一起。从美国建国早期的波士顿倾茶事件，到美国内战前后的废奴运动，再到后来的女性选举权运动、反战运动和民权运动，公民不服从一直是美国政治实践的一条主线。实际上，一直到现在，在少数族裔、性别、性、移民等一系列文化多元主义运动当中，不同群体的抗议活动此起彼伏，平权运动、女权运动、同性恋运动等依然充斥美国的政治生活，甚至直接影响到整个西方社会。除此之外，当代美国的全球化、信息化都会在不同程度上受到来自各方面力量、各种各样的抗议，为民族主义、民粹主义在美国的复兴提供了温床。这也是美国为什么会有比较丰富的公民不服从理论研究的实践基础。

公民不服从（Civil Disobedience），也有译"非暴力反抗""善良违法"或"公民抗命"等。作为一个术语，公民不服从首次出现在 19 世纪思想家梭罗的文本当中；作为一种理论，公民不服从理论产生于 20 世纪五六十年代的美国，繁荣于 70 年代，一直延续至今。总的来看，这些理论主要集中在道德、民主、法治等几个方面，这也是研究公民不服从的基本框架，吸引了来自政治学、法学、伦理学等不同学科的学者。

代序:公民不服从的多重面向与两张面孔

公民不服从是一种横跨了法治、民主与道德等众多领域的行为。作为一种政治行为,公民不服从首先涉及的就是法律。在这当中,有对法律的判断,也有对不服从行为的判断。法律与民主,法律与道德之间也都存在着内在的张力,这已经是不争的事实了。从法律与民主的关系来看,民主是良法形成的基础,法律是民主过程的结果。然而民主在汇聚公民意志、利益的基础上形成的公共产品,可能是法律,也可能是决策,会与已经发布正在执行的法律之间存在冲突,从而引发公民据于民主的不服从行为。从法律与道德的张力来看,法律是公序良俗的体现,与道德保持着紧密的联系,道德是法律的基础,法律是道德法律化的结果。然而道德观念的变化,不同道德观念的冲突,也会使道德与法律产生各种冲突与矛盾,也会引发公民据于道德的不服从行为。

从法治角度来看,法治的内在悖论是公民不服从的逻辑起点。按照亚里士多德的法治标准,法律必须被服从只是一个方面,另一个方面是被服从的法律必须是良法。在这里,良法并不仅仅是一种形式的要求,也有着实质的内涵。既然现实的法律体系和政治安排无法完全排除恶法的可能性,那么恶法就能够为公民不服从提供依据。同时,法治底层基于价值的判断,也会使得在一部分人眼中的良法在另一部分人那里却是"恶法"。当价值多元形成竞争时,良法的判断也会陷入一种混乱。从法律角度来看,公民不服从带有典型的违法性质,在法律上都不具有正当性,因而应当受到法律的制裁。不服从的公民也不会从法律上为自己作为一种政治策略的不服从辩解,甚至会从不服从行为的法律和社会后果出发,自愿接受法律的惩罚。然而在法理学、法哲学的意义上,公民不服从可能恰恰是因具有比合法律性更高的合法性,从而具有正当性。

从道德角度来看,个人的自律与他律之间存在冲突、权威与自治之间存在矛盾,这成为公民不服从的主观动因。服从他人还是服从自己?哲学无政府主义否认任何外在的道德义务,主张忠于个人内心的道德判断;相反,绝对主义国家观强调公民服从国家的绝对义务,否认个人的不服从权利。在不服从的理论谱系中,也存在着梭罗式的去政治化倾向和暴力革命两种倾向。公民不服从并不试图颠覆整个法律体系或政治安排,同时又会诉诸公共正义,表现为一种集体的政治行为。不服从的公民不是从法律本身来考虑不服从的行为,而是将不服从行为视为一种本着良心的行为。在这些人看来,他们的行为虽然违背了法律或政策,但是这些法律或政策本身就缺乏道德依据,是一种不道德的法律或政策。他们的反抗或是不服从恰恰表达了一种更为高尚的道德,应当得到法律的承认。

民主常常是公民不服从行为频繁发生的实验场。民主所蕴含的多数原则与多数决定的正当性之间的冲突、民主参与的合法途径与非正式的政治参与之间的冲突,都构成了公民不服从的内在动因。在当代美国的民主语境下,由于民主本身的缺陷导致了公民不服从的可能,所以只有依赖民主的不断完善才能消除或削弱公民不服从的诱因。虽然现代民主是多种主体、多重机制、多样规则的复合体,但是多数原则是一种底线规则。我们不能把多数原则当作民主,但多数原则毋庸置疑是现代民主的形式要件。然而多数原则容易造成多数暴政,无法保证民主过程与结果之间的确定性,在权力使用、权利保障、自由、平等、公共政策、国际政治等多方面存在困境,在很多时候无法实现民主程序的本意,必然会引发公民不服从。同时,理想民主与现实民主之间的差距也构成民主语境下公民不服从的正当理由。因此,多数原则的悖论、民主的应然与实然之间的差距构成了公民不服从的发生论证成逻辑,而基于民主的目的论证成将公民不服从视为一种民主政体下的功能性反对派,与压力集团、反对派政党等传统反对派不同,公民不服从有利于维护政权的权威，既能够避免法治成为特权和寡头权力的私有物从而与公民脱节，又能够激发公民对于政治系统的关注和参与，从而达到强化法治的效果。

在人类步入信息化、全球化的新时代，公民不服从也表现出新的形势、新的特点。信息化时代，传统公民正在成为网络公民，尤其是像"90后"，"00后"这些"网络原住民"，其观念、行为都发生了重要的变化，也从各个方面挑战着传统公民的不服从。网络上的公民不服从正在更新着人们对公民不服从的认识，人们面临着的黑客行为以及为这种行为辩护的黑客主义，就是一个例证。全球化时代，传统公民正在成为全球公民，他们有更为开放的理念、更为广阔的视野，对传统公民服从的秩序来讲，形成了各式各样的挑战。全球正义、跨国公民抗议以及国际人道主义干预等主题，都在挑战传统的国家界限和物理空间，甚至直接挑战传统的公民不服从理论。

二、公民不服从的两张面孔

在规范与经验之间，公民不服从找到了自己生长的空间，这也是公民不服从理论的生长空间，也决定了公民不服从的两张面孔。公民接受了道德标准、法治原则和民主价值，但这并不意味着一定会接受特定的政策或法律，从而也就不能排除基于理想对现实的不服从。说到底，这种不服从仍然还是体现出规范与经验的张力。从法律角度来看，公民不服从理论无法用法律来证明违法的正当性，因而无法逃出法律的制裁。就像用黑客行为来推动互联网安全建设一样，通过违法来推动法治建设的做法存在着自我否定的悖论。类似的情况在道德标准和民主原则方面也同样存在。

在公民不服从理论的两端，矗立着人类政治行为的两个最重要主体，一端是个人,一端是国家。就作为权利主体的个人这一端来看,是权利、义务、服从,就作为权力主体的国家这一端来看,是权力、责任、权威。这些概念形成了政治哲学一系列的对立统一,是我们必须辨析的一系列概念。对于个人而言,有两个极端,要么是完全的服从,要么是彻底的革命。对于国家而言,也有两个极端,要么是完全的权威,要么是彻底的放纵。然而更为务实的政治实践会在个人与国家两种力量的拉扯过程中,准备更多的选项。政治哲学的价值之一就是避免极端,不是走向这个谱系的两个极端,而是在国家与个人之间达成某种程度的和解。国家要努力地寻求合法性,而不是一味地借助暴力;个人也要在国家的框架内找到权利与义务的平衡,不只有臣民和暴民两种选项。实际上,公民不服从理论正是寻求这种平衡的理论。一方面,它给挑战国家权威的不服从行为限定了诸多条件,以论证其行为的正当性;另一方面要求国家权威在一定程度上接纳和容忍公民不服从行为,并努力论证其对国家政治发展的益处。

围绕着服从与不服从这个基本维度,我们可以区别各种各样的意识形态。在意识形态光谱的两端,矗立着人类政治行为的两个极端,完全不服从、完全服从。比如,强调可以完全不服从的,属于无政府主义;强调必须完全服从的,属于专制主义。在这中间,还存在着部分不服从,部分服从的国家主义、自由主义、社群主义、保守主义、社会民主主义等各种各样的意识形态。从个人角度,也存在着绝对的个人主义和绝对的集体主义,中间还有各种各样的个人与集体混杂的意识形态。不同的意识形态,实际上都试图在各自价值的基础上建立自己的理论基础,提出自己的政策主张,借以达成对服从与不服从的认知。同时,不同的意识形态,对于公民不服从的证成逻辑也是不一样的。自由主义的道德发生论立足良心、正义和自然权利来证明公民不服从的正当性,而社群主义的道德发生论证成更为激进,将公民不服从视为一种公民义务。

公民不服从，有着两张面孔。激进的不服从将国家与权力视为桎梏，试图彻底打破，否认个人对国家的服从义务；保守的不服从则将现存政治秩序视为合理，即使是不正义的法律或政策也有其存在的合理性，需要得到服从以维持秩序。公民不服从理论则试图在这种服从与不服从之间找到一种平衡，既能够达到影响和变更不正义的法律或政策的目的，又能够减轻造成伤害的社会后果以及承认既有的政治秩序。我们也应该看到，当代美国的公民不服从理论，还没有找到激进与保守之间的平衡点，法治的、道德和民主的方法，都无法为这种平衡提供解决方案。尤其是在信息化和全球化的背景下，这种失衡被进一步放大，公民不服从的理论更多是提出了问题，而不是提出解决问题的方案。同时，在美国的公民不服从理论中，法治、道德与民主三者的关系彼此勾连，然而从任何一个角度来看，公民不服从都充满了悬而未决的问题。

对于公民不服从，也大体上形成了两种类型的研究。一种是政治哲学层面的规范分析，还有一种是政治科学层面的实证判断。两者虽然目标上殊途同归，但也有着很大的差别。从政治科学的角度研究公民不服从，包括政治参与、社会运动和社会抗争等主题，更多注重行为本身的描述与解释，强调影响因素、行为动机、行为后果等内容。从政治哲学的角度研究公民不服从，则更偏重探讨公民不服从行为的正当性问题，侧重于从政治哲学的层面对上述行为进行规范性讨论。无论是臣民，还是公民，他们是否有权反抗统治者，这一直是政治哲学争论不休的一个话题。对于公民不服从与服从的各种状态，也随着人类在不同历史时期，不同国家和不同地域而呈现出不同状态。

不管怎样，公民不服从的理论与实践推动我们去思考政治更深层次的东西。公民不服从的最大挑战，也是其最值得我们反思的意义就是政治权威

美国公民不服从理论研究

不能再以不证自明的方式来为自己的合法性辩护。任何政治权威都不是绝对的存在,都必须提供自身合法性的依据。这个过程是以公民不服从的形式表现出来,但这枚硬币的另一面,还是权威的合法性。对公民不服从理论的研究有助于我们理解当代世界范围内各种各样的不服从行为,甚至是激进的政治行为。在法律意义上用"违法"将这些政治行为一棍子打死,并不是解决这些不服从行为的唯一办法,有的时候,不仅不能解决问题,还会把问题积累起来,不利于社会的进步。

如何从理论上,尤其是以理论与实践相结合的视角对公民不服从的现象更好地分析,有着非常强的实践意义。在西方世界,"公民不服从"一词并不陌生,但对于国内民众而言,第一次近距离接触"公民不服从"一词还是通过发生于2014年至2016年的香港"占中"运动,这一次接触导致了很多误解和困惑。虽然本书并不涉及这些内容,但是结合中国的政治实践,开展对公民不服从的研究并不是没有意义的,相反是很有价值的。

中国人可能对甘地和马丁·路德·金等公民不服从运动的政治领袖非常熟悉,但对公民不服从的相关理论研究可能还不甚明了。当代西方政治哲学的大家,像梭罗、贝多、罗尔斯、阿伦特、德沃金、哈贝马斯,这些思想大家的公民不服从理论,在中国的学术界有一定的介绍,但还并不系统。这都提醒我们,公民不服从是一个非常值得研究的主题。直到现在,郝炜毕业也近10年,但学界对这一主题的研究成果仍不多,也并不令人满意。在这个意义上,这本书的出版,无论是在理论上,还是在实践当中,都有着积极的意义。

郝炜是我招收的第二个博士,有着很好的学术基础,并且学习很勤奋。硕士在中国人民大学毕业后,他在山西农业大学工作,我就劝他做一些村民自治方面的研究。但他很坚定地希望做政治思想的研究,选择了最艰难,也是最有挑战性的方向。公民不服从理论,也是他自己选的研究主题。经过几次交流，我觉得这是一个非常好的题目。一方面，这确实是政治思想研究当中非常重要的主题；另一方面，这一主题也能为某些正在发生的政治实践提供底层的逻辑。博士论文写作期间，郝炜同学非常用功，很多努力和思考是我没有想到的。论文进展也很顺利，能非常好地完成我们的预期目标。郝炜博士毕业以后，虽然也做了其他领域的研究，但始终在不断地完善公民不服从的研究，可以说这本书是十年磨一剑了。他在著作出版之际，让我为他写一个序，我很高兴，也希望这本书的出版能够推动我们对公民不服从的研究。

佟德志

2022 年底于天津

目 录

导　论

一、研究背景

公民不服从理论在美国发轫于 20 世纪五六十年代,繁荣于 70 年代。这种繁荣源于这一时期美国风云激荡的政治实践,黑人民权运动、反战运动、女权运动、同性恋权利运动、反战运动、环保运动、青年(学生)运动、反主流文化以及赞成堕胎合法运动(pro-choice movement)等,这些政治实践充斥着那个时期美国的政治生活,正如阿伦特指出的那样:"近年来,不仅在美国,而且在世界上其他很多地方,不服从民事和刑事法律,已经成为一种群众性的现象。对既有权威——无论是宗教的还是世俗的,社会的还是政治的——的违抗已经成为全球现象,有朝一日它或许会被看成是近十年来最突出的事件。"① 正是在这样的社会背景下,大量的关于公民不服从的重要著作得以问世。究其根源,公民不服从思想的崛起不外是二战后美国经济社会发展的结果。

————

① ［美］汉娜·阿伦特:《共和的危机》,郑辟瑞译,上海人民出版社,2013 年,第 52 页。

1

首先,这种发展表现为二战后人们对正常生活的渴望与冷战政治之间的矛盾。二战结束后的美国,战争的阴影还没有消失,冷战的恐怖气氛又接踵而至。美国一方面在国际上与苏联对抗,另一方面在国内清除所谓的"共产主义意识形态",打击进步势力。这种形势直接催生了冷战政治。1945年3月,美国众议院将成立于1938年的"非美委员会"(House Un-American Activities Committee)改为常设机构。与此同时,由于美国国内通货膨胀指数急剧上升,工人罢工日益频繁,众议院非美委员会借机指责工会已被共产党渗透,极力煽动公众反对共产主义和共产党,甚至在1947年对以好莱坞电影为代表的娱乐业进行了控制和审查,以确保大众媒体促进美国的资本主义和传统美国价值观的发展。1950年,约瑟夫·麦卡锡出现在反共产主义运动的最前线,使得1954年以前美国超越了反共产主义而开始进一步反对自由与民主,即所谓麦卡锡主义。这是一种旨在对左派和自由派进行攻击,以没有证据支撑的断言为依据,施行时也没有注意到基本的自由权的政治行为方式,随之而来的结果便是赤色恐惧和忠诚政治。与此同时,美国人期待国家继续保持持续经济增长,从而能够充分地享受生活,这种矛盾使得对国家的不服从成为可能。

其次,这种发展表现为二战后少数族裔和妇女处境的倒退与他们的权利意识之间的矛盾。就前者而言,二战后退伍军人的就业需求、工商业雇佣习惯的恢复,使得妇女和少数族裔面临着回归传统角色的窘境,妇女被要求回归家庭,少数族裔又回到了技术含量较低的工作岗位,公平就业消失了。然而离婚率的上升与南部非洲裔美国人选民登记数量的增加及其在体育领域的成功都预示着他们对这种不公平现实的反抗。"对妇女和少数族裔来说,在紧接着的战后时期,经历了相当大的收入和地位的损失,因为社会期望'下层阶级'返回到它的战前状态。但是战争已经给那些处在白人郊区以及国家不断扩大的富裕以外的人们注入了新的活力。"①当他们的美国梦与现实遭遇时,"在整个南部,得到最高法院裁决支持的非洲裔美国人民权运动,开始冲破法律隔离之墙"②。这就是为什么20世纪60年代达到巅峰的民权运动在50年代的阿肯色州的小石城和亚拉巴马州的蒙哥马利开始显示其威力的原因。

在当代美国的社会背景下,各种针对不同议题的抗议活动依然存在,而且似乎成为一种美国政治的常态,来自少数族裔、妇女、移民、穷人等不同群体的抗议活动此起彼伏,平权运动、女权运动、环境运动、同性恋运动、反战运动等依然充斥美国的政治生活,全球化、城市发展、就业、医疗等各种问题都能够引起公民不服从行为。所以在当代美国公民不服从依然是一个理论热点,20世纪以来的政治学理论、法学理论和哲学理论依然在为公民不服从思想提供着理论文本。

对于美国公民不服从理论的研究不仅有助于理解美国政治及其发展的逻辑,更重要的是,这一研究符合当代中国的现实需要,契合中国的现实国情。

首先,全面推进依法治国是我国当前政治体制改革的重心。改革开放以来的涉及政治体制改革的政治文本一直强调的是党的领导、人民当家作主与依法治国的有机统一,在坚持党的领导这一基本原则的前提下,民主与法治一直是党和国家矢志不渝的政治目标。邓小平在1979年《民主和法制两手都不能削弱》的讲话中指出:"民主和法制,这两个方面都应该加强,过去我们都不足。要加强民主就要加强法制。没有广泛的民主是不行的,没有健全的法制也是不行的。"③对于民主与法治建设而言,2005年中国国务院新

---

① [美]卡罗尔·帕金、克里斯托弗·米勒等:《美国史》(下册),东方出版中心,2013年,第115页。
② [美]卡罗尔·帕金、克里斯托弗·米勒等:《美国史》(下册),东方出版中心,2013年,第125页。
③ 《邓小平文选》(第二卷),人民出版社,1983年,第189页。

闻办公室发布的《中国的民主政治建设》白皮书中确立的基本原则是不能照搬西式民主与法治，但能够借鉴其有益成果。就社会主义法治建设而言，2014年党的十八届四中全会通过的《中共中央关于全面推进依法治国若干重大问题的决定》明确了全面推进依法治国的重大任务，即：完善以宪法为核心的中国特色社会主义法律体系，加强宪法实施；深入推进依法行政，加快建设法治政府；保证公正司法，提高司法公信力；增强全民法治观念，推进法治社会建设；加强法治工作队伍建设；加强和改进党对全面推进依法治国的领导。可见，唯有更好地实现党的领导、人民当家作主、依法治国的有机统一，才能实现社会的有序、健康和稳定发展。这些重大任务体现了人类追求法治的思想精华，例如宪法的核心地位、法治政府、司法公正和公民的法治观念等，又带有我国独有的社会主义特色。这些无疑体现了党和国家树立和保障宪法和法律在我国政治生活和社会生活中的崇高地位的法治建设方向。在这一背景下，从学理上探讨民主与法治建设过程中可能会出现的问题就显得尤为必要。

其次，转型期社会矛盾的凸显与群体性事件的多发态势对党的执政能力与国家治理能力提出了挑战。中国共产党的领导地位和国家的正当性是由两方面的因素赋予的，一是新民主主义革命的胜利与国家的建立，二是国家治理的效力，或言社会治理的能力。改革开放以来，在中国共产党的领导下，中国发生了广泛而深刻的变化，经济、政治、文化和社会领域所取得的成就举世瞩目，这是中国共产党和国家能够保持凝聚力和社会稳定的基本力量。然而处于转型期的中国又不可避免地面临着各种矛盾和挑战，经济领域中随着经济结构的调整，地区发展的不平衡、社会利益分化所带来的深层次矛盾蕴含着各种不稳定因素；在政治和社会领域，局部地区的党群关系、官民关系出现紧张化甚至是对立的趋势。

　　从政治学角度而言，群体性事件实际上造成了对党和政府正当性的挑战。而党和政府对群体性事件的回应也经历了一个观念上的变化,对于群体性事件的称谓也能够从一个侧面反映这种变化, 如从"群众闹事""聚众闹事""治安事件""群众性治安事件""突发事件""治安突发事件""治安紧急事件""突发性治安事件"和"紧急治安事件",到2000年由公安部发布的关于《公安机关处置群体性治安事件规定》(公发〔2000〕5号)称之为"群体性治安事件",直到2006年党的十六届六中全会通过的《中共中央于关构建社会主义和谐社会若干重大问题的决定》才确定了"群体性事件"这一名称,后来在各种文件中均沿用下来,而且党的十六届六中全会通过的《决定》首次将群体性事件的成因定性为人民内部矛盾。①这种观念的变化反映了党的执政理念和政府职能观念的变化,片面的压制思维已然不能适应当前社会治理的需要,以法治与对话为特征的政治理念应运而生。

　　2013年,党的十八届三中全会通过的《中共中央关于全面深化改革若干重大问题的决定》明确提出要促进"国家治理体系与国家治理能力的现代化",而要实现这一点,就必须更加注重改革的系统性、整体性、协同性,加快发展社会主义市场经济、民主政治、先进文化、和谐社会、生态文明,让一切劳动、知识、技术、管理、资本的活力竞相迸发,让一切创造社会财富的源泉充分涌流,让发展成果更多更公平惠及全体人民。在这种背景下,对社会冲突与群体性事件的分析与应对不能笼统视之,而是应当加以区别。由于引发群体性事件的诱因非常复杂,②因此某些基于正当理由的违法行为与那些恶性事件应当区别对待,国家在"有法可依、有法必依、违法必究、执法必严"的

---

① 李保臣:《我国近五年群体性事件研究》,华中师范大学博士论文,2013年。

② 中国社会科学院法学研究所法治指数创新工程项目组:《群体性事件的特点、诱因及其应对》,载李林、田禾主编:《中国法治发展报告(2014)》,社会科学文献出版社,2014年,第280页。

原则之外，在一定条件下也应当对前者给予某种宽容，从而更加积极地缓解社会矛盾，维护社会稳定。无论如何，对于转型期的中国而言，寻求满足稳定与发展的双重要求的最佳路径是当前的根本任务，一方面改革开放所取得的成就为党和国家的正当性提供着持续的支持，另一方面各种矛盾所导致的不稳定因素又对这种正当性构成挑战，这种张力又可能会反作用于新时期的各项改革事业。

二、文献回顾

(一)国内研究综述

国内学界对于公民不服从理论的研究少之又少，根据中国知网数据库的搜索结果①，主题中包含"公民不服从"一词的硕士学位论文有 14 篇。这些文章的学理大多立足梭罗、罗尔斯、阿伦特和德沃金等人的文献，其中尤以罗尔斯为盛，专论罗尔斯公民不服从理论的就有 4 篇②。而专论公民不服从的学术论文有 33 篇左右，这些论文的论述主要集中在对梭罗、罗尔斯、阿伦特、德沃金以及哈贝马斯等人的相关思想的介绍。从这些论文的内容来看，国内对于公民不服从的理解受罗尔斯的影响较大，尽管所使用的材料相对较为单薄，但这些论文反映了国内对于西方尤其是美国的公民不服从理论的把握初步具有一个较为规范的学理构架，涵盖了公民不服从的概念、特

---

① 截至 2015 年 4 月 2 日，按照"公民不服从"这一关键词在中国知网数据库进行检索，总结果显示有 117 条文献，其中专论公民不服从的学位论文和学术期刊论文大致有 47 条。

② 刘小波：《论罗尔斯的公民不服从理论》，武汉大学，2005 年；吴树昌：《罗尔斯公民不服从思想初探》，西南政法大学，2010 年；徐文侠，《罗尔斯公民不服从理论研究》，辽宁大学，2011 年；邱竹：《从"不服从"到"温和抵抗"——罗尔斯温和抵抗理论的伦理解读》，西南大学，2010 年。

征、类型，以及公民不服从的正当性、民主和法治与公民不服从的关系等一些基本问题。

在对西方公民不服从理论的译介方面，国内学界对于"公民不服从"这一概念的规范使用也经历了一个较长的过程。最初国内"Civil Disobedience"的译法主要有两种，即"非暴力反抗"和"善良违法"，直到1993年，萧阳在《哲学评论》（第一辑）上发表《罗尔斯的〈正义论〉及其中译》①一文，对何怀宏等移译的罗尔斯《正义论》的第一个版本（1988）中的译法提出了质疑，认为此版本将"Civil Disobedience"译为"非暴力反抗"并未反映出罗尔斯的本意，何怀宏教授作了回应并接受了"公民不服从"的译法，②并在《正义论》（修订版）（2009）译本中进行了相应的修订。信春鹰和吴玉章对德沃金的《认真对待权利》的译本也进行了相应的修正，将原先的"善良违法"（1998）改译为"公民不服从"（2008），但张国清版的《原则问题》（2005）的译本中仍然沿用"非暴力反抗"的译法。从美国的公民不服从理论来看，非暴力反抗主要来自甘地和马丁·路德·金，但甘地后来更多地使用"非暴力不合作"和"真理力量"来描述其反抗哲学，而金本人也并未将非暴力反抗与公民不服从等同起来。将罗尔斯回归到美国的公民不服从理论之中，他的观点更偏向保守，更强调公民不服从本身在民主国家中的限度，因而强调公民不服从的非暴力特征，但同时罗尔斯又并未绝对否定公民不服从的暴力因素。事实上，非暴力是否可作为公民不服从的一个必要条件或证成依据，美国的公民不服从理论莫衷一是。因此，使用公民不服从一词比非暴力反抗更能涵盖包括罗尔斯本人在内的美国公民不服从理论的全貌。

---

①　萧阳：《罗尔斯的〈正义论〉及其中译》，载《哲学评论》（第一辑），社会科学文献出版社，1993年，第231~258页。

②　何怀宏：《关于"Civil Disobedience"的翻译——答肖阳的批评》，载何怀宏编：《西方公民不服从传统》，吉林人民出版社，2001年，第250~263页。

美国公民不服从理论研究

目前,国内对于公民不服从的专题译介只有何怀宏的《西方公民不服从的传统》①这一读本,这个读本同时也是目前国内唯一的一个读本,其中选译了柏拉图、梭罗、甘地、马丁·路德·金、阿伦特、罗尔斯、德沃金、巴伊(Christian Bay)等人的文献。除此之外,无论是从数量上还是质量上看,关于公民不服从的译介很难说有所成果,而且从国内对公民不服从思想零星译介所选择的对象上来看,基本上集中于梭罗、罗尔斯、德沃金、阿伦特等人的作品,由此也可以看出国内对于这一理论的介绍本身就稍显不足,甚至连对这一理论的代表人物都缺乏全面的认识,这也直接影响到公民不服从理论进一步研究的数量和质量。

也有一些研究能够不局限于何怀宏教授读本的范围,如顾肃、周永胜、李寿初和吕建高等人。顾肃将公民不服从置于宪政视野下进行考察,指出公民不服从是检验宪政和法治理念的一块试金石;②李寿初从道德和法律的关系角度认为公民不服从是对法治局限的一种克服,③两者都在某种程度上触及了公民不服从思想的一个核心问题。周永胜较早地对公民不服从的定义和正当性理论进行了介绍;④吕建高主要阐述了公民不服从的形式特征和正当性标准;⑤两者的研究基本上仍是对公民不服从基本内容的某些方面的介绍,并没有涉及公民不服从思想的实质问题。此外,这些研究都带有法理学而非政治学的色彩。其余的研究基本上未能超越何怀宏教授编译读本所编

---

① 何怀宏编:《西方公民不服从传统》,吉林人民出版社,2001 年。
② 顾肃:《宪政原则与公民不服从的法理问题》,《浙江学刊》,2007 年第 4 期。
③ 李寿初:法治的局限及其克服——公民不服从问题研究》,法律出版社,2009 年。
④ 周永胜:《论公民不服从》,《法制与社会发展》,1999 年第 5 期。
⑤ 吕建高:《论公民不服从的形式特征》,《理论界》,2009 年第 3 期;《论公民不服从的正当性标准》,《南京社会科学》,2009 年第 9 期。

选的理论家范围。① 总之,国内对于公民不服从理论的研究,尤其是作为一项政治学理论的研究,包括对国外文本的译介还非常薄弱。

(二)国外研究综述

1.作为政治思想的公民不服从

政治思想的研究进路注重从政治思想史的角度来研究公民不服从,强调其思想主题对西方政治思想传统的承接与发展。

首先,这一特点体现在公民不服从理论的诸多读本之中。公民不服从思想是对西方政治思想传统中一系列经典问题的承接和回应,如雨果·A.贝多(Hugo A. Bedau)编选的《聚焦公民不服从》②、柯蒂斯·克劳福德(Curtis Crawford)的《公民不服从——文献汇编》③等。这些读本将公民不服从思想追溯到柏拉图、霍布斯、洛克、伯克、康德等人的作品中,这种溯源不是将古典政治哲学中的相关内容视为公民不服从理论的一部分, 而是将其视为公民不服从理论的思想来源。从这种逻辑来看,尽管很多思想家都有过相近主题的论述, 但他们的论述实际上只是涉及了与公民不服从思想同样的或相关的主题,并非对公民不服从理论本身的阐述,而且在他们的文本中从未出现过公民不服从这一术语或概念, 他们的思想只是作为公民不服从理论的素材而非这一理论本身。还有一些读本如迈克尔·P.史密斯(Michael p.Smith)和肯尼

---

① 例如:章秀英:《政治哲学视野下的公民不服从》,《浙江学刊》,2008 年第 5 期;韩逸畴:《公民不服从思想:渊源与流变》,《法制博览》,2012 年第 7 期; 还有一些硕士论文基本上都集中在对罗尔斯、德沃金等人的公民不服从思想的研究上,而且对国外文献基本没有提及。此外,还有一些论述专人政治思想的论著中提到该思想家的公民不服从思想,如涂文娟:《政治及其公共性:阿伦特政治伦理研究》,中国社会科学出版社,2009 年。

② Hugo Adam Bedau(ed.),*Civil Disobedience in Focus*,Routledge,1991.

③ Curtis Crawford(ed.),*Civil Disobedience——A Casebook*,Thomas Y. Crowell Company,1973.

美国公民不服从理论研究

斯·L.多伊奇(Kenneth L. Deutsch)的《政治义务与公民不服从读本》[1],按照政治义务与公民不服从的专题范畴来编选文献,这一读本注重展示公民不服从理论的哲学基础,如自然主义(naturalism)、契约与同意学说、有机体论(Organicism)、功利主义、哲学无政府主义、存在主义等,以及展示民主与公民不服从的关系和公民不服从的当代应用,这一读本也并未完全局限于美国的本土文献。真正立足美国的读本如贝多编选的《公民不服从:理论与实践》[2]、玛丽·艾伦·斯诺德格拉斯(Mary Ellen Snodgrass)的《公民不服从——美国的一种百科全书式的异议史》[3]等,前者按照美国反对种族主义、反战等实践主题来编选文献,并编选了三篇有关公民不服从的概念与证成的文献;后者则注重展示美国本土的公民不服从文献史,其中上卷编选了美国历史上公民不服从的代表人物,下卷编选了一些标志性的历史文献。这些读本展示了美国的公民不服从理论是对西方政治思想传统的继承,同时也是美国政治思想传统和政治实践传统的载体。

其次,这一特点也体现在公民不服从理论的研究文献当中。如戴维·斯皮兹(David Spitz)就曾指出公民不服从是西方历史上一直存在的问题,他认为服从法律还是服从良心一直是西方亘古延续下来的基本问题,从古希腊的安提戈涅(Antigone)到19世纪美国的梭罗,公民不服从一直存在着,"从古希腊到19世纪中期的美国,尽管这种温和的惩罚并非是一个稳定的历史趋势,然而它揭示出了对国家中倾向于表现公民不服从的部分一种更大的

---

① Michael p.Smith,Kenneth L. Deutsch(eds.),*Political Obligation and Civil Disobedience:Readings*,Thomas Y,Crowell Company,1972.

② Hugo Adam Bedau(ed.),*Civil Disobedience:Theory and Practice*,Pegasus,1969.

③ Mary Ellen Snodgrass,*Civil Disobedience:An Encyclopedic History of Dissidence in the United States*,M.E.Sharp,Inc.,2009.

宽容,但国家的强硬连同其本质维度上的问题依然保留了下来"①。直到今天,"政府和人民依然在为这些古老的和基本的政治义务问题而争论",有人"明确主张永远服从法律是公民的责任",有人则"强调公民应将其首要义务归于自己的良心"。②刘易斯·派瑞(Lewis Perry)则在《公民不服从:一种美国传统》一书中梳理了美国的公民不服从传统,将美国的公民不服从追溯到1772年的"波士顿倾茶事件",之后经历了废奴主义(abolitionism)、女性选举权运动、改革时代以及民权运动而一直延续到当代,从而指出"一种有特色的美国公民不服从的传统起源于18世纪"③。斯皮兹和派瑞所代表的是思想史研究路径的两种进路,前者将公民不服从置于整个西方政治思想传统之中,后者则将公民不服从置于美国语境之中。

将公民不服从置于整个西方政治思想传统之中的研究路径,其最大的优点在于能够描述公民不服从理论的思想延续性。在人类历史上,服从与不服从是一个亘古长存的现象,这种现象与人类社会的出现是同步的,人类社会从一开始就充斥着权力关系,社会生活中权力现象随处可见。国家产生之后,由于统治权力的形成,权力现象更加明显,而只要存在统治与被统治,就会有服从与不服从。因此,从人类的思想传统角度来看,服从与不服从的问题也是一个亘古不变的政治主题。从古希腊到当代的思想家们对于理想政治秩序的探求,所反映出的基本问题就是人类应当如何服从和服从什么。哲学王、城邦正义、法律、上帝、契约和良心都为服从提供了对象和理由,这些服从的理论所产生的是一种正当性(legitimacy)理论,而当这些对象和理由彼此冲突的时

---

① David Spitz, Democracy and the Problem of Civil Disobedience, *The American Political Science Review*, Vol.48, No.2(Jun., 1954), p.387.

② David Spitz, Democracy and the Problem of Civil Disobedience, *The American Political Science Review*, Vol.48, No.2(Jun., 1954), p.387.

③ Lewis Perry, *Civil Disobedience—An American Tradition*, Yale University Press, 2013, p.1.

候,正当性理论之间也会"感染"这种冲突,服从的义务与不服从的自由或权利就成为这种冲突的一体两面,这两条线索完全能够成为人们理解整个人类的政治实践和政治思想的钥匙。同时,这种研究路径也容易混淆公民不服从与不服从之间的区别,不服从概念的外延太广,反抗、反叛、革命都可能包含在不服从概念之中,而这些与公民不服从又有着明显的区别。因此,公民不服从理论作为西方政治思想传统中不服从线索的当代形态,具有哪些特殊性仍然需要一种理论式的明确辨识。

第二种思想史的研究路径将公民不服从置于美国语境之下,有助于理清公民不服从作为美国政治实践的连续性和作为一种理论的美国原创性。在美国,公民不服从随着历史发展而经历了一个理论化的过程。概念史与思想史并不是一回事,作为一种思想的公民不服从,一般认为发端于古希腊。事实上,真正在理论意义上使用公民不服从这一概念的文献主要还是在美国。美国的公民不服从理论认为,在整个西方政治思想史上,作为术语的公民不服从一词最早出现在 19 世纪的美国,一般认为这一术语可以追溯到梭罗(Herry David Thoreau)发表于 1849 年的一篇《论对公民政府的反抗》(Resistance to Civil Government)的文章,尽管梭罗本人并未使用它。有人认为是甘地将公民不服从归于梭罗的首创,①而后人在编选他的著作集时明确地将这篇文章的题目确定为《公民不服从》②,后人也一直将他视为公民不服从的鼻祖。③但是作为一种可识别的概念,公民不服从却产生于 20 世纪五六十年

---

① Marshall Cohen, Liberalism and Disobedience, *Philosophy and Public Affairs*, Vol.1, No.3(Spring, 1972), p.306; William A. Herr. Thoreau, A Civil Disobedient?, *Ethics*, Vol.85, No.1(Oct., 1974), pp.87—91.

② *The Writings of Henry David Thoreau.* IV, Houghton Mifflin and Company, 1903.

③ Ronald K. L. Collins, David M. Skover, *On Dissent—Its Meaning in America*, Cambridge University Press, 2013, p.29.

代,在此之前,人们往往无法在公民不服从和其他不服从之间作出明确的区分,而是一般停留在服从与革命的二元论。

随着美国公民不服从实践的发展,美国学者开始有意识地使用公民不服从这一概念来对实践进行思考,包括戴维·斯皮兹(David Spitz)、福塔斯(Abe Fortas)、马歇尔·科恩(Marshall Cohen)、雨果·A.贝多(Hugo A. Bedau)、赫伯特·斯托瑞恩(Herbert J. Storing)、彼得·辛格(Peter Singer)、霍华德·津恩(Howard Zinn)、爱略特·M.拉辛(Elliot M. Zashin)、卡尔·科恩(Carl Cohen)、里格斯·马丁(Rex Martin)、沃尔泽、罗尔斯、阿伦特、德沃金、以及最近的刘易斯·派瑞(Lewis Perry)、罗纳德·K.科林斯(Ronald K.Collins)等在内的一大批学者使公民不服从逐渐成为一种明确的政治理论。

2.作为政治理论的公民不服从

毫无疑问,一种理论是对现实问题和现象的思索与回应,对某类现象的理论化过程首先意味着一个概念上的抽象化过程,而一个具有确定的高辨识度的成熟概念的出现也就意味着一种具有高辨识度的成熟理论的出现。公民不服从理论也不例外,公民不服从作为一种反映对挑战国家权威的不服从行为和现象的理论形态,其基本概念必然要与一切反映不服从行为和现象的概念进行区别,这是一个抽丝剥茧式的抽象过程。通过与合法抗议、违宪测试、普通违法、良心拒绝、非暴力反抗,甚至暴力反抗与革命等一系列不服从行为的比较,公民不服从的概念逐渐浮出水面。尽管不同的理论家们对公民不服从的态度和立场有所不同,但幸运的是,他们至少避免了因概念不同而导致的无谓争论。在这一基础上,公民不服从理论的研究文献所探讨的主题主要集中在以下三个方面。

(1)公民不服从的概念

如果说梭罗的《公民不服从》一文是公民不服从思想滥觞的标志的话,那

美国公民不服从理论研究

么贝多的《论公民不服从》一文则是公民不服从理论开创的界碑。正是这篇论文提出了公民不服从的描述性概念,这一概念也成为后来所有论及公民不服从的理论家所广为引用的模本。他的公民不服从概念如下:

> 任何人当且仅当意在挫败法律(之一)、政策或政府决策而非法地、公开地、非暴力地和本着良心地行动时,他就实施了一种公民不服从行为。[①]

这一概念的提出不仅规范了公民不服从行为的内涵,同时也界定了公民不服从理论的研究对象。对于公民不服从的具体内容的讨论有时会对贝多概念中的一些条款持反对意见,但这些反对意见与相关辩护基本上都是在这一概念的框架内展开的。贝多对这一概念的解释包括了公民不服从的特征、发生条件、正当性证明以及作用等内容。他指出了公民不服从的四个特征,即违法、公开、非暴力和本着良心,这些特征的给定实际上是一种抽丝剥茧的概念抽象过程的结果,也是公民不服从与其他不服从行为相区别的特殊性所在。

第一,公民不服从行为必定是违背法律的行为,贝多指出:

> 指向政府的抗议行为,不论其多么地本着良心(conscientious)或有效,如果没有违背法律(正如海报游行,志愿抵制或拒绝受雇于政府等通常案例),那就不是公民不服从行为。[②]

[①] Hugo A. Bedau, On Civil Disobedience, *The Journal of Philosophy*, Vol.58, No.21(Oct.,12,1961), p.661.

[②] Hugo A. Bedau, On Civil Disobedience, *The Journal of Philosophy*, Vol.58, No.21(Oct.,12,1961), p.654.

就违法行为而言,贝多认为首先可以区分为积极的违法和消极的违法,前者是去做法律所禁止的事(例如侵占政府财产),后者是拒绝去做法律所规定的事(例如在防空演习中,当被指挥去隐蔽时而不去)。其次,公民不服从作为一种违法行为,又可从是否有法律依据区分为两种,即在法律上有所依据的异议行为,如援引宪法第一修正案而拒绝作证等行为,以及在法律上缺乏依据的其他行为。对于这两种行为,贝多认为后者更容易得到政府的宽大对待。但是毕竟公民不服从行为是一种违法行为,因而无法得到法律的保护,贝多认为这种处境完全可以通过法律途径得以解决,即在法律中增加一个附言,对基于良心的违法行为予以法外的宽恕。①

第二,贝多认为公民不服从是一种公开行为,原因在于:首先,异议者的目的或基本要求是公众和政府应当知道他想要做什么,因为他要达到改变政府的法律或政策就必须使政府和公众知道这一点。其次,更为根本的是,异议者将其所为看作是一种公民的行为,是一种恰当地属于共同体公共生活的行为。②

第三,公民不服从是一种非暴力行为,因为并非所有公开反抗政府的非法行为都是一种公民不服从行为。任何时候异议者通过故意破坏财产,危及生命和肢体,煽动骚乱(例如,蓄意破坏、暗杀、街头打斗)来反抗政府,他都不是在实施公民不服从。"'公民的'在本质上是双关语;只有非暴力行为才能胜任。"③

① Hugo A. Bedau, On Civil Disobedience, *The Journal of Philosophy*, Vol.58, No.21(Oct., 12, 1961), pp.654–655.

② Hugo A. Bedau, On Civil Disobedience, *The Journal of Philosophy*, Vol.58, No.21(Oct., 12, 1961), pp.655–656.

③ Hugo A. Bedau, On Civil Disobedience, *The Journal of Philosophy*, Vol.58, No.21(Oct., 12, 1961), p.656.

　　最后,公民不服从是一种本着良心(conscientious)而做出的行为,"也就是说,异议者打算通过诉诸其政治后果和其道德信念之间的不一致来证明其不服从为正当"①。当然,这种功利主义的考量并不是要求异议者需要在公民不服从行为的后果和有争议的法律导致的后果之间进行一种权衡,而只是作为异议者采取行动的一种依据。②

　　直到当代的理论家,他们的公民不服从概念基本上都处于贝多的公民不服从概念之内,有的对其中的基本要素进行一些筛选,有的则强调其中某些要点。例如,著名的联邦法院大法官福塔斯(Abe Fortas)广为后人援引的两种类型的公民不服从概念,实际上是对贝多的挪用。事实上,福塔斯对公民不服从的界定只强调了贝多概念中的违法特征,他认为公民不服从是一种个人的违法行为,所不同的是一类违法行为所违背的是他认为本身是不道德的或违宪的法律,而另一类违法行为所违背的法律本身是有效的,这类行为不过是将违法作为抗议的一种手段而已,目的本身并不在于被违背的那项法律。这两类公民不服从行为就具有不同的动机,前者的动机是挑战法律,而后者的动机是进行宣传(propaganda),但无论哪种类型的公民不服从,一旦将公民不服从视为一种违法行为,对公民不服从的法律上的豁免就是不可能的。③福塔斯的分类在后来的卡尔·科恩那里被明确地称为直接的公民不服从和间接的公民不服从。④当然,卡尔·科恩的概念无疑也是对贝多的引用,他对公民不

---

　　①　Hugo A. Bedau, On Civil Disobedience, *The Journal of Philosophy*, Vol.58, No.21(Oct., 12, 1961), p.659.

　　②　Hugo A. Bedau, On Civil Disobedience, *The Journal of Philosophy*, Vol.58, No.21(Oct., 12, 1961), p.660.

　　③　Abe Fortas, *Concerning Dissent and Civil Disobedience*, The New American Library, Inc., 1968, pp.59–63.

　　④　Carl Cohen, *Civil Disobedience: Conscience, Tactics, and the Law*, Columbia University Press, 1971, p.52.

服从概念的界定如下：

> 公民不服从行为是一种非法的、公开的抗议，并以非暴力为特征。[①]
>
> 公民不服从是一种审慎违法、本着良心和公开实施的抗议行为。[②]

两个概念唯一的区别在于非暴力特征的不确定，除此之外，他对贝多概念的引申或增添无非是明确了公民不服从是一种抗议行为。事实上，在其更早的一篇论文中，卡尔·科恩就对公民不服从持有这样的理解，所不同的是，那个时候他认为公民不服从作为一种抗议行为所依据的是受到宪法保护的言论自由，并援引纽伦堡审判所确立的国际法原则来证明公民不服从的正当性，[③]除此之外，他并未超越贝多。

同理，贝多概念几乎无一例外地出现在后来的理论家的著作当中，兹列举几例如下：

> 马丁（Rex Martin）（1970）："公民不服从是对当局和公认的政治上级（superior）的命令（command）审慎而公开的违背，其理由在于这一法令是非正义的、不道德的、违宪的、有悖于良好的公共政策等等。有时异议提出来不是反对一项特定的命令（法律、法令），而是反对法律与之相联的某些政府的政策。而有时被违背的法律与被抗议的政策之间的联系是

[①] Carl Cohen, Essence and Ethics of Civil Disobedience, *Nation*, Vol.198, No.12(1964), p.258.

[②] Carl Cohen, *Civil Disobedience: Conscience*, Tactics, and the Law, Columbia University Press, 1971, p.39.

[③] Carl Cohen, Law, Speech, and Disobedience: In Hugo Adam Bedau(ed.), *Civil Disobedience—Theory and Practice*, Pegasus, 1969, pp.165–177.

疏远的,抗议或挑战行为在很大程度上变成象征性的了。"①

迈克尔·贝勒斯(Michael Bayles)(1970):"出于讨论的目的,公民不服从可能被定义为代理人出于道德上不得已的理由的有选择的和公开的行为(作为或不作为)表现,这些行为事实上被视为非法的。"②

约瑟夫·贝茨(Joseph Betz)(1970):"公民不服从(1)违反了一项似乎是有效的法律,但(2)它不是一项治理基本的人类行为准则(decencies)的法律。(3)它反对一项特殊的法律而不是整个法律体系并且(4)是非暴力的。公民不服从(5)在其实施中是公共和公开的,并且(6)向其后果开放,包括惩罚。它是(7)一种抗议行为,尽管(8)是一种其支持者相信能被证明为正当的极端类型的抗议。"③

阿伦特(1971):"(公民不服从者)实际上是有组织的少数,他们通过一致意见,而非一致的利益结合在一起,并且决定反对政府的政策,即使他们有理由认为,大多数人都支持这些政策;他们的一致行动来自彼此的协定,正是这一协定使得他们的观点坚定可靠并且令人信服,无论他们一开始是如何达成这一协定的。"④

罗尔斯(1971):"我首先把公民不服从定义为一种公开的、非暴力的、既是按照良心的又是政治性的对抗法律的行为,其目的通常是为了使政府的法律或政策发生一种改变。"①

---

① Rex Martin, Civil Disobedience, *Ethics*, Vol.80, No.2(Jan., 1970), p.126.

② Michael Bayles, The Justifiability of Civil Disobedience, *The Review of Metaphysics*, Vol.24, No. 1(Sep., 1970), p.4.

③ Joseph Betz, Can Civil Disobedience Be Justified?, *Social Theory and Practice*, Vol.1, No.2(1970), p.20.

④ [美]汉娜·阿伦特:《共和的危机》,郑辟瑞译,上海人民出版社,2013年,第42页。

⑤ [美]约翰·罗尔斯:《正义论》(修订版),何怀宏、何包钢、廖申白译,中国社会科学出版社, 2009年,第285~286页。

霍尔（Robert T. Hall）（1971）："一种公民不服从行为是一种出于道德理由而实施的违背一项法律(或一组特定的法律)的行为。"①

鲍尔（Paul F. Power）（1972）："什么是公民不服从？从许多可能的标准进行选择,我们认为它是对政治规则的一种审慎、公开和明确表达的违反,目的在于改变政权的法律或政策,无害于自然人(physical person),体谅他人的权利,并在国家的司法管辖内追求扩大和运用民主精神。"②

拉辛（Elliot M. Zashin）（1972）："公民不服从作为一种抗议形式是对一种公共规范(public norm)的故意违背(这一公共规范被认为是受地方权威约束的,但可能最终被法院判为无效);它是非革命的、公开的和非暴力的(也就是说,除了参与者受到身体攻击时的正当防卫而不能使用物质暴力(physical violence),以及不反抗适当地和不存在过分强力而做出的拘捕)。"③

科尔曼（Gerald D. Coleman, S.S.）（1985）："公民不服从是一种强制(coerce)法律秩序的审慎企图;它不仅仅是异议,即一个人在言论,表达,请愿或一次集会中与法律秩序意见不一致。它涉及一种审慎的和该受惩罚的对法律责任的违背。因而除非存在一种故意选择违背不仅是政府政策而且是技术上有效的法律或秩序, 否则不可能存在公民不服从。"④

范德伯格（Wibren van der Burg）（1989）："公民不服从是有意的不遵

---

①　Robert T. Hall, *The Morality of Civil Disobedience*, Harper&Row, Publishers Inc., 1971, p.15.

②　Paul F. Power, Civil Disobedience as Functional Opposition, *The Journal of Politics*, Vol.34, No.1(Feb., 1972), p.40.

③　Elliott M, Zashin, *Civil Disobedience and Democracy*, The Free Press, 1972, p.118.

④　Gerald D, Coleman, S, S, Civil Disobedience: A Moral Critique, *Theological Studies*, Vol.46, No.1(1985), p.29.

守法律义务,这在行为者看来在道德上是可证明为正当的,即使他或她并不完全拒绝法律秩序的正当性(legitimacy)。"①

莱夫科维茨(David Lefkowitz)(2007):"公民不服从与出于主张一种国家法律或政策变迁的目的而审慎地不服从一项或多项国家法律相一致。"②

需要注意的一点是,人们对于贝多定义的援引并不能说明公民不服从理论在 19 世纪 60 年代就已然定格,公民不服从理论后来所呈现的复杂性远非贝多的著作所能穷尽,但从概念上来讲,贝多的概念无疑是不可超越的,而这些看起来似乎有些简单到无以复加的概念及其重复实际上有着深层的现实原因。因为在包括美国在内的西方世界的政治文化传统中,法治是一种基本的政治观念和政治原则,尤其是在当代,国家职能的履行以及国家权力的行使都要通过法律和政策来实现,法治本身也代表着政治秩序。因此,相对于前现代国家而言,人们对国家的体认往往存在于其与法律和政策的关系之中,国家的权威与个人和社会的关系最直接地体现为法律或政策与个人和社会的关系,所以服从与不服从也最直接地表现为对法律或政策的服从与不服从。这无疑决定了公民不服从理论的语境,从而使得法律或政策成为公民不服从的焦点,公民不服从的概念在这一语境下才出现了某种一致性,甚至是某种单一性。

(2)公民不服从的类型

公民不服从的实践形式纷繁复杂,学理上的类型学旨在对这些复杂而

---

① Wibren van der Burg,The Myth of Civil Disobedience,*Praxis International*,Vol.9,No.3(1989), p.294.

② David Lefkowitz,On a Moral Right to Civil Disobedience,*Ethics*,Vol.117,No.2(January 2007), p.204.

多样的实践形式进行纯粹的分类，而这种分类的依据或标准既能够反映公民不服从所包含的内在主题，又能够提供一种认识工具或角度来观察实践中的公民不服从行为，因此公民不服从的类型也是公民不服从理论不可或缺的一部分。贝多将公民不服从分为直接和间接两种类型，前者旨在拒绝有争议的法律本身，后者通过违反法律来实现其他目的。他说：

> 一些公民不服从行为想要通过直接违反有争议的法律来实现其目标（例如，拒绝征兵制的登记），而像梭罗那样的其他行为想要通过间接违反一些其他的法律从而锁定有争议的法律来实现其目的（例如，拒绝缴纳一个人的部分收入税以支持"防御"的建立）。①

贝多认为直接的公民不服从是一种朴素的反抗行为，如"黄金法则号"（The Golden Rule）为阻止美国政府进行核试验而闯入试验区域，这样一种行为不涉及对政府的任何可能的物理强制而迫使它改变（或至少重新评估）其政策，这种样式是十分朴素的。这种行为常常不过是一种自寻烦恼，而且至少对于旁观者而言多少有些疯狂。而且贝多认为这种公民不服从行为可能仅仅是出于个人目标而实施的，并非全然都是出于法律变迁的目的，例如拒绝兵役登记有可能仅仅是出于个人目的而采取的行动。因此，贝多实际上更倾向于对间接的公民不服从表示赞同，而且这种类型的公民不服从可能出于某种更为激进的政治目标，尽管通常而言，公民不服从不包括怀有不忠的、煽动的、叛逆的或反叛的企图的行为，也不包括想要反抗甚至是非暴力地反抗其法律后果的行为，然而"没有逻辑理由说为何公民不服从不能以梭

---

① Hugo A. Bedau, On Civil Disobedience, *The Journal of Philosophy*, Vol.58, No.21(Oct., 12, 1961), p.657.

罗称为'和平革命'的事情为目的"①。

由此可见，贝多是从公民不服从与法律之间的关系角度进行分类的，这种分类标准也影响了后人，如福塔斯和罗尔斯等人都采取了这种分类分式，但是这种分类的问题在于对公民不服从本身所涉及的问题并未给予全面的呈现。贝多也意识到这种分类忽视了公民不服从所包含的道德因素，而且也容易导致一种困境，即法律的有效性和对人们服从义务的要求能否从法律本身得到证明。他说：

> 对于一个人来说，知道他应当遵守某项法律，政策或其政府决策是无效的，如果他所知道（或相信）的全部事情只是法律等在法律上是有效的。事实一定如此，因为"我应当做 x"不能由"有一项有效的法律适用于我并规定了做 x"推导出来。②

贝多认为如果公民不服从只是局限于与法律之间的关系并由此来考察其正当性的话，那么建立一种洛克式反抗政府的权利就没有必要了，因为人们应当做某事并不取决于法律是否规定应不应当做某事。"即在一项法律使任何权威屈服于它以引导人的行为之前，人们倾向于忽视一项法律担负的沉重的道德负担。"③

卡尔·科恩在这种分类之外提供了另一种分类，即依据动机划分为道德

---

① Hugo A. Bedau, On Civil Disobedience, The Journal of Philosophy, Vol.58, No.21(Oct., 12, 1961), p.659.

② Hugo A. Bedau, On Civil Disobedience, The Journal of Philosophy, Vol.58, No.21(Oct., 12, 1961), p.662.

③ Hugo A. Bedau, On Civil Disobedience, The Journal of Philosophy, Vol.58, No.21(Oct., 12, 1961), p.662.

的公民不服从与政治的公民不服从。他认为公民不服从可能兼具了政治的和道德的两种特征,尽管二者很难在具体的公民不服从行为中区别开来,但政治的公民不服从更多地在于实现一种重要的政治后果,而道德的公民不服从相对缺乏这种野心,更多地关注内在的道德感而非抗议对象和可欲目标。因此,道德的公民不服从是对个人道德原则与国家法律之间直接冲突的个人回应,而政治的公民不服从本质上是一种策略,因而表现为三种不同的变化,即压力(pressure)、对抗(confrontation)与反抗(resistance)。[1]当然,这种分类与贝多的分类也有相通之处,即道德的公民不服从更倾向于直接的公民不服从,而政治的公民不服从更倾向于间接的公民不服从。

德沃金的分类相对更为细致,他将公民不服从分为三类,即基于正直(integrity-based)的公民不服从,基于正义的(justice-based)公民不服从和基于政策(policy-based)的公民不服从。基于正直的公民不服从是基于个人的道德判断而做出的行为,它所针对的是违背个人良心的事物,例如《逃亡奴隶法》。基于正义的公民不服从所针对的是侵犯他人权利的行为,认为多数派压迫少数派的做法是非正义的,而基于政策的公民不服从反对的则是一项不论对少数还是多数都是有害的政策,这种公民不服从诉诸的不是道德或正义原则,而只是认为一项多数派通过的政策是不明智的。[2]这三种公民不服从分别援引了不同的原则,即道德、正义与正确,同时分别指出了公民不服从所涉及的三个主题,即道德与法律的冲突、多数与少数的冲突,以及程序正当与实质正当的冲突。

---

[1]　Carl Cohen, *Civil Disobedience—Conscience, Tactics, and the Law*, Columbia University Press, 1971, pp.56-75.

[2]　Ronald Dworkin, *A Matter of Principle*, Harvard University Press, 1985, pp.106-108.

（3）公民不服从的证成

公民不服从理论中的一个重大问题是公民不服从如何证成。贝多首先从公民不服从的发生条件出发提出这一问题，他认为公民不服从是在一种缺乏法律和政策纠错机制的情况下人们所诉诸的方式。每当旨在纠正不满或有序地改变法律和政府全体人员的合法设计完全不存在（例如，一个极权主义国家中异议者的困境），或当这些设计已为可预知的未来所耗尽（例如，自布朗诉学校董事会一案中的最高法院裁决以来种族隔离主义者的困境），或者当花费太多时间去追求这些补救措施而同时有争议的法律仍发挥其作用时（例如，黄金法则号全体船员的困境），愤懑的人们就很可能会盘算对政府的某种直接反抗。在这里，贝多指出了一个广为后人援引的证成逻辑，即公民不服从是一种穷尽合法救济途径的最终诉诸，在合法途径存在的条件下，如果没有穷尽这种资源，公民不服从就不具有正当性。因为人们几乎一定会坚持认为，当在这种法律设计依然存在的情况下去从事公民不服从或任何其它形式的反抗时，要么异议者是在不负责地行动，要么他的政见是无政府主义，或者二者兼而有之。但是贝多认为，即使在这种法律设计不存在的情况下，单凭事实通常也不足以证明反抗为正当，也不足以决定反抗是否应当为直接的或间接的，暴力的或非暴力的。①

贝多认为没有一种确切的原则可以为公民不服从提供正当性论证，因为无论是从法律本身的缺陷还是个人良心等道德理由出发，都无法推导出公民不服从的正当性。"我们能够说得最多是一个人拥有良心不服从的权利；我们不需要也不能总是接着说良心不服从是要做的正确的事。但是，能够说出后者而非仅有前者无疑才是试图证明一种不服从行为为正当的主要

---

① Hugo A. Bedau, On Civil Disobedience, *The Journal of Philosophy*, Vol.58, No.21 (Oct., 12, 1961), p.661.

目的。"① 因此,贝多认为证成公民不服从的原则仅仅立足一种实用主义的策略,他说:

> 任何人寻求这样的原则或认为他拥有这样的原则事实上从他自身来讲仅仅是在掩饰这样的事实,即他能够使用其原则的唯一方式是在每一次机会下暗自决定要么去解释原则以涵盖他所处的情形,要么描述这种情形以配合原则。②

在这里,贝多实际上指出了公民不服从证成的一种进路,因为公民不服从的发生条件只能够解释公民不服从之所以发生的背景,不能解释公民不服从的基本特征,以及公民不服从应当采取何种类型的策略。他所指出的那种实用主义策略——要么对原则进行修改以配合行为,要么对行为进行裁剪以适应原则——事实上为后来的正当性证明提出了两方面的要求:一方面是对证明公民不服从正当性的那些原则进行扩充,比如法律原则向道德原则的转向;另一方面是对公民不服从概念所指向的行为进行进一步的厘定,比如非暴力是否必然是公民不服从的铁律,公民不服从是否可以采取暴力手段,等等。

---

① Hugo A. Bedau, On Civil Disobedience, *The Journal of Philosophy*, Vol.58, No.21(Oct., 12, 1961), p.663.

② Hugo A. Bedau, On Civil Disobedience, *The Journal of Philosophy*, Vol.58, No.21(Oct., 12, 1961), p.664.

三、研究进路

(一)概念厘定

以贝多为代表的公民不服从概念中同时包含了确定性和不确定性两种特征。确定性表现为这一概念的内涵是确定的,它所指称的行为一定是指向于法律或政策的不服从,目的在于实现一种法律或政策的变迁,而不是革命。不确定性表现为这一概念的外延可以涵盖服从与革命之间的一切不服从行为,也就是说不服从是一个变动着的谱系。公民不服从概念中所提到的那些特征实际上是它与其它不服从行为进行区分的依据,而这些特征在包括贝多在内的理论家那里往往又是不确定的,比如公开、非暴力等是否是公民不服从必须遵循的原则,理论家们之间的分歧也大多存在于这些方面。因此,为了避免贝多所指出的那种分析困境——要么按照原则来裁剪行为,要么迁就行为来解释原则,公民不服从理论出于对现实政治现象的分析意义,其概念首先试图避免造成一种僵化的、静态的分析模式,即将公民不服从放在不服从的谱系当中进行分析,从而避免了古典理论尤其是古典自由主义的"服从 – 革命"二分法的分析模式,取而代之的是奎尔(Lawrence Quill)所说的"不服从的流动模式"①,但是公民不服从概念中所列举的那些特征无疑是一种限定语,也就是说它们提供的依然是一种应然的定性因素,即理想的公民不服从应该是公开的、非暴力的和本着良心的,甚至还可以列举出更多的内容,这些限定内容的列举典型地体现了贝多所指出的那种解释和裁剪

---

① Lawrence Quill, *Civil Disobedience—(Un)Common Sense in Mass Democracies*, Palgrave Macmillan, 2009, p.20.

模式。因为公民不服从理论产生于西方,而西方世界的主流价值或政治原则是民主与法治，这就决定了公民不服从理论在概念界定时所体现出来的价值倾向，凡是能够与民主和法治相容的那种不服从行为才应当被冠以公民的修饰，这也就是为何公民不服从与民主和法治的关系注定成为公民不服从理论中的一个基本问题的原因。

公民不服从在何种程度上满足这些条件都是一个量化的问题，当用某种价值或原则裁剪过的概念又回归到现实中时,不确定性就产生了。这一点在公民不服从与良心拒绝、非暴力反抗等不服从行为进行对比时就能够反映出来,理论家们一方面想要与其它的不服从行为划清界限,另一方面却自觉不自觉地为它们留下了空间,这便是应然和实然之间的暧昧。因此,对于公民不服从的概念的理解应当采取这样的态度，即这一概念不是为了在不服从的谱系中固定公民不服从的位置，而是提供一系列可供量化的分析维度,据以观察各种类型的公民不服从,使得概念的可分析性成为可能,尽管概念的泛化会牺牲一些精确性,但却在包容性方面走得更远。

既然公民不服从概念提供的是一种流动的分析模式，那么首要的问题便是公民不服从在什么意义上是流动的，或者说公民不服从是在什么样的谱系中变化的。克莱德·弗雷泽(Clyde Frazier)认为,对国家的不服从本质上来讲都是激进的,因为不论哪种不服从行为都指向对既定权威的挑战,区别只在于强度不同而已,所以与其将反抗与革命视为两种不同的行为模式,倒不如将二者视为不服从权威的连续统中的一部分。他说:

> 与其试图作为两种不同的行为模式而谈及反抗与革命，倒不如说将二者视为在其反对既定秩序的程度中变化的行为连续统的部分更为可取。当然,那些计划打倒现存法律－宪法结构的行为和并非如此的行

为之间存在一种区别,但这一区别在连续统的同一点上并不总是能被发现。①

哈罗普·A.弗雷曼(Harrop A. Freeman)的立论也站在相同的立场。他提供的是一个非暴力的谱系,在这一谱系中有 11 个相关概念,他说:

> 在关于挑战国家及其法律和政策的任何讨论中,我们通常听到下面这些术语:(1)不抵抗(non-resistance),(2)消极抵抗(passive resistance),(3)非暴力反抗(non-violent resistance),(4)超级抵抗(super-resistance),(5)非暴力不合作(non-violent non-cooperation),(6)非暴力直接行动(non-violent direct action),(7)公民不服从,(8)非暴力强制(non-violent coercion),(9)无暴力的战争或革命,(10)非暴力不合作或心灵力量(Satyagraha or soul force),(11)和平主义(pacifism)。我将术语(1)单列;术语(2)(3)(4)和(5)归于一类;术语(6)(7)(8)和(9)具有相同的气质;术语(10)和(11)在本质上是相似的。②

从弗雷曼的谱系分析来看,公民不服从在整个非暴力的谱系中处于中间位置,与非暴力直接行动、非暴力强制和无暴力的战争或革命属于同一种类型,它们的区别就在于行为所产生的强制程度。弗雷曼实际上还是把公民不服从作为服从与革命之间的一种中间状态来处理的。

如果把绝对的不服从中所包含的无政府主义因素,甚至是极端个人主

---

① Clyde Frazier,Between Obedience and Revolution,*Philosophy & Public Affairs*,Vol.1,No.3 (Spring,1972),p.326.

① Harrop A. Freeman,The Right of Protest and Civil Disobedience,*Indiana Law Journal*,Vol.41, Iss. 2,Article 3(1966),pp.228-229.

义的去政治化倾向剔除出去的话，一种可供分析的概念便是革命。与服从相对，革命是对一种政治体系的完全拒绝，并往往诉诸暴力手段。至此，公民不服从得以流动的谱系的两端便确立起来了。基于这些论述，并结合上文中所提到的几种不服从形态，最简单的谱系就可以描述如下：

图 1 不服从的谱系

对于这一谱系，需要解释的一点是，公民不服从介于绝对服从与革命之间。这二者的区别在于，公民不服从既不是对现存政治体系的完全接受，也不是完全否定，它是对既定政治体系内一部分法律或政策的不服从，同时对一些基本政治原则依然是接受的。因此，公民不服从者既赞同服从的义务，也赞同不服从的权利，服从与不服从在公民不服从的术语中同时存在，服从什么和不服从什么是有条件的和相对的，从而使得个人与国家的关系从非此即彼的服从与革命二元论中摆脱出来。正是在这个意义上，洛克尔认为公民不服从实际上是一种权利与义务的综合体。他说：

> 公民不服从是一种独特地承认人类本性的两种需求的概念：即个人选择其应当做什么的权利，以及个人遵守作为其选择的结果可能强加于他的任何法律后果的义务。①

关键的问题在于，哪些因素可以用来测量公民不服从的强弱变化。对

---

① Darnell Rucker, The Moral Grounds of Civil Disobedience, *Ethics*, Vol.76, No.2 (Jan., 1966), p. 145.

此,弗雷泽提出了 6 个变量,据以观察不服从行为的强度,具体包括:①行为
的强制程度,②挑战国家权威的领域的范围和重要性,③强制与呼吁的混合
程度,④人数,⑤不服从行为与法律或政策的相关度,⑥侵犯其他公民权利
的程度。[①]

变量①主要指的是不服从行为迫使政府关注和做出改变的程度。从另
一个角度来看,公民不服从是政府支持一项法律或实施一项政策所承担的
成本,这个成本越高,意味着公民不服从对政府的挑战越激进。

变量②涉及不服从行为挑战国家权威的广度和深度, 就挑战的广度而
言,以金所领导的黑人民权运动为例,这一运动最初的诉求是取消种族隔离
政策,争取的是黑人基本政治权利。"1964 年民权法案"之后,这一运动的诉
求逐渐转变为黑人的经济权利, 要求国家扩大财政支出来解决黑人与白人
共同面临的贫困问题,这就是一个范围或广度的问题。挑战的重要性或深度
指的是不服从行为所指向的议题在整个议题体系中占据的位置, 也就是说
这一议题对于国家权威的意义。如同性恋为争取合法地位的抗议比起妇女
争取选举权的抗议来说,离国家权威的距离更远一些,因此对国家权威造成
的挑战程度也更弱一些。

变量③的意义在于观察不服从行为的公开程度, 如帮助逃亡奴隶的行
为如果采取向公众呼吁的方式就会降低行为的有效性, 而破坏政府核武器
发展计划的行为往往使得行为的呼吁色彩最小化而纯粹是强制性的, 从而
更接受连续统的革命一端。

变量④的意义在于, 参与到不服从行为中的人数与不服从行为的强度
是成正相关关系的,人数越多,对国家权威形成的挑战和强制力就越强,反

---

①   Clyde Frazier, Between Obedience and Revolution, *Philosophy & Public Affairs*, Vol.1, No.3
（Spring, 1972）, pp.326–328.

之亦然。相比其它几个变量,这一变量是最容易测量的,而且也最能够解释不服从行为的强度变化。这一点阿伦特有过论述。按照她对权力概念的理解,权力是人类"一致行动的能力"[①],权力依赖于意见而不是工具。她对公民不服从的理解也是通过一致意见结合在一起来反对政府政策的行为,因此公民不服从所依赖的就是这种一致行动的能力。因此,当她说"权力的极端形式是所有人反对一个人"[②]的时候,就暗示了人数对于公民不服从的意义。

变量⑤的意义在于不服从行为与相关法律或政策的相关度,直接的不服从直接指向非正义或不道德的法律或政策,相关度较大,在弗雷曼看来对权威的挑战程度也较低,但通常不太可能。间接的不服从所要实现的目标与被抗议的法律或政策并不直接相关,如静坐示威或阻塞高速公路。

变量⑥的意义在于对不服从行为的后果所带来的破坏程度的评估。如果不服从行为所诉诸的理由建立在某一特定群体的利益或原则上,那么这种行为必然会造成对其他公民或群体的利益的妨碍甚至侵害。这种后果越显著,不服从行为就越激进,革命的结果便是将这种侵害扩展到了全社会。

当然,这些变量中的大部分依然只停留在原则的层面,严格意义上甚至不能算作变量,因为变量要求具有可操作性,能够被量化和测量。此外,这些变量主要是对客观事实的测量,如果只是从原则上提供变量的话,那么主观层面的一些变量也可以补充进来,比如对现存政治秩序的认同程度可以作为变量⑦,不服从行为的理由可以作为变量⑧。变量⑦可以结合变量②和⑤进行考察,这种认同程度越高,不服从行为的强度就越弱,反之亦然。变量⑧可以结合变量③来进行考察,比如可以通过不服从行为中援引的口号或标语来进行评估,动机和目标越公开,在客观上就越会增加变量④,从而使不

---

① ［美］汉娜·阿伦特:《共和的危机》,郑辟瑞译,上海人民出版社,2013 年,第 107 页。

② ［美］汉娜·阿伦特:《共和的危机》,郑辟瑞译,上海人民出版社,2013 年,第 105 页。

服从行为在主观上会获得更强的道德一致性。

综上所述，公民不服从与诸多不服从行为之间的关系较为复杂，它们有时泾渭分明，有时却藕断丝连。分明的原因可以从理由或动机、手段与目的等维度找到，而联系的情形也同样存在于这些维度之中。良心、违法、暴力往往都无法清晰地辨明一种不服从行为到底归于哪类，就连公民不服从本身也包含服从的意蕴。因此，如果将公民不服从置于一种挑战权威的行为连续统中来分析的话，其概念首先应当遵循的原则就是包容，而不是排斥。所以在最底线意义上，公民不服从的概念应当是：**公民不服从是一种介于服从与革命之间的挑战国家法律或政策的违法行为**。

对这一概念的解释应当注意以下几点：

首先，公民不服从是一种挑战国家法律或政策的行为。公民不服从不论诉诸一种个人主义的良心、宗教或利益原则，还是诉诸一种公共的正义观念，都涉及对国家法律或政策的挑战。公民不服从者认为国家的某一或某些法律或政策与个人的道德原则或利益，以及某种公共的政治原则存在冲突和矛盾，而现实政治体制又无法提供有效的抗议途径，在这种情况下，公民不服从就成为一种更为适合的抗议策略。此外，对国家法律或政策的挑战也呈现出个人不服从和群体不服从等不同形式，这一点既可以反映在公民不服从的参与人数上，也可以通过公民不服从所诉诸的理由是个人的道德判断和群体的多元立场来区分。

其次，公民不服从是一种违法行为。公民不服从理论认为，一种不服从行为如果没有违背一项或几项具体的法律就不是公民不服从。这一特征使公民不服从区别于合法抗议。但是公民不服从又不同于普通的违法行为，行为的公开性包括动机、原则和方式的公开性，以及对惩罚的自愿接受是区别于普通违法的依据。但需要澄清的是，公民不服从与所违背的法律并不是同一的,也就是说所违背的法律有时与公民不服从的目的并非直接相关,因此公民不服从往往呈现出直接和间接两种形式。

最后,公民不服从介于服从与革命之间。服从(或者说绝对服从或依从)与革命是个人在处理与国家权威的关系时的两种极端方式。对于国家权威的要求完全依从而没有丝毫反抗,在任何一个时代、任何一种政体中都不可能存在,而对于国家权威的挑战完全诉诸革命也绝非政治的常态。但是服从能够产生稳定和秩序,任何国家权威的存在都必然建立在服从之上。而革命产生的变迁是剧变和质变,任何国家权威的更替都依赖于革命,不论革命采取的是和平手段还是暴力手段。但是国家权威的稳定和变迁都不可能只体现在服从与革命这两个极端,国家权威的正当性也不可能建立在大众的完全同意和完全反对这两种极端之上,国家权威本身始终处于服从与反抗的拉扯之中。服从更多,其更稳定,正当性则更强;反之,反抗更多,其更动荡,正当性则更弱。公民不服从实质上就是这样一种量变的理论反映,在实践中充当着冲突的压力计角色,并且在一定程度上能够发挥冲突的减压阀作用。

(二)证成路径

公民不服从理论中对于概念的界定几乎不存在冲突,各种论点的纠纷大多都集中在公民不服从是否正当的问题上。但是在这一问题上,公民不服从理论显然缺乏坚实的理论准备,大多公民不服从理论家都把证成性(justi-fication)与正当性(legitimacy)混同起来使用,因而在公民不服从的证成性问题上存在的差异实际上是对公民不服从的证成性和正当性之间不加区分所造成的结果。因此,证成性和正当性之间的区别应当成为公民不服从的证成性问题的起点。

对于这一问题,应当明确的是,在西方政治思想传统中,任何反抗行为的证成性和正当性问题都与国家的证成性和正当性问题遥相呼应密不可分。自古以来，人们一直在寻求理想政治秩序的道路上矢志探索，正当性（legitimacy）理论无疑是这一探索最富有成效的成果，这一理论的目的意在为国家提供一种合理的解释，实质上也意在为人们服从国家提供正当理由。麦克里兰认为："在宗教改革之前，没有人真正为'不服从'提出过论据。这并不是说，在那之前，人对要求他服从的政治权威都是满意的，而是说，社会契约兴起以前，一般的认定总是偏向'服从'。"[1]事实上，他也指出，社会契约理论的出发点也不过是"用以解释为什么人应该服从国家、法律或主权体"[2]，而直到社会契约论进入自由主义时，这一理论才为不服从提供了理由。这一贯穿西方政治思想传统的论证逻辑其实非常明显，社会契约论之前的正当性论证都着眼于国家本身的实质正当性，也即国家应当具有的性质和应当履行的职能，只有这两方面是正当的，国家才具有正当性。而社会契约论使这种正当性论证发生了转变，"社会契约将重点转移到制法程序上，使关于政治义务的思考出现攸关重大的改变：如果法律并非由合宜的主权所有者以合宜的形式制定，人们就不再觉得应该受其约束，无论这法律多好"[3]。因而，社会契约论将实质正当性的论证转向了程序正当性的论证。这一点是西方政治思想传统中的一个论证逻辑和历史变化的内容。

尽管正当性理论力图为国家提供一种正当性，或者说为服从提供一种正当性，然而这一理论的存在本身即隐含了这样一层含义，即国家的存在或服从国家必须要有一种合理的理由，而不是一件不证自明的事情。另外，正当性理论在国家层面所产生的是一种正当性的结果，而在人民层面所产生

---

① ［英］约翰·麦克里兰：《西方政治思想史》（上卷），彭淮栋译，中信出版社，2014年，第180页。

② ［英］约翰·麦克里兰：《西方政治思想史》（上卷），彭淮栋译，中信出版社，2014年，第179页。

③ ［英］约翰·麦克里兰：《西方政治思想史》（上卷），彭淮栋译，中信出版社，2014年，第184页。

的是一种义务。因此,正当性理论往往与政治义务论紧密联系,二者不可分割,正当性理论的论据本身也是政治义务论的论据。因此,不服从的正当性似乎就隐含在这二者的失败当中。如果正当性理论无法提供一种效力,政治义务也就不具有说服力,服从的效力也就失去,不服从就具有了正当意义。归根结底,社会契约论从服从的正当性论证开始,导向了为不服从提供了论据,恰恰也使自由主义的立论起点立足于公民权利和公民自由,服从的政治义务与不服从的政治权利就随着正当性理论的展开而共同产生。因此,从西方政治思想传统来看,不存在所谓的不服从的正当性论证,因为正当性理论意在为国家权威提供理由,不服从是对国家权威的削弱,因此在对国家的正当性进行论证的理论中是不可能具有正当性的。但是,由于国家的正当性理论只是在理论层面上为理想国家提供了应然的范本,一旦现实中的国家无法容纳或体现这种应然的内容或特征,国家就不具有这种正当性,人们的服从义务也就丧失效力,从而使得政治义务转向了不服从的政治权利。所以,在这一意义上,国家、权威的正当性论证与公民不服从的正当性论证又具有相同的理论进路。

然而在西方的正当性理论以及与之相关的政治义务论中,有一对概念不容易被区分清楚,即正当性(legitimacy)和证成性(justification)。马丁曾经尝试对此进行区别,他指出了两种证成政治权威的模式,一种是外在的证成模式,这种模式为无政府主义和国家主义所运用和体现,他认为这种模式并未触及政治权威观念及其所包含的要素,也没有阐明这些要素之间的联系,而将目光聚集在政治之外的道德理由,其所证明的义务并非是对法律的义务。因此,马丁更赞同内在的证成模式,这一模式从公民权利出发,论证了公民权利需要诸如选举程序或议会程序来产生和保护这些权利,并通过这些程序使多元社会中的公民普遍接受这些权利,因此在这样的政治系统中,民主产生的法律就会产生一种服从法律的政治义务,并因此赋予政治权威以实施惩罚或运用强力的资格。

首先,马丁指出政治权威观念及其证成逻辑与国家观念密切相关。具体而言,政治权威主要包含三个要素,即规则的发布,服从的预期,以及政府对垄断强制力的使用。在马丁看来,这三个要素的有机联系构成了政治权威的内容,因此对政治权威的正当性论证必须体现和论证这些要素之间的关联,而不是零碎地进行个别论证。他说:

> 正当的政治权威观念是一个系统的观念,其证成逻辑必须包括建立这三个要素(在其规范形式之中)之间的系统联系。那么,我们所必须展示的是发布规则的正当许可的确是与一种服从的正当推测相关联,以及这样的关联的确给予一种可能的资格以强制地支持这些规则。[①]

其次,马丁认为,当代许多哲学家指出了政府发布规则的权威与公民义务之间的密切关系,指出政府发布规则的权威要求公民服从的义务,因此他们对政治权威的论证就还原或简化为对公民服从义务的论证。马丁指出:

> 证明政治权威为正当的逻辑还原为单一的关键性考虑,即一个政府拥有发布规则的权威,当且仅当公民具有服从那些规则的严格义务。[②]

马丁认为,无政府主义者和国家主义者在这一点上有所不同,二者在是否有严格的义务去服从有效法律这一问题上相互龃龉,但二者都不否认政治

---

① Rex Martin, Two Models for Justifying Political Authority, *Ethics*, Vol.86, No.1(Oct., 1975), p.70.

② Rex Martin, Two Models for Justifying Political Authority, *Ethics*, Vol.86, No.1(Oct., 1975), p.70.

义务是逻辑上优先的问题。对于每一方来说,对严格的政治义务的证成都被视为中心议题,并且二者都认为政治权威的证成问题开启了这一议题。①

这种论证逻辑认为既然公民义务是政治权威的基础,那么论证就不能从政治权威开始,而应当将公民义务视为认证的优先主题,从而应当从政治系统之外、从国家理念之外去寻找政治义务的理由。然而如此一来,从逻辑上讲,政治义务并非由政治理由派生出来,这种外部派生的义务也并非指向服从法律的义务,这样的论证可能导致的结果是根本没有绝对的政治义务。马丁认为,服从法律的绝对义务的唯一理由必须在于一些政治之外的标准。但正如证成计划所需要的逻辑一样,这些标准就是要将这些义务视为非政治派生的。因此,所有的外部理由在原则上都排斥政治义务——也就是服从作为法律之法律的特殊义务。随之而来的要么是我们具有服从法律的义务,但这些义务不是绝对的,要么是我们可能拥有的绝对义务没有一个是对法律本身的义务。留给我们的只有这一结论:我们根本没有绝对的政治义务。②

马丁还指出这种证成模式的另一种论证逻辑,即相对政治义务优先于政治权威的论证,这种论证逻辑将优先次序颠倒过来,着力于政治权威的证成。但马丁认为这种论证依然是无力的,因为它同样是从外部原因来证成政治权威,以诸如上帝权威或父母权威等政治之外的理由来推导政治权威,这依然无法提供政治权威正当性的政治理由,从而也无法提供指向法律的义务的政治理由。③

总之,马丁将这些论证称为外在论者的论证,他认为这种论证模式使人们不仅以零碎的方式来看待政治权威观念,而且将政治权威的要素从政治

---

① Rex Martin,Two Models for Justifying Political Authority,*Ethics*,Vol.86,No.1(Oct.,1975),p.70.

② Rex Martin,Two Models for Justifying Political Authority,*Ethics*,Vol.86,No.1(Oct.,1975),p.71.

③ Rex Martin,Two Models for Justifying Political Authority,*Ethics*,Vol.86,No.1(Oct.,1975),p.71.

系统中移除出去。他说：

> 外在论者(externalits)的计划使我们不仅以一种零碎的方式来对待政治权威观念，而且将这一观念的要素从它们恰恰所处的任何特定政治系统中移除出去。①

再次，马丁更赞同国家权威的内在证成模式。他设想了一种政治系统的理论模式，指出这一政治系统在最低限度上应当包含公民权利和民主选举程序。就公民权利而言，这隶属于社会中的所有人，从属于每个人的"善"，作为人们的行为方式而为每一个人所主张，他说：

> 我们能够进一步列举公民权利具有以下特征：(a) 它们隶属于社会中的所有人和所有主体；(b)假设地，它们是每一个人的"善"的一部分或是它的工具；以及(c)它们确定行为方式或被对待的方式，这些方式由每一个人为他自己也为社会上的其他人所主张。换言之，一种行为或忍耐的特定路线被同意，因为它符合每个人和全体成员的利益：每一个人都为他自己而主张这一路线并承认它适用于其他所有人。一种被如此保护的行为方式是一种权利，并且当这种保护为法律所认可时它就是一种公民权利。②

这种权利为法律所认可和保护，因而需要被一些政治实体所发布，而且

---

① Rex Martin, Two Models for Justifying Political Authority, *Ethics*, Vol.86, No.1(Oct., 1975), p.71.

② Rex Martin, Two Models for Justifying Political Authority, *Ethics*, Vol.86, No.1 (Oct., 1975), pp.72–73.

在明确同意的意义上被应用和实践。在这一意义上，国家不外乎是产生和保护权利的工具。马丁认为公民权利需要说明是可论证的，不论人们是否可能考虑到所谓的自然权利或人权。公民权利必须由一些实体所发布，而且至少在被赋予一些明确同意的意义上，它们必须被应用，然后实践。而且当权利发生冲突，它们必须被调和。当人们拥有被发布、应用和调和的权利时，他们也就拥有了一个权利系统。而且如果没有代理人去做这些事情，以及当这些代理人无法展示某种程度的自身协调时，权利系统也就不复存在。在这种逻辑下，政府作为产生权力的工具而进入视野。①

就政治系统当中包含的民主程序而言，马丁认为，因为公民由多元社会中的多元个体所构成，公民来自社会各界，其种族、出生地、宗教、性别、社会等级、职业、教育背景、收入、民族关系（ethnic affinity）和生活方式都有差异，所以公民权利势必会发生冲突，而冲突需要被调和。因此，权利系统需要专门的代理人去做这些事情，这个代理人就是政府。政府要想调和冲突的权利，就需要采取民主程序即选举和议会程序来达到这一目的，因而产生和保护公民权利的法律就需要民主地制定。马丁认为："当我们拥有依照民主程序规范而产生的规则时，我们就能够保证许多人包括社会各界的代表人物已经肯定或将会肯定这些规则。"②这也就意味着在这一系统中，好公民就应当具有服从这种法律的义务，以确保自己和他人的公民权利成为现实。同时，在这一系统的目的和功能下，惩罚以及与此相联系的政府对垄断强力的使用就获得了正当性。他说：

---

① Rex Martin, Two Models for Justifying Political Authority, *Ethics*, Vol.86, No.1 (Oct., 1975), p.73.

② Rex Martin, Two Models for Justifying Political Authority, *Ethics*, Vol.86, No.1 (Oct., 1975), p.73.

我会主张惩罚作为一种政治－法律实践其本身处于特定的政治系统之中,而且它必须参照其'系统设定的目标'或'功能'来证成。因此,证成惩罚就要说明其基本原理,展示其地位以及在一个具有政治制度和原则的特定政治系统中的'必要性'。由此看来,惩罚在我们所提及的特定政治系统——即一个权利系统——中将被表面上证成,如果(a)它会有助于维持不干涉确定权利的条件,以及(b)它是必要的,要么是因为没有替代方式将会胜任其工作,要么是因为没有替代方式能够胜任其工作。①

这就是马丁提出的所谓政治权威的内部论证模式。他还指出,即便在不同的系统中可能会存在不同的分析和结论,但这一逻辑是不变的。

最后,马丁认为,外在证成模式是否有效取决于内在证成模式的完成,只有国家权威本身在道德上被认可,外在证成模式所依赖的政治义务才可能成立。因此,内在证成模式优先于外在证成模式。也就是说,对于国家权威固有品质的所谓内在证成决定了国家权威如何产生,或依赖于公民政治义务的外在证成的效力。事实上,马丁将国家权威的证成理解为一种道德证成。他说:

相比于应对政治权威的证成性这一难题,它更适合于应对一个政治上具有证成性的权威能否在道德上证成这一问题。因为如果存在一种诸如政治权威的独立的道德证成性的事情的话,那么整个政治系统层面的证成性就可能能够成为对政治权威仅仅凭借一个优先的内在证

---

① Rex Martin, Two Models for Justifying Political Authority, *Ethics*, Vol.86, No.1(Oct., 1975), p.74.

成性的证成性。①

　　戴维·施密茨（David Schmidtz）对证成的两种路径的区分也非常典型。尽管他并未对正当性和证成性作出概念上的区分，他使用的是证成性的概念，但他与马丁一样也提供了两种证成模式，他称为"目的论的"（teleological）证成性和"发生论的"（emergent）证成性。他说：

　　　　我称两种模式为目的论的和发生论的证成性。证成一种制度通常而言就是要证明它是其应当所是或做其应当所为。目的论的路径试图按照它所实现的事情来证成一种制度。发生论的路径将证成性视为制度经由产生的过程的发生性质。②

　　在施密茨看来，目的论的证成路径首先要提出国家所要实现的目标，然后考察政府如何或将要如何去实现这些目标。而发生论的证成路径则关注国家产生过程的限制条件。③前者实际上指向国家的实质正当性，即国家的正当性取决于国家本身所代表的目标，以及政府如何实现这些目标。后者实际上指向国家的程序正当性，即国家的正当性取决于国家产生过程的性质，即国家的"血统"（pedigree）。④

----

① Rex Martin, Two Models for Justifying Political Authority, *Ethics*, Vol.86, No.1（Oct., 1975）, p.75.

② David Schmidtz, Justifying the State, In John T. Sanders & Jan Narveson（eds.）, *For and Against the State*, Lanham, Maryland, Rowman and Littlefield Publishers, Inc., 1996, p.82.

③ 国内学者周濂将 Schmidtz 的这两种证成路径称为"回溯性"证成和"前瞻性"证成，前者对应于"发生论的"证成，后者对应于"目的论的"证成。参见周濂：《现代政治的正当性基础》，生活·读书·新知三联书店，2008 年，第 32 页。

④ David Schmidtz, Justifying the State, In John T. Sanders & Jan Narveson eds., *For and Against the State*, Lanham, Maryland, Rowman and Littlefield Publishers, Inc., 1996, p.82.

美国公民不服从理论研究

约翰·西蒙斯(A. John Simmons)则将证成路径置于正当性和证成性的区分中进行分析。他认为:"证成一种行为、一种策略、一种实践、一种安排或一种制度,典型地涉及证明它是审慎理性的、道德上可接受的,或者二者兼而有之(这取决于讨论时证成性的类型)。"①证成性的目的在于为一种行为或制度提供辩护性理由,针对的是可能的反对意见。而正当性与证成性不同,西蒙斯认为:

> 一个国家(或一个政府)的正当性(legitimacy)是它所拥有的复杂道德权利,它据此而成为独一无二的强加者,将有约束力的责任施予其国民,并使其国民服从这些责任,以及使用强制力加强这些责任。据此,国家的正当性是包括国民的政治义务在内的各种义务的逻辑关联物。②

按照西蒙斯的区分,证成性是一种理由反对另一种理由的证明过程,证成发生在不同的理由之间,因而是一种辩护性观念。而正当性发生在国家与人民之间,是人民据以服从而国家要求服从的理由,因而国家的正当性本身意味着人民的包括政治义务在内的义务综合体,即:

> 正当性仅仅被理解为"领导者能够利用的忠诚的蓄水池",和国民对政权权威的信任(或他们的忠诚、信任或其它依恋的感觉),这会典型地产生顺从和支持(或者至少偶尔不顺从和不支持的负罪感)。③

---

① A. John Simmons, Justification and Legitimacy, *Ethics*, Vol.109, No.4(July 1999), p.740.

② A. John Simmons, Justification and Legitimacy, *Ethics*, Vol.109, No.4(July 1999), p.746.

③ A. John Simmons, Justification and Legitimacy, *Ethics*, Vol.109, No.4(July 1999), p.749.

但是西蒙斯指出这种正当性观念主要来自马克思·韦伯，他称之为"态度的正当性解释"（attitudinal accounts of legitimacy）。他认为这种正当性观念会产生两种后果，一是将正当性解释为与错误的事情有关，一是将对国家的道德判断或评价解释为与人有关而不是与行为有关。[①]无论西蒙斯分别给予证成性与正当性以何种解释，确定无疑的是他认为这两者是国家正当性论证的两种不同路径，二者分别从国家本身所具有的品质和国家要求人们服从的道德权利来论证国家的权威。然而在西蒙斯看来，这两种路径都无法有效地完成论证国家权威的任务。国家本身所具有的某种品质并不是产生服从的政治义务的理由，其逻辑结果仅仅能说明这样的国家值得人们支持，但无法说明这样的国家就有某种道德权利要求或强制人们服从；而国家仅仅被证明拥有制定和执行政策的权利，也无法证成其行为或政策本身。因此，最后的结果是，人们可能也会证成其违法行为，尽管他们对其政府具有一般的政治义务；而人们也可能无法证成其违法行为，尽管他们对其政府并不具有这种政治义务。[②]

事实上，与其说西蒙斯努力想使正当性与证成性截然分开，不如说他暗示了两者在具体论证过程中和现实评价中更有可能相互作用。他真正不赞同的是用正当性的逻辑来否定证成性的逻辑，例如一个通过民主程序产生的政府并不必然证明其行为或政策值得人们服从或赞同，反之亦然。这一看似矛盾的论点反映的是西蒙斯在应然和实然之间进行区分的努力，所以需要重申的是，应然与实然之间的比较是不可取的，理想应当与理想相对，现实应当与现实相对，这里实际上还是一个施密茨所讲的，目的论的证成和发

---

① A. John Simmons, *Justification and Legitimacy*, Ethics, Vol.109, No.4（July 1999）, p.749.

② A. John Simmons, *Justification and Legitimacy*, Ethics, Vol.109, No.4（July 1999）, pp.770–771.

生论的证成之间的区别,或者说是程序正义与实质正义的区别。

总之,这些理论家对于正当性与证成性的区分,以及各自不同的证成模式都为国家权威的正当性提供了深刻的思考,马丁的内在和外在证成模式与施密茨的目的论和发生论的证成模式实际上在某种程度上已经涉及了西蒙斯的关于正当性与证成性的区分。在最简化的意义上来看,这些区分对于证成性的启发在于,对于国家权威的证成大致包括两种论证模式:一种是从国家权威的程序正当性来进行证成;一种是从国家权威本身所具有的功能,以及实现这些功能的方式来进行证成。事实上,在公民不服从理论家那里,公民不服从的证成也遵循着上述两种证成模式。按照马丁的内部证成和外部证成两种模式的区分,公民不服从的外部证成力图证明不服从行为所产生的原因,不服从行为的证成取决于法律或政策的不正当性,或者依赖于政治义务的有限性或条件性,其逻辑在于如果法律或政策在道德或政治上的正当原则存在不一致,或者不存在一种服从法律的绝对义务,那么公民不服从就具有证成性。内部证成则从不服从行为本身出发,着眼于不服从行为的动机、手段及后果等方面,这些方面的证成决定着公民不服从的证成。其逻辑在于如果公民不服从所指向的目标与实现这些目标的手段符合道德或政治的正当原则,以及公民不服从所造成的后果与目标之间的差距尽可能最小化,那么公民不服从就具有证成性。

尽管如此,公民不服从理论并没有有意识地区分正当性和证成性之间的差异,或者说并没有明确地使用正当性和证成性这两个术语来区分对公民不服从的证成,但理论家们的证成事实上都是在遵循上述两种路径。莱斯利·J.麦克法兰(Leslie J. Macfarlane)对此有过总结,他拒绝了那种建立在对政治系统的二元分类基础上的证成路径,即将政治系统分为病态的和非病态的。在非病态的政治系统中,人们拥有表面上的(prima facie)服从义务,而在病态的政治系统中,人们拥有表面上的不服从权利。他认为这种证成路径无法区分革命的证成和不服从的证成之间的差异。①在这一基础上,麦克法兰指出,公民不服从的证成实际上包括五个方面的问题:

第一,谁向谁证成。因为公民不服从是一种现实行为,因此:"证成性并非抽象地存在;它们由人们对人们而做出。我们能够区分可能与证成政治不服从相关的三种类型的人,即违法者,不服从群体的成员或支持者,以及旁观者。"②

第二,理由(cause)的证成。他指出公民不服从的理由证成应当包括三类,即行为者本身的利益或权利受到侵害或忽视,他人的利益或权利受到践踏或忽视,某些共同的一般利益或原则被违背。③

第三,不服从义务的证成。相对于政治义务的证成一样,如果能够证成一种不服从的义务,那么公民不服从就具有了正当性。在麦克法兰看来,"有必要注意在某些条件下人们可能拥有一种不服从的积极义务来代替一种不服从的消极权利。正如上面讨论的那样,不服从的义务在个人被独自需要用以实施一种不人道行为的地方被非常清晰地理解"④。

第四,手段的证成。麦克法兰指出了公民不服从证成性中对于非暴力手段的强调,尽管他本身并不认同这二者之间有着必然的决定关系,"斗争的非暴力方法永远比指向同一目标的暴力手段导致更小的伤害,这一点都甚至不是真的"⑤。但手段与目的的一致性在公民不服从理论中也作为一种证成逻辑而存在。

---

① Leslie J. Macfarlane, Justifying Political Disobedience, Ethics, Vol.79, No.1(Oct., 1968), pp.32–33.

② Leslie J. Macfarlane, Justifying Political Disobedience, Ethics, Vol.79, No.1(Oct., 1968), p.34.

③ Leslie J. Macfarlane, Justifying Political Disobedience, *Ethics*, Vol.79, No.1(Oct., 1968), pp.37–38.

④ Leslie J. Macfarlane, Justifying Political Disobedience, *Ethics*, Vol.79, No.1(Oct., 1968), p.44.

⑤ Leslie J. Macfarlane, Justifying Political Disobedience, *Ethics*, Vol.79, No.1(Oct., 1968), p.46.

第五，行为后果的证成。麦克法兰指出："那些实施政治不服从的人需要建立行为与结果之间的关系以使后者为前者提供足够的理由。"①也就是说，公民不服从所造成的后果，甚至包括不服从者对于后果的回应，也是理论证成公民不服从的一个要素。

事实上，麦克法兰指出的证成性路径是一种内部证成或目的论证成。他所关注的是公民不服从本身所具有的功能以及实现这些功能的途径和效果，但是他没有看到的是，在他所提出的每一项证成要素中，不同的证成路径都可以提供相应的论据。可能他也无意做出任何内部和外部的、目的论的和发生论的证成路径的区分，他所要提供的只是一种可供分析的理性原则，按照这种理性原则，公民不服从才可能被证成。②

四、本研究的特点与不足

本研究主要采用的是文献研究方法，着重梳理了自19世纪梭罗至当代的相关的美国思想家和理论家的文本，并试图展示美国公民不服从理论的基本内容，包括公民不服从的概念、分类、特征和正当性等。但是在结构上，本研究并未采取这种一般叙述的方式，由于法治、道德和民主是大多数公民不服从文本中所涉及的主题，因此本研究主要按照这三个重大主题，或者说是三个主要因素来组织论证，但是这三个部分都分别包含了概念、分类、特征和正当性问题的论述。同时，这也构成了本研究的两个难点：第一，在选定文本时，一方面需要严格筛选，另一方面也注重借鉴和比较。本研究的文本筛选所遵循的原则是，美国籍作者的文本与研究美国公民不服从的文本相

---

① Leslie J. Macfarlane, Justifying Political Disobedience, *Ethics*, Vol.79, No.1(Oct., 1968), p.48.

② Leslie J. Macfarlane, Justifying Political Disobedience, *Ethics*, Vol.79, No.1(Oct., 1968), p.53.

结合。在这一原则下,本研究遗憾地排除了一些像伯兰特·罗素、哈贝马斯等思想家的相关文本,尽管这些文本对本研究有着至关重要的帮助。第二,公民不服从理论家们大多在论证过程中都将法治、道德和民主置于一种关系维度之中,而不是将三者分割开来,本研究的论述也只是在每一部分的论述中试图突出相关的主题,而无法割裂三者的关系。因此,这种论述结构在某种程度上不免牵强。

文献研究方法也使得本研究更多关注于文本所阐述的理论内容,这也使得本研究缺乏对公民不服从行为的现实关注。事实上,不论是美国还是欧洲,还是第三世界国家,公民不服从行为在现实中远比理论更为活跃,对于这些现实行为的研究能够成为本研究的一种延伸。

此外,就观点而言,公民不服从理论除了在概念上有一定的共识之外,在任何一个问题上都存在着分歧,尤其表现在关于公民不服从的正当性问题上。对于这些分歧的分析不仅需要对相关争论的理解,更需要公民不服从理论之外的相关知识,例如,对于法治内在张力的理解需要各种流派的法理学和法哲学的相关知识,而关于政治义务的道德哲学对公民不服从的证成也至关重要,民主理论也能够对公民不服从理论关于多数原则、民主价值等问题的理解有所裨益。公民不服从理论事实上是一个涉及法学、哲学以及政治学等多学科知识的交叉理论,这种包容性与复杂性必然导致本研究的困难。

第一章
法治视阈下的公民不服从

一、法治的内在张力与服从困境

法治(rule of law)观念在西方世界是一个传统,从《克力同篇》中苏格拉底对法的遵从到亚里士多德的"法律应在任何方面受到尊重而保持无上的权威"[1],从西塞罗"恶法非法"[2]到阿奎那对人法之正义性的强调,[3]从洛克的"法律一停止,暴政就开始了"[4]到潘恩的"在自由国家,法律应成为国王"[5],以及托克维尔所指出的美国的宪法"拥有独一无二的权威"[6],无不给这一传统增添了思想的注脚。西方世界对法治的推崇自不必赘言,而他们在推崇法治的同时从未停止对法治的反思,这种反思牵涉到一系列问题,例如:既然

---

① [古希腊]亚里氏多德:《政治学》,吴寿彭译,商务印书馆,2011 年,第 195 页。

② [古希腊]西塞罗:《国家篇 法律篇》,沈叔平、苏力译,商务印书馆,2002 年,第 170~171 页。

③ 《阿奎那政治著作选》,马清槐译,商务印书馆,2010 年,第 120~121 页。

④ [英]洛克:《政府论》(下篇),叶启芳等译,商务印书馆,2004 年,第 123 页。

⑤ [美]托马斯·潘恩:《常识》,何实译,华夏出版社,2004 年,第 56 页。

⑥ [法]托克维尔:《论美国的民主》(上卷),董果良译,商务印书馆,2008 年,第 112 页。

法在一个自由社会之中代表着最高权威,那么对法的服从是否就是一种绝对命令? 要求人们服从一种"恶法"是否具有正当性? 在洛克假设的那种"严格和呆板地执行法律反而有害"① 的情况下,公民做出的违法行为是否应受到惩罚? 如何判定法律的善恶? 等等。

当代西方的民主政治通过合法程序可以使法律获得形式正当性,但无法解决法律的实质正当性问题,良法和恶法依然并存,由此而来的对良法的服从与对恶法的不服从之间的张力依然是当代西方法治思想中难以回避的问题。事实上,亚里士多德早就指出了法治的这一吊诡,他说:"法治应包含两重意义:已成立的法律获得普遍的服从,而大家所服从的法律又应该本身是制定得良好的法律。"② 如果一个国家制定了法律,但人们并不遵从,那么法治就无法运行,所以法治依赖于对法的服从;另一方面,尽管亚氏并未对服从恶法做进一步的论述,但对恶法的服从已然被排除在他对法治的理解之外。法治要求人们服从良法而非恶法,因此在对恶法的不服从与对法的忠诚之间存在着某种张力,这种张力导致的最直接问题就是对恶法的不服从有无正当性或言这种不服从行为应否受到惩罚。

洛克在《政府论》下卷中实质上提出了西方法治思想中存在的另外一种张力,即法的价值与其它价值之间的张力。事实上,洛克承认法是有限度的,这一思想首先体现在他对立法权范围的限定上, 他认为立法权虽然是每一个国家的最高权力,但对于人民的生命和财产绝无专断的权力。其次,这一思想还体现在洛克对"特权"的论述当中。他认为那种"并无法律规定、有时违反法律而依照自由裁处来为公众谋福利的行动的权力,就被称为特权",虽然拆掉别人的房屋是违法的,但如果是为了阻止火势蔓延而拯救无辜之人的

---

① [英]洛克:《政府论》(下篇),叶启芳等译,商务印书馆,2004 年,第 99 页。

② [古希腊]亚里氏多德:《政治学》,吴寿彭译,商务印书馆,2011 年,第 202 页。

性命,那么这种行为应当免受惩罚。① 这两方面的论述都指出了法的目的是公共福利或者说是为了保护公民的生命和财产,由此可知在洛克那里,法只是实现保护所有人这一目的的工具,而非最高价值。

法治固有的这些内在张力事实上构成了公民不服从的一个逻辑起点。从概念上来说,公民不服从的首要特征就是违法,正如贝多所指出的那样:"指向政府的抗议行为,不管如何谨慎或有效,如果没有违法(例如通常那些海报游行(poster parade),志愿的联合抵制,或者拒绝接受政府雇佣的情形),它就不是公民不服从行为。"② 公民不服从思想与传统的法治思想就像是一枚硬币的两面,传统的法治思想从正面强调法的重要性和权威,而公民不服从思想则从反面寻找解决法治内在张力的路径。上面提到的两种张力分别对应着两种不同类型的公民不服从,即直接的公民不服从和间接的公民不服从。"直接的公民不服从正是以审慎地违背法律本身作为其抗议目的的一种行为。间接的公民不服从囊括了其余的全部,其中违背法律不是其抗议的目的(尽管多少是密切相关的)。"③ 也就是说,直接的公民不服从认为恶法是不正当的,并通过违反这种恶法来达到变更或取消恶法的目的,其逻辑在于通过违法来促进法律变迁,比如蒙哥马利的罗莎·帕克斯(Rosa Parks)和公交车联合抵制,直接指向的正是当时的种族隔离政策。间接的公民不服从是为了达到法律之外的目的而违法,这种公民不服从被认为是一种政治策略,其逻辑在于通过违法来实现其他政治目的,比如 20 世纪 60 年代的美国人拒绝服兵役以反对越南战争。由此可见,从一开始公民不服从思想就遭遇了西方法治思想

① [英]洛克:《政府论》(下篇),叶启芳等译,商务印书馆,2004 年,第 82~89 页。

② Hugo A. Bedau, On Civil Disobedience, *The Journal of Philosophy*, Vol.58, No.21(Oct. 12, 1961), p.654, 1971, p.52.

③ Carl Cohen, *Civil Disobedience—Conscience, Tactics, and the Law*, Columbia University Press, 1971, p.52.

传统中的一个基本问题,而且公民不服从思想也试图回应这一问题。

阿比·福塔斯(Abe Fortas)认为:"术语'公民不服从'一直应用于个人对他认为是不道德的和违宪的法律的拒绝服从",也就是说"公民不服从是由两个动机所激起——即进行宣传(propaganda)和挑战法律",进行宣传的目的是唤醒人们心中普遍的道德感,使人们对恶法产生足够的反省,以期对恶法进行足够的挑战,然而"公民不服从的动机不论哪种类型都不能赋予违法以豁免权"①。福塔斯的分析属于典型的法学逻辑,侧重于从行为的动机和对行为的判决等方面进行考察,所以他的结论必然是:当面临"有序社会的需要"和"个人的愿望和渴求"之间的冲突时,要始终坚持"程序是民主社会的骨架;获得公认的程序标准的特性——即什么是可容忍的和允许的以及可接受的行为这一特性——决定了社会的持续性和社会内部自由存续的可能性"②。对于官员和法律从业者而言,法的权威是至高无上的,法律就是法律,但是法的权威并非依赖于对违法行为的必须起诉, 正如德沃金所指出的那样:"如果一个社会容忍一切违法行为,'它就不能维持';但是,这并不意味着,也没有证据证明,如果它容忍某些违法行为它就会垮台。"③因为在他看来,如果公民不服从行为所违反的"法律是无效的,则不存在依据该法律的犯罪,因此社会也就可以不惩罚"④。

法律的有效性对于不同的主体而言存在着分歧, 官员和法官与持不同政

---

①　Abe Fortas, *Concerning Dissent and Civil Disobedience*, The New American Library, 1968, pp. 59-63.

②　Abe Fortas, *Concerning Dissent and Civil Disobedience*, The New American Library, 1968, p. 120.

③　[美]罗纳德·德沃金:《认真对待权利》,信春鹰、吴玉章译,上海三联书店,2008年,第275页。

④　[美]罗纳德·德沃金:《认真对待权利》,信春鹰、吴玉章译,上海三联书店,2008年,第277页。

见者"双方都可能具有令人信服的理由来支持各自的立场"①,那么"当法律不确定时,也就是说双方都可以提出似乎有理的论辩时,则一个遵循自己的判断的公民并不是在从事不正当的行为"②。所以德沃金认为法治是一件极为复杂的事情,远不是违法必究那样简单而粗暴。类似的观点其实并非德沃金的首创,比如卡尔·科恩就曾指出对于公民不服从的惩罚需要区分直接的和间接的不服从,"如果是直接的,那么抗议者会争论说他违背的法律本身是不道德的,而且他会因此在法庭上坚持自己的立场,寻求最终的宪法支持并撤销冒犯性的法条。如果他的不服从是间接的,那么他违背的法律本身可能获得他的完全认可,而且他倾向于承认自身的罪行。在后一种情形中他可能将对他的惩罚视为其抗议的策略顶点"③。

法治视阈下的公民不服从理论并非意味着完全沉浸于法律的世界来观照公民不服从,从而使不服从仅仅求助于宪法或整个法律体系的最终支持。在阿伦特看来,直接的公民不服从是对公民不服从的误解,她认为良知反抗者或者检验成文法是否合宪的人不属于公民不服从者,真正的公民不服从者"实际上是有组织的少数,他们通过一致意见,而非一致的利益结合在一起,并且决定反对政府的政策,即使他们有理由认为,大多数都支持这些政策;他们的一致行动来自彼此的协定,正是这一协定使得他们的观点坚定可靠并且令人信服,无论他们一开始是如何达成这一协定的"④。很明显,阿伦特所指出的间接公民不服从已经超出了法律本身能够探讨的范围,违法作为一种政治策略从属于公民不服从行为的政治目的,而不是指向特定的法律。

---

① [美]罗纳德·德沃金:《认真对待权利》,信春鹰、吴玉章译,上海三联书店,2008年,第277页。

② [美]罗纳德·德沃金:《认真对待权利》,信春鹰、吴玉章译,上海三联书店,2008年,第287页。

③ Carl Cohen, *Civil Disobedience—Conscience, Tactics, and the Law*, Columbia University Press, 1971, p.133.

④ [美]汉娜·阿伦特:《共和的危机》,郑辟瑞译,上海人民出版社,2013年,第38~40页。

二、作为一种违法行为的公民不服从

(一)公民不服从与合法抗议的区别

将公民不服从视为一种违法行为的观点是一种更具法理学色彩的观点，在整个公民不服从的概念谱系中显得最为狭窄。这种观点认为不论其动机和目的如何，或者采取何种手段，以及最后产生怎样的法律或社会后果，公民不服从都涉及对特定法律的违背。曾任美国联邦法院大法官的阿比·福塔斯(Abe Fortas)的观点最具典型。福塔斯将公民的异议(dissent)权利与公民不服从进行了区分。他认为公民不服从有两种不同类型，一种是拒绝服从一项有违道德或宪法的公民不服从，他说：

> 术语"公民不服从"常常用来指适用于个人对服从一项他认为是不道德的或违宪的法律的拒绝。①

福塔斯认为这种类型的公民不服从最典型的案例就是约翰·弥尔顿(John Milton)对英国出版物审查法律的不服从。在福塔斯看来，尽管这类公民不服从行为违背了某项特定的法律，但并不试图颠覆政府或者通过强力来夺取部分政府权力，也不通过使用暴力而使政府赋予不服从者以自治。②另一种公民不服从类型是通过违背一项法律而达到与该法律并无直接关系

---

① Abe Fortas, *Concerning Dissent and Civil Disobedience*, The New American Library, Inc., 1968, p.59.

② Abe Fortas, *Concerning Dissent and Civil Disobedience*, The New American Library, Inc., 1968, p.59.

的抗议目的。他说：

> 术语"公民不服从"不并局限于由于不赞同特定法律而拒绝服从它的抗议形式。它还适用于另一种类型的公民不服从。它是对抗议者并不是因为其自身的条款或效力而挑战的法律的违背。[①]

福塔斯认为这种类型的公民不服从的典型是甘地。两种不同类型的公民不服从之间的差异在于动机与手段的一致或分离，第一种类型的公民不服从所指向的目标与被违背的法律是一致的，第二种类型的公民不服从则不然，它是通过违背一项在不服从者看来可能并不违背道德或宪法的法律而达到其它的抗议目的，例如甘地通过违反治理普通公民生活的法律而反对英政府在印度的统治。前者的动机是通过违法来挑战法律，后者则是通过违法来达到宣传（propaganda）的目的。但二者的相同之处在于它们都属于违法行为。因此，作为大法官，福塔斯认为："不论公民不服从是何种类型，其动机并未赋予违法以豁免权。"[②]也就是说，从法律角度而言，公民不服从作为一种违法行为必须受到法律制裁。据此，福塔斯明确地将受到宪法保护的公民的异议权（dissent）与公民不服从区别开来，异议的根据是"宪法第一修正案"保护下的公民的言论与出版自由，因而公民可以和平集会、示威和向政府请愿，以及通过投票选举新的官员，这些都是公民不服从的替代选择。[③]

---

① Abe Fortas, *Concerning Dissent and Civil Disobedience*, The New American Library, Inc., 1968, p.61.

② Abe Fortas, *Concerning Dissent and Civil Disobedience*, The New American Library, Inc., 1968, p.61.

③ Abe Fortas, *Concerning Dissent and Civil Disobedience*, The New American Library, Inc., 1968, pp.24–25.

第一章　法治视阈下的公民不服从

如果将政府的政策也视为一种法律的话，那么在几乎所有的理论家那里，违法都被认为是公民不服从概念的基本特征。也就是说，公民不服从不同于合法的抗议行为，例如在贝多那里，海报游行（poster parade）、志愿抵制（voluntary boycott）以及拒绝受雇于政府等行为不属于公民不服从。他说：

> 指向政府的抗议行为，不论其多么地本着良心（conscientious）或有效，如果没有违背法律（正如海报游行，志愿抵制或拒绝受雇于政府等通常案例），那就不是公民不服从行为。①

阿奇博尔德·考克斯（Archibald Cox）则认为，诸如示威游行等直接行为与公民不服从行为是不同的，这些行为通过援引宪法权利而对违宪的法律或命令，以及妨碍这些权利的违宪行为进行拒绝，因而这种直接行为不是公民不服从。他说：

> 被提议的示威可能无可争辩地是一种言论自由、结社自由和申诉救济的请愿的实践。如果是那样的话，地方权威的行为就是违宪的。这是大部分民权示威的情形。……这种行为不涉及公民不服从——在终极意义上没有违法——因为被违反的命令仅仅是无效的（也就是说根本没有法律）和违宪的。谈论这种作为公民不服从的宪法权利的主张是非常危险的，因为它将合法的和非法的行为混为一谈了，并且造成了错误的印象即一旦在示威者的目标中存在着有效的"善"，两者都是被允

---

① Hugo A. Bedau, On Civil Disobedience, *The Journal of Philosophy*, Vol.58, No.21, 1961（Oct. 12, 1961）, p.654.

许的。①

马丁也将大多数罢工和大众集会等抗议形式排除在公民不服从的定义之外,并且同样将违法作为公民不服从的题中应有之义。他说:

> 事实上,大多数罢工(picketing)和大众集会——正如我们所称谓的游行或对抗(confrontation)——与名义上的民众大会(popular conver-tion)相反,并不包括直接的和审慎的不服从法律。②

(二)公民不服从与检验法律合宪性的异议行为的区别

对于公民不服从与违法行为的进一步分析在于谁来认定的问题。韦伯伦·范德伯格(Wibren van der Burg)认为,如果公民不服从行为的实质是"政府与公民之间的冲突的表达",那么就"应当考虑到个体公民的道德立场,政府的政治立场以及法官的法律立场"③。当公民不服从面对这种审查时,首要的问题在于它与检验或测试法律合宪性的试验行为之间的区别。马丁指出,由于美国政治系统的特殊性有一种不服从的形式是测试法律(testing a law),即通过不服从法律来使最高法院重新考察该项法律,从而修正或取消它,那么这种测试法律的行为是否属于公民不服从? 对于这一问题,马丁认为如果最终法律被修正或取消,违法者最终也接受了裁定,那么这一行为就不是公

---

① Archibald Cox, Direct Action, Civil Disobedience and the Constitution, *Proceedings of the Massachusetts Historical Society*, *Third Series*, Vol.78(1966), p.108.

② Rex Martin, Civil Disobedience, *Ethics*, Vol.80, No.2(Jan., 1970), p.123.

③ Wibren van der Burg, The Myth of Civil Disobedience, *Praxis International*, Vol.9, No.3(1989), p.293.

民不服从。反之,如果所谓的测试法律的行为并未使得有异议的法律得到改变,而且他们继续不服从这一法律,他们就是公民不服从者。①

在这两种情形中,违法与否的关键在于法院对于被测试法律的判定,如果不服从者违反的法律最终是违宪的因而也是无效的,那么不服从行为实际上并未违背法律,在这种情况下,不服从者的行为更多的是异议而非公民不服从。卡尔·科恩②也表达过这种观点。但是就公民不服从者而言,这种公民不服从的宪法理论几乎是毫无意义的。因为公民不服从者是否认为其行为违法,或者像在测试法律的情形中的异议者那样对法院判决进行预期,都不会影响他采取和继续采取行动。正如罗尔斯所指出的那样,公民不服从的确是一种违法行为,它不同于旨在向法院提出试验案件的违法行为,因为不论最终法院是否裁定所违之法是否合宪,公民不服从者都不会停止反抗。他说:

> 公民不服从行为确实被看成是违反法律的,至少在下述意义是如此:即那些参与公民不服从的人恰恰没有为一个合乎宪法的决定指出一个试验性的案件;即使某个法规应该被坚持,他们也准备反对它。……即使法院最终还是不赞同,公民不服从的反抗者也是不会准备停止反抗的;如果法院做出相反的判决,反抗者可能会非常高兴。③

此外,拉辛还对另一种涉及公民不服从者违法立场的观点提出了质疑,这种观点认为公民不服从者的违法行为建立在一种深思熟虑(deliberate)的

---

① Rex Martin,Civil Disobedience,*Ethics*,Vol.80,No.2(Jan.,1970),p.126.

② Carl Cohen,*Essence and Ethics of Civil Disobedience:Nation*,Vol.198,No.12(1964),pp.257–262.

③ [美]约翰·罗尔斯:《正义论》(修订版),何怀宏、何包钢、廖申白译,中国社会科学出版社,2009年,第286页。

态度之上。拉辛认为,深思熟虑的态度可以有两方面的理解:一方面是将它理解为不服从者对其行为的违法事实不仅是了解的,而且还是本着良心的,那么如何判定不服从者的违法行为是本着良心的呢? 这种观点提供了几种观察方法,如不服从者是否相对有秩序地和非暴力地违法,以及他们是否接受对其行为的法律惩罚。但拉辛认为这种理解对于公民不服从的概念而言不具有可操作性,上述方法也无法对行为者的内在态度进行判断。另一方面是将深思熟虑理解为有计划地违法。然而公民不服从不必然如此,例如,如果警察说一个集会是非法的并且要清理现场,而示威者依然留在原地,那么这种情况显然不在他们的计划之内。因此,在拉辛看来,可以确定的是,不论公民不服从行为在法律上是否有问题, 或者他们是否试图在法庭上为自己辩护,他们的行为都无疑违背了法律,对此他们并不否认。①

(三)公民不服从与普通违法行为的区别

公民不服从确定无疑是一种违法行为,但并非所有的违法行为都是公民不服从。公民不服从与普通的违法行为的区别是非常明显的,这种区分在公民不服从的概念中最容易进行,而动机、方式和原则是最有效的区分依据。

与普通违法不同,公民不服从是基于合理的理由而违法。斯图亚特·M.布朗(Stuart M. Brown)认为:"一个人为了避免一些更大的罪恶而违背一项法令和一个人由于无知、粗心、贪婪或怨恨而违背相同的法令,两者在法律上存在着差异。"②出于避免更大的罪恶的动机而违法,不论在法律上如何对其判定,在现实中往往能够获得更大的同情。阿伦特则认为,公民不服从与普通

---

① Elliott M. Zashin, *Civil Disobedience and Democracy*, The Free Press, 1972, pp.112–114.

② Stuart M. Brown, Jr., Civil Disobedience, *The Journal of Philosophy*, Vol.58, No.22 (Oct. 26, 1961), p.670.

违法行为之间最为根本的分歧在于，前者从群体利益出发，后者则为个人利益行事。她说：

> 一个普通违法者即使属于某个犯罪组织，他也只为个人利益行事；他反对受到其他成员一致同意的压制，而只会屈服于执法部门的暴力。而公民不服从者虽然常常和多数人意见相左，他却是以群体的名义并为了群体利益而行事；他违抗法律和既有权威，这是基于根本的分歧，而不是因为他个人想做出额外之举并且得逞。①

诉诸一种公共原则而非个人自利，决定了公民不服从与普通违法在行为方式和行为限制等方面都具有明显的差别。罗尔斯则认为公民不服从"是一种发生在公众讲坛上的、表述深刻的和认真的政治信念的正式请愿"②。公民不服从对于违法有着道德或政治上的正当理由，不论是出于布朗的"避免更大的罪恶"还是阿伦特的"群体利益"，或是罗尔斯的"公平正义观"，公民不服从都具有表面的或实质的理由来公开地充当其行为的原则，而这些原则在普通的违法者那里从来都不曾占有一席之地，或者说他们根本没有什么可以在公开场合进行辩护的正当理由，其行为只能以一种隐蔽的方式来达到其私密的目的。因此，布朗断言："公民不服从行为以公开为特征，而典型的犯罪案件以隐瞒为特征。"③阿伦特指出："罪犯逃避公众目光，而公民不

---

① ［美］汉娜·阿伦特：《共和的危机》，郑辟瑞译，上海人民出版社，2013年，第56页。

② ［美］约翰·罗尔斯：《正义论》（修订版），何怀宏、何包钢、廖申白译，中国社会科学出版社，2009年，第287页。

③ Stuart M, Brown, Jr., Civil Disobedience, *The Journal of Philosophy*, Vol.58, No.22 (Oct. 26, 1961), p.670.

服从者掌握法律,公开反抗,这两者有着天壤之别。"① 这也决定了公民不服从与普通违法在对待其法律后果时的态度也迥然不同。

出于原则的公民不服从不是偶然地违法,其行为与动机具有鲜明的一致性,无论不服从者是否受到法院或政府的容忍和接纳,或者是否能够得到多数人的同情或认可,他都会对有问题的法律表示不服从,而且他并不拒绝接受对其违法行为的法律惩罚,甚至将这种惩罚当作一种策略来强化其行为的正当性。但是普通违法并不是出于对法律的不同意而违背它,因此违法者所希望的只是不被关注以期逃避惩罚。尽管有时他可能并不是出于做恶的动机,比如为了个人的便利或私利而不小心违法,如拉辛提出的那样,一个人可能出于方便而非法泊车,他可能认同合理泊车区域的政策,并且可能也愿意接受罚款,但无论如何,这种行为绝对不是出于原则的违法行为。② 因为法律惩罚对于普通违法者而言,只是违法者获利的风险,而对于公民不服从者来说则是行为原则的延续。

综上所述,这种将违法作为公民不服从的基本特征,并试图与普通违法区别开来的论证无疑带有明显的法理学色彩。这种论证将公民不服从的"公民"这一定语主要地理解为"公共"或"公开",公民不服从排斥上述三种行为的意义在于, 公民不服从在主观上并不求助于法律条文上的抗议权利的合法性,也不诉诸法律的多数原则,只要法律被认为是有争议的——不论是有违道德还是正义,人们都没有服从它的义务。因此,无论从动机、方式以及原则上来讲,公民不服从都是一种"公共的"和"公开的"违法行为。

但是,有几个问题需要澄清。首先,法律只是公民不服从的焦点,而不是目标。直接的公民不服从也即所违背的法律与其挑战对象一致的公民不服

① [美]汉娜·阿伦特:《共和的危机》,郑辟瑞译,上海人民出版社,2013 年,第 56 页。

② Elliott M. Zashin, *Civil Disobedience and Democracy*, The Free Press, 1972, p.114.

从,所反对的不只是特定法律的具体条文,而是这一法律所代表或支持的一种价值,比如废奴主义者对《逃亡奴隶法》的不服从代表了一种有违人类基本道德的不正义的价值。间接的公民不服从,即通过违反一项本身并无争议的法律而挑战其他法律或政策甚至政府权威的公民不服从,有人也称之为"政治不服从"①,其目标与被挑战的法律没有直接关系,比如梭罗通过拒绝缴纳人头税来抗议马萨诸塞州对奴隶制和墨西哥战争的反对。其次,公民不服从的法学观点无法为其正当性提供有效的论证。无论出于何种原则或动机,无论公民不服从是直接的还是间接的,违法的事实都是确定无疑的,因而法律无法为公民不服从制定一个例外原则而给予其豁免权。因此,正如卡尔·科恩所言:"在一个既定的司法系统中,法律本身不能证明违法为正当。"②

三、公民不服从与非暴力反抗

(一)马丁·路德·金的非暴力反抗思想

马丁·路德·金是美国 20 世纪五六十年代的民权运动的标志性人物,他出色的领导能力和富有感染力的演讲对于 1964 年民权法案的颁布功不可没,其非暴力反抗(nonviolent resistance)思想作为民权运动的一种主导思想也为人类追求平等和自由的传统留下了浓重的一笔。公民不服从理论家大多将金那个时期的民权运动视为公民不服从的范本,因此金的非暴力反抗思想对于公民不服从理论而言是一个无法回避的内容。

---

① Leslie J. Macfarlane, Justifying Political Disobedience, *Ethics*, Vol.79, No.1 (Oct., 1968), pp. 24–55.

② Carl Cohen, *Civil Disobedience：Conscience，Tactics，and the Law*, Columbia University Press, 1971, p.94.

美国公民不服从理论研究

1.非暴力反抗的宗教起点

金在《非暴力的朝圣之旅》(*Pilgrimage to Nonviolence*)①一文中曾详细地讲述其非暴力反抗思想的形成过程。在这一过程中,梭罗是他"同非暴力反抗理论的第一次思想接触"②,其后金在大量神学、哲学和政治学经典文献中辗转,直到后来接触到甘地和尼布尔(Reinhold Niebuhr),这一思想经历直接促成了他的非暴力反抗思想的形成。从金的非暴力思想本身来看,他的这一朝圣之旅的主题实际上只有一个,即将基督教的天国观念与现实政治相结合。他抛弃马克思主义的首要原因就是唯物史观不承认神的存在,尽管马克思主义使他对阶级之间的斗争和资本主义社会的矛盾有了更深刻的理解。③金对甘地的赞许也是因为甘地很好地实现了这种结合,他认为:"甘地是历史上第一个将耶稣爱的伦理提升为超越人与人的相互关系之上而成为大规模的强大而有效的社会力量的人。"④而神学家在金的朝圣之旅中扮演着非常重要的角色。芭芭拉·阿伦(Barbara Allen)指出,沃尔特·饶申布士(Walter Rauschenbusch)使金意识到"基督教的天国观念反映的不仅是一种宗教学说,而且是一种社会的绝对命令(imperative)",而尼布尔则使金不仅摆脱了"天真的乐观主义",而且偏离了"和平主义"。最终,金找到了一种个人主义作为将上述两者综合起来的方法。阿伦认为这也注定了金整个思想的宗教语境,因此"'自我净化'(self-purification)就成为金的非暴力直接行动的第一

---

① Martin Luther King,Jr.,*Stride Toward Freedom—The Montgomery Story*,Beacon Press,2010, pp.77–95.

② Martin Luther King,Jr.,*Stride Toward Freedom—The Montgomery Story*,Beacon Press,2010,p. 78.

③ Martin Luther King,Jr.,*Stride Toward Freedom—The Montgomery Story*,Beacon Press,2010, pp.79–83.

④ Martin Luther King,Jr.,*Stride Toward Freedom—The Montgomery Story*,Beacon Press,2010,p. 84.

步"①。金明确地指出过非暴力运动的四个阶段,即"收集事实以判定非正义
是否存在、谈判、自我净化以及直接行动"②。其中,自我净化似乎并不是非暴力
运动的出发点,但收集事实以对非正义是否存在的问题进行判定所依据的基
点一定是自我净化,因为自我净化所要求的是经常性的自我评估,正如阿伦
所言:"代表了自我净化观念的经常性自我评估强调了通过用卓越的道德要
求调和政治正义的方式来修正非正义的个人责任。"③从根本上讲,对一种既
定事实的判定取决于个人在宗教基础上的道德观念,自我净化要求与非正义
的决裂,这构成了整个非暴力反抗的逻辑起点。因此,阿伦的观点无疑是切中
肯綮的。

2.非暴力反抗的现实逻辑

首先,金的非暴力反抗思想的宗教起点决定了对善的向往和与恶的决裂
是一项基本的个人义务,正如金指出的那样,"拒绝与罪为伍正如要与善同行
一样也是一种道德义务"④。这就导致人们实际上处于一种服从与不服从的困
境当中,服从善与反对恶都是一种个人义务。这种困境在现实当中可以集中
地表现为服从良法与反对恶法的义务,或者说服从正义的法律与反对非正义
的法律的义务。从现实角度而言,一种非正义的现实存在无疑是不服从行为
的根本动因,因此如何区别正义与非正义的法律就成为一个关键问题。对于
这一问题,金的回答涉及实质正义和程序正义两个方面,从实质正义出发,他

---

① Barbara Allen,Martin Luther King′s Civil Disobedience and the American Covenant Tradition,
Publius,Vol.30,No.4,Essays in Memory of Daniel J. Elazar(Autumn,2000),pp.97-100.

② Martin Luther King,Jr.,Letter from Birmingham City Jail,in Janes Melvin Washington(ed.),*A
Testament of Hope*,*The Essential Writings of Martin Luther King*,Jr.,Harper & Row,1986,p.290.

③ Barbara Allen,Martin Luther King′s Civil Disobedience and the American Covenant Tradition,
Publius,Vol.30,No.4,Essays in Memory of Daniel J. Elazar(Autumn,2000),p.101.

④ Martin Luther King,Jr.,Love,Law,and Civil Disobedience,in David R,Weber(ed.),*Civil Dis-
obedience in America—A Documentary History*,Cornell University Press,1978,p.215.

指出：

> 一种良法（just law）是与道德法一致的法律。它是与何者为正确（right）相一致的法律，因此任何提升人类个性（personality）的法律都是良法。反之，那些与首先不一致的法律就是与宇宙的道德法不一致的法律。它与上帝之法相悖，因此它是不正义的，以及任何贬低人类个性的法律都是恶法（unjust laws）。①

由此可见，金对法律的实质正义的认识依然是从宗教层面出发的。种族隔离的政策或法律无疑就是一种违背上帝之法与道德法的恶法。在程序正义的意义上，金的回答是：

> 我想继续用更具体的术语说，一种恶法是多数强加于少数而其本身却毫无约束的法典。我们可能说出的另一件事是，一种恶法是多数强加于少数的法典，少数没有参与其颁布或创造，因为少数在许多情况下无权投票，以至于制定这些法律的立法机关不是民主选举产生的。②

也就是说，在程序上一种恶法反映了多数与少数之间的不平等，因为排斥了少数的立法程序并不是真正民主的立法程序，因而恶法是多数滥用权力

---

① Martin Luther King,Jr.,Love,Law,and Civil Disobedience,in David R,Weber(ed.),*Civil Disobedience in America—A Documentary History*,Cornell University Press,1978,p.215.

② Martin Luther King,Jr.,Love,Law,and Civil Disobedience,in David R,Weber(ed.),*Civil Disobedience in America—A Documentary History*,Cornell University Press,1978,pp.215-216.

而压迫少数的一种工具。对于无论是违背上帝之法或道德法的法律，还是违背民主程序而制定的法律，二者都是非正义的法律，人们都不应当服从它。

其次，如果非正义的存在是不服从的根本动因，那么进一步的问题是如何应对。金认为受压迫的人们对于他们所受的压迫有三种回应，"一种方式是默许：被压迫者屈从于命运"①。默许的人们面对自身所受的压迫时往往表现得非常消极，不论出于何种原因，他们没有反抗的理想和能力，对于一切非正义总是逆来顺受，耽于现状。金将这种现象称为"枯竭的自由"（freedom of exhaustion），并认为："这并非出路。消极地接受一种非正义的体制就是与它合作，因而受压迫者变得与压迫者同样邪恶。"②第二种方式是"诉诸身体的暴力（physical violence）和腐蚀的仇恨"③。反抗的暴力方式遵循以牙还牙、以眼还眼的原则，目的在于毁灭而不是修正，它带来的社会后果是有害的，因为暴力会激发仇恨，瓦解友爱，人与人之间的对话被对抗所取代，最终导致的只是一个双输的结果。因此，金认为暴力也绝非解决问题的出路。介于默许与暴力之间，还有第三种通往自由的方式，这便是非暴力反抗（nonviolent resistance）。这种方式是对默许与暴力的调和与修正，"非暴力反抗者认同主张默许的人们而认为不应当对其对手造成身体侵犯，而作为平衡，他认同主张暴力的人们而认为罪恶必须予以反抗。他避免了前者的不反抗和后者的暴力反抗。有了非暴力反抗，任何个人与群体都不必屈从于任何非正义，也不必以暴

---

① Martin Luther King, Jr., *Stride Toward Freedom—The Montgomery Story*, Beacon Press, 2010, p. 206.

② Martin Luther King, Jr., *Stride Toward Freedom—The Montgomery Story*, Beacon Press, 2010, p. 207.

③ Martin Luther King, Jr., *Stride Toward Freedom—The Montgomery Story*, Beacon Press, 2010, p. 208.

易暴"①。

最后,既然非暴力反抗是人们反对不正义的最佳方式,那么这种反抗方式具有哪些内容? 金指出了六个方面的内容:①"必须强调非暴力反抗不是懦夫的方式,它一定要反抗。"②"它并不试图战胜或羞辱对手,而是赢得其友谊和理解。"③"攻击直接指向邪恶力量,而非碰巧为恶的人。"④"自愿遭受痛苦而不报复,自愿接受对手的打击而不还手。"⑤"它所要避免的不仅是外在的身体暴力,还有内在的精神暴力。"⑥"它基于这样的信念,即宇宙站在正义一边。"②

非暴力反抗的第一点内容表明,这是介于怯懦与暴力之间的第三种选择,既不是对罪恶或非正义的屈从,也不是用暴力手段来达到根除它的目的。非暴力反抗是一种消极反抗(passive resistance),之所以是消极的是因为它不诉诸身体上的暴力,其精神和热情仍具有生命力。因此,这种看似消极的反抗带来的却是积极的和平。金认为对于积极和平的追求不能满足于局部融合(integration),如仅仅是一些学校为一些黑人学生开放,那么这种满足他称为象征主义或表面文章(tokenism),他认为积极和平的目的是在任何地方黑人都拥有机会,都完全融入美国生活,而且不仅满足于融合,还要争取民主。此外,金还认为积极和平的追求应反对所谓"时间的神话"(myth of time),即那种认为只有时间才能解决问题的想法,因为时间并不是中立的,时间也能够成为"叛乱的和原始的社会停滞力量的同盟"③。

---

① Martin Luther King, Jr., *Stride Toward Freedom—The Montgomery Story*, Beacon Press, 2010, pp.208–209.

② Martin Luther King, Jr., *Stride Toward Freedom—The Montgomery Story*, Beacon Press, 2010, pp.90–95.

③ Martin Luther King, Jr., Love, Law, and Civil Disobedience, in David R, Weber (ed.), *Civil Disobedience in America—A Documentary History*, Cornell University Press, 1978, pp.218–219.

非暴力的第二点内容表明,非暴力反抗的真正目的在于唤醒人们的道德情感,而表面上的或身体上的胜利甚至是羞辱只会引起或加深人与人之间的对抗,无法形成对非正义的共识。基于此,非暴力的第三点内容要求人们真正要反抗的不是为恶的人而是罪恶本身。金认为善与恶同时存在于人的本质当中,"人们有能力为善,也有能力做恶。……因此,非暴力反抗者从未放弃这一想法,即人类本性中有一些事情能够与善良(goodness)相呼应。……所以深信这一运动以及深信非暴力和我们在南部的斗争的个人无论如何都会相信,即使是最糟糕的种族隔离主义者也能够成为一个取消隔离者"①。因此,非暴力的目的并不是让一种社会力量战胜另一种社会力量,这样只会撕裂社会,非暴力的最终目的是要达到社会团结,人们只有在共同的道德情感上形成一种具有共识的凝聚力,才会真正消除非正义的存在。

非暴力的第四点和第五点内容指出的是反抗行为所应采取的策略。遭受痛苦旨在通过一种自我牺牲而增强其道德说服的力度。在金看来,遭受痛苦本身能够成为一种强大的社会力量,比如自愿接受一种牢狱之灾能够使人们相信非暴力反抗者反抗非正义和追求正义的决心,从而赢得人们的理解和同情。同时,金指出,暴力也会导致遭受痛苦,但不同的是,"暴力认为遭受痛苦能够通过造成他人的痛苦来成为一种有力的社会力量,所以这便是我们在战争中的所作所为,这便是我们在暴力推动暴力运动中的所作所为。暴力相信人们能够通过造成他人的痛苦而实现一些目的。非暴力认为当人们自愿接受施予自身的暴力时遭受痛苦才变成一种有力的社会力量,以至于自我遭受痛苦处于非暴力运动的中心,以及相关个人能够以一种创造性的方式来遭受痛苦,并感到不应得的痛苦是救赎的,而且遭受痛苦可以有助于改变社会形

---

①　Martin Luther King, Jr., Love, Law, and Civil Disobedience, in David R, Weber(ed.), *Civil Disobedience in America—A Documentary History*, Cornell University Press, 1978, p.214.

势"①。由此可见,非暴力与暴力的根本分歧便是反抗是否造成了他人的痛苦。暴力通过造成他人的痛苦而成为一种有力的社会力量,但这种社会力量造成的只是伤害和仇恨。

金指出过三种不同的暴力观,一种暴力观主张纯粹的非暴力,这种非暴力要求极严格的纪律和极大的勇气,从而在实践上更加难得;另一种暴力观主张一种合乎道德和法律的暴力,即在危险和伤害面前的自卫原则;还有一种暴力观主张把暴力视为一种推动社会进步的方式,这种暴力需要深思熟虑地组织。金指出,最后一种暴力观更加吸引人,但其最大的问题在于使反抗者最终陷入一种错误的信仰,认为暴力是唯一的出路。尽管有时这些暴力具有正当的或正义的目的,但仍不免受到谴责。②金认为这种暴力观实际上建立在一种"目的说明手段正当"的哲学观念之上,而他认为非暴力反抗应当"建立在目的与手段必须一致的哲学之上"③。他说:

> 我们无法相信,或者我们不能与这样的想法为伍,即目的证明手段为正当,因为目的先于手段存在。所以非暴力反抗的想法,即非暴力反抗的哲学是这样一种哲学,即认为手段必须与目的一样纯洁,并且认为在漫长的历史长河中,不道德的手段无法实现道德的和建设性的目的。④

---

① Martin Luther King, Jr., Love, Law, and Civil Disobedience, in David R. Weber(ed.), *Civil Disobedience in America—A Documentary History*, Cornell University Press, 1978, p.214.

② Martin Luther King, Jr., The Social Organization of Nonviolence, in Janes Melvin Washington (ed.), *A Testament of Hope, The Essential Writings of Martin Luther King*, Jr., Harper & Row, 1986, pp. 32-34.

③ Martin Luther King, Jr., Love, Law, and Civil Disobedience, in David R. Weber(ed.), *Civil Disobedience in America—A Documentary History*, Cornell University Press, 1978, p.212.

④ Martin Luther King, Jr., Love, Law, and Civil Disobedience, in David R. Weber(ed.), *Civil Disobedience in America—A Documentary History*, Cornell University Press, 1978, p.213.

因此,在金看来,不论目的是多么的正义,都无法证明非正义的暴力手段的正当性。目的和手段一样纯洁的哲学所要求的必然是非暴力反抗。非暴力反抗不仅不能造成对他人的身体伤害,还应当避免精神上的暴力,金认为,要想满足这一要求,反抗者只能诉诸"爱的伦理"①。人们诉诸一种宗教关怀基础上的爱的伦理,并非意味着鼓励或说服人们以一种感伤的心情去接受施予他的压迫,这是一种被动的、消极的和无力的屈从哲学。非暴力诉诸的是一种积极的爱,金将其称为阿迦披(agape)。金指出:"阿迦披是指对所有人的理解和救赎的善意。"②阿迦披是公平无私的,它要求人们不困囿于自身的好处,而扩展为全人类的幸福。阿迦披旨在维持和创造社会,它使人们认识到作为人类大家庭中的一员,对任何一方的伤害同时也是对自身的伤害。"当人们在这一层次唤起爱的时候,他爱人们不是因为他喜欢他们,也不是因为他们的方式呼吁他们这样,他爱人们是因为上帝爱他。"③

非暴力的第六点内容事实上是上述五点最终必然导致的一种信念,或者也可以反过来讲,对于正义的信念也是前五点内容的基础。一方面,如果没有对前五点的领会和理解,正义观念很难真正深入人心。另一方面,如果没有对正义的信念,人们能够坚定地选择非暴力反抗的方式就变得非常可疑。

3.激进的非暴力反抗

尽管很多人都将马丁·路德·金视为公民不服从的样本,但金本人在概念上并没有使用公民不服从这一术语来描述或概括其思想和实践。在金的

---

① Martin Luther King,Jr.,Love,Law,and Civil Disobedience,in David R. Weber(ed.),*Civil Disobedience in America—A Documentary* History,Cornell University Press,1978,p.213.

② Martin Luther King,Jr.,*Stride Toward Freedom—The Montgomery Story*,Beacon Press,2010,p.93.

③ Martin Luther King,Jr.,Love,Law,and Civil Disobedience,in David R,Weber(ed.),*Civil Disobedience in America—A Documentary History*,Cornell University Press,1978,p.213.

著述中可以看到,他本人并不认为公民不服从与非暴力反抗是同一回事。金认为公民不服从与非暴力反抗最主要的区别就在于是否涉及对基本的国家法律的蔑视,他说:"两种方式并非同义。公民不服从在其真实意义上并未被黑人用于他们的斗争。在其真实的历史形式上运用公民不服从涉及对基本的国家法律的蔑视。"[1] 与公民不服从不同,非暴力反抗并不挑战国家的根本法律和法律体系,它可能只是反抗地方的法律或政策,他说:"我们必须看到,今天的黑人,当他在大街上游行时并不是在实践公民不服从,因为他并不挑战宪法、最高法院或国会的法令。相反,他们试图支持它们。他可能是在违反地方市政法令或州法,但这些法律与基本的国家法律相违背。"[2] 那种无视法律秩序的反抗者,其出发点是个人利益,他们并没有看到自己与社会的联系,而非暴力反抗者即使在巨大压力的情况下也不会忘记自己对于社会的责任。他说:"真正非社会的(unsocial)违法者无视法律,因为他是寻求个人好处的人。黑人从未忘记,甚至在非正义的千斤重担下也不曾忘记,他们与大型社会相关联,他们可能阻碍的道路和他们所围困的公共建筑都为所有公民共同使用。"[3] 由此,在金看来,公民不服从与非暴力反抗的不同之处在于,首先,二者对于基本的国家法律和法律体系的态度不同;其次,二者的出发点不同,前者只强调权利而忽视义务,后者则同时强调二者,甚至偏重于义务。

更为具体的区分也可以从金所指出的非暴力反抗的个人反思过程中演绎出来。金曾经指出一个详细的非暴力反抗的主体反思程序,这一反思程序实

---

[1]　Martin Luther King, Jr., Address to the American Jewish Committee, In David R, Weber(ed.), *Civil Disobedience in America—A Documentary History*, Cornell University Press, 1978, p.220.

[2]　Martin Luther King, Jr., Address to the American Jewish Committee, In David R, Weber(ed.), *Civil Disobedience in America—A Documentary History*, Cornell University Press, 1978, p.221

[3]　Martin Luther King, Jr., Address to the American Jewish Committee, In David R, Weber(ed.), *Civil Disobedience in America—A Documentary History*, Cornell University Press, 1978, p.221.

际上可以理解为金对于非暴力反抗的正当性证明。这个反思程序的内容包括：

　　一，我们是否具有一个正义的不满，或者我们的目的是否仅仅是出于自身的原因作为一种报复形式而制造混乱？二，我们是否首先使用了每一种形式的消除问题的正式手段，如谈判、请愿和向当局的适当呼吁？三，是否发现这些渠道是无用的或者强行向我们关闭，并且当我们从事任何类型的违法时，我们是否准备接受将会造成的社会后果，以及即使遭受惩罚也会保持兄弟之情的感觉？四，我们是否拥有一个解除非正义而不造成对他人的非正义的计划，以及这一计划是否合理并且扎根于我们社会的伦理和最佳传统？当运用直接行动（direct action）之前建立这些先决条件时，民权运动就会满足其对社会的责任并属于其对民主原则的义务。①

　　从中可知，非暴力反抗具有一个正当理由，即一种非正义的存在，而不是个人报复与制造混乱。非暴力反抗应当首先穷尽所有的合法途径来就非正义向当局进行呼吁，而当这些合法途径无效时，非暴力反抗才会选择采取违法的手段，并自愿接受惩罚，以遭受痛苦的方式来维持社会的团结。最后，非暴力反抗的所有构思和预期都不应当脱离社会的伦理与传统，这意味着非暴力反抗不应当太过激进，其对非正义的补救之道应限制在社会大众的承受范围之内。在此，非暴力反抗的正当性证明也可以从反面成为观察公民不服从的切入点。

　　有趣的是，金对公民不服从的态度似乎并非前后一致。在金早期的文献

---

　　① Martin Luther King, Jr., Address to the American Jewish Committee, In David R, Weber(ed.), *Civil Disobedience in America—A Documentary History*, Cornell University Press, 1978, p.221.

中,他对公民不服从的态度是相对消极的和否定的,认为公民不服从太过激进。而在后期的论述中,金又主张公民不服从是非暴力反抗的成熟阶段,认为公民不服从更符合当时的抗议活动。他说:

> 当前非暴力抗议必须成熟到一个与强化的黑人的急躁与白人反抗相符合的新层次。这一高级层次就是大众公民不服从(mass civil disobedience)。对于大型社会必须不再止于声明;必须要有一种强力(force)在一些关键点上打断其运行。不过,这种打断必须不是偷偷摸摸和鬼鬼祟祟的。很有必要用游击队的浪漫主义投入其中。尤其是,它必须是公开的且由大量民众非暴力地实施。如果监狱被充满以达到它失败的目的,那么其意义就变得更加清晰。①

这个时期,金的思想表现出早期所不具有的激进内容,原先所批评的公民不服从对基本法律的蔑视,此时却成为金进行抗议的得力武器。不过,金从温和到激进的转变并未使其放弃非暴力的原则。非暴力反抗可以扩大其反抗目标的范围或提升其反抗对象的层次,但反抗的手段必须仍是非暴力,这一点是不变的。因而,发展到大众公民不服从的非暴力反抗也与暴乱有着鲜明的区别。他指出:

> 大众公民不服从作为斗争的一个新阶段能够将贫民区常常的愤怒转变为建设性的和创造性的力量。使一个城市的功能陷入混乱而不破坏它,这会比暴乱更为有效,因为它会是持久的,尽管对于一个大型社

---

① Martin Luther King, Jr., The Trumpet of Conscience, In David R, Weber (ed.), *Civil Disobedience in America—A Documentary History*, Cornell University Press, 1978, p.222.

会来说是代价高昂的,但不是肆意破坏的。最后,它是一种社会行动的策略,对政府而言更难以优势力量来平息。 ①

因此,公民不服从成为非暴力反抗从蒙哥马利这样的县域上升至国家规模的必然结果。这也是解释金前后观念变化的一个根本原因。"蒙哥马利和阿拉巴马的公交车斗争现在已经成为历史"②,经济大萧条和汽车的普及使得地方性的斗争迈向全国规模成为可能。另一方面,1964年民权法案的颁布以及《我有一个梦想》的演讲可以作为金前后变化的一个节点。1964年的民权法案使得种族隔离成为历史,蒙哥马利式的非暴力反抗已经收到成效,非暴力反抗的目标从种族平等开始转向更为普遍的非正义,这种非正义不再是黑人的个别现象,而是包括白人在内的所有人都面临的困境,这种非正义就是贫困问题。此时,黑人对种族隔离的反抗就变成了穷人对于政府的要求,金指出:

> 这个国家里那些无依无靠之人——穷人,包括白人和黑人——生活在一个极度非正义的社会,他们必须组织一场革命来反对非正义,不是反对其同胞的生活,而是反对那种结构,通过这种结构,社会拒绝采取早已被要求采取的措施来直接解除穷人的负担。……因为只有联邦国会和政府能够决定使用数以亿计的美元,我们需要这些钱来向贫困真正地开战。我们需要的不是一项新的法律,而是一项巨大的新的国家

---

① Martin Luther King, Jr., The Trumpet of Conscience, In David R, Weber(ed.), *Civil Disobedience in America—A Documentary History*, Cornell University Press, 1978, p.222.

② Martin Luther King, Jr., *Stride Toward Freedom—The Montgomery Story*, Beacon Press, 2010, p. 182.

项目。①

在此基础上,金指出,要想实现这一目标,唯一的出路是依靠"大众的非暴力行动"和"投票"②。当非暴力反抗从种族平等的目标转向更高层次的政治和经济权利或自由时,金所依靠的非暴力反抗就需要更为激进的抗议形式,因为他所面对的不再是一个地方性的和单一种族的问题,而是更具包容性和更为复杂的全国性问题。因此,金的非暴力反抗也具备了他所指责的蔑视基本法律的公民不服从的特征,甚至金后来更多地使用革命一词而不是公民不服从或非暴力反抗。

(二)公民不服从与非暴力

如果说梭罗把良心问题带入公民不服从理论的话,那么马丁·路德·金的非暴力反抗思想给公民不服从理论提出的基本问题是:非暴力是否是公民不服从的一个基本内容或特征。这个问题也引申出另一个问题,即公民不服从与暴力的关系。这一问题构成了所有公民不服从理论家的共同话题。

暴力是一个非常敏感的话题,暴力往往与一切不文明的强制行为联系起来,尤其对于饱受两次世界大战蹂躏的世界而言,暴力往往与战争密不可分。不论出于何种原因,人们不可能去赞美或鼓励暴力。在公民不服从理论中,这一点非常明显。几乎所有的理论家都将公民不服从与非暴力联系起来。尽管他们仍然为暴力留有余地,但没有人会在暴力与公民不服从之间画上等号。关于非暴力或暴力与公民不服从的关系问题,公民不服从理论中大概存

---

① Martin Luther King, Jr., The Trumpet of Conscience, In David R. Weber(ed.), *Civil Disobedience in America—A Documentary History*, Cornell University Press, 1978, pp.224–225.

② Martin Luther King, Jr., *Where Do We Go From Here—Chaos or Community?*, Beacon Press, 2010, p.137.

在两种不同的观点。一种观点认为公民不服从与非暴力是同义的，这一点与金的观点完全一致，同样遵循的是一种目的与手段一样纯粹的哲学立场。暴力在这种观点中没有任何的正当性。第二种观点认为公民不服从与非暴力没有直接的关系，暴力也可以是公民不服从的一种手段，这种观点遵循的是一种目的说明手段正当的哲学立场。公民不服从与非暴力或暴力之间的关系十分复杂，虽然暴力手段会给公民不服从的正当性证明带来伤害，因而公民不服从并不鼓励采取暴力，但在一些特殊的具体情况下，暴力可能更有助于实现目标。

马歇尔·科恩和保罗·F.鲍尔（Paul F. Power）大体上都持第一种观点。马歇尔·科恩完全接受金的非暴力反抗的思想，他认为公民不服从尽管是非法的，但也应当是非暴力的，他说：

> 异议者可能采取了非法行为，但在甘地和马丁·路德·金看来，这种行为在本质上应当是非暴力的。[①]

原因在于，非暴力的公民不服从最终是要诉诸大众共同的一种道德感，马歇尔·科恩指出：

> 公民不服从是一种要公众去改变少数人认为与基本原则和道德不相一致的某种法律或政策的呼吁，它相信这些原则是多数所接受的。[②]

[①] Marshall Cohen, Civil Disobedience in a Constitutional Democracy, *The Massachusetts Review*, Vol.10, No.2(Spring,1969), p.216.

[②] Marshall Cohen, Civil Disobedience in a Constitutional Democracy, *The Massachusetts Review*, Vol.10, No.2(Spring,1969), pp.217-218.

美国公民不服从理论研究

这种共同的道德感的存在与否是公民不服从发生的动因。在马歇尔·科恩看来,"遵守国家法律的道德义务最终来自支持实现自由与正义原则或依然更为基本的原则的制度,而直到国家违背了它们的时候这种义务便失效了"①。这时,负有道德义务的大众就会采取公民不服从的方式来对抗违背这种义务所指向的正义原则及其制度的国家及其法律。因此,公民不服从的非暴力体现了手段与目标的一致性,而"暴力或者至少其某种形式与公民不服从的特有目的不相一致"②。

鲍尔的论述不满足于马歇尔·科恩对金的重申。他首先指出两种对非暴力的公民不服从与政治暴力的混淆现象,一种现象存在于对政府和动荡的研究之中,倾向于强调政治暴力与除非法抗议之外的非暴力行为的关联;另一种现象存在于新闻媒体中,往往将暴力与违法等同起来。③无论如何,这两种倾向都无益于区分政治暴力与公民不服从。对此,鲍尔明确地指出非暴力是公民不服从之所以能够冠以公民的基本特征,必须将公民不服从的非暴力与政治暴力区分开来。他说:

> 满足关于非暴力的义务就是提交了不服从者尊重作为一种道德价值的人类权利和对民主过程来说必不可少的和平变迁的关键证据。④

---

① Marshall Cohen, Civil Disobedience in a Constitutional Democracy, *The Massachusetts Review*, Vol.10, No.2(Spring, 1969), p.218.

② Marshall Cohen, Civil Disobedience in a Constitutional Democracy, *The Massachusetts Review*, Vol.10, No.2(Spring, 1969), p.217.

③ Paul F. Power, Civil Disobedience as Functional Opposition, *The Journal of Politics*, Vol.34, No.1 (Feb., 1972), p.41.

④ Paul F. Power, Civil Disobedience as Functional Opposition, *The Journal of Politics*, Vol.34, No.1 (Feb., 1972), p.40.

在鲍尔看来,将非暴力与公民不服从等同起来主要有两层理由。首先,非暴力有助于使行为者区别于革命者或无政府主义者,并使其行为更具有正当性。非暴力的手段可以作为一种行为者对于法律体系是否接受的"服从测试"①,因为公民不服从与无政府主义或革命的不同之处就在于是否从根本上否定现存的政治秩序。当然,鲍尔的正当性观念也表明了他对金所指出的目的与手段同样纯洁的哲学立场的认同。他说:

> 新保守主义和制度自由论者通常一致认同需要这一标准,这一标准有意于证明行为者对法律结构的接受并通过避免社会对暴力的恐惧和防止反作用力(counter-force)而有助于行为的效力。②

其次,鲍尔指出,非暴力作为公民不服从的基本特征的原因还在于,无论是保守主义还是自由主义,都主张只有国家才拥有对暴力的合法垄断。因此,公民不服从者援引暴力本身就缺乏一种清晰的理论支持。他说:

> 借鉴传统的政治义务,新保守主义者的答案是一种稳健而清晰的国家主权学说。自由论者没有很大的区别,主张只有国家拥有对暴力的正当垄断。③

---

① Paul F. Power, On Civil Disobedience in Recent American Democratic Thought, *The American Political Science Review*, Vol.64, No.1(Mar., 1970), p.40.

② Paul F. Power, On Civil Disobedience in Recent American Democratic Thought, *The American Political Science Review*, Vol.64, No.1(Mar., 1970), p.40.

③ Paul F. Power, On Civil Disobedience in Recent American Democratic Thought, *The American Political Science Review*, Vol.64, No.1(Mar., 1970), p.40.

美国公民不服从理论研究

鲍尔认为自由主义和保守主义对公民不服从的研究还有一个共同问题，即公民不服从是否是一种潜在革命。如果从被违反的规则和行为的原因之间的接近关系(proximate relation)来看，保守主义与自由主义往往存在不同的回答，保守主义表现出更鲜明的保守特征，认为公民不服从对于规则的打破已经预示了一种反叛的可能，而自由主义对公民不服从却表现出更多的宽容。鲍尔指出：

> 一种意见是与保守主义同一的，它主张公民不服从是初期的反叛。另一种意见处于制度自由主义的外部边界并要求公民不服从作为"非暴力的革命"应当被给予法律豁免。[①]

总之，赞同将非暴力与公民不服从等同起来并排斥暴力的观点都具有一个共同特点，即都把公民不服从视为一种呼吁行为。呼吁行为的实质在于向行为对象展示某种非正义，通过唤醒一种共同的道德感来引起大众、法院或政府对非正义的关注和反思，最终改变或取消非正义的法律或政策。这背后所暗示的是，非暴力的公民不服从对暴力的拒斥实际上表明了不服从者认为暴力所带来的后果与他所要实现的目标不一致，也就是说在追求目标的过程中，秩序、和平和稳定才是可欲的，暴力及其所导致的混乱却不是。对于将暴力完全排除在公民不服从之外的观点的批评有多种理由，但这些理由的相同之处往往在于将暴力视为公民不服从的最终策略，即其它不服从的方式均已证明无效时，诉诸有限的暴力可能是公民不服从的最后选择。

[①] Paul F. Power, On Civil Disobedience in Recent American Democratic Thought, *The American Political Science Review*, Vol.64, No.1(Mar., 1970), p.42.

第一章 法治视阈下的公民不服从

哈里·普罗奇(Harry Prosch)将公民不服从与暴力的关系置于一种道德批评之下。他指出作为一种依赖于道德的呼吁行为所采取的道德说服的逻辑本身就存在着暴力风险。普罗奇认为,立足道德的公民不服从尽管是非暴力的,但其道德要求不仅以言辞的方式进行表达,而且也表现在行动之中,它会要求人们对这种要求进行考虑并决定是支持还是反对。这是一种道德说服(moral persuasion)的逻辑。他说:

> 非暴力公民不服从作为一种不仅以言辞而且以行动的方式来表达的主张,要求对其主张进行考虑,因为它需要一种支持或反对的决定。①

而这种非此即彼的思维必定会使人们在具体问题上彼此对立,而不是解决问题,他说:

> 因此,尽管你的行为是非暴力的,但其首要的后果一定是使你和你的对手处于一种战争状态。②

这种道德说服方式的逻辑从其政治后果来看可能是一种适用于战争的方式,而不是道德的或政治的。当这种方式面临失败的时候,它所主张的非暴力往往会演变成暴力。他说:

---

① Harry Prosch,Limits to the Moral Claim in Civil Disobedience,*Ethics*,Vol.75,No.2(Jan.,1965),p.104.

② Harry Prosch,Limits to the Moral Claim in Civil Disobedience,*Ethics*,Vol.75,No.2(Jan.,1965),p.104.

如果这种形式失败了，人们只是成功地增加了对手对其观点的敌意，并因此事实上为其表面上一直在寻求的道德重估创造了更大的障碍。此外，随之而来的是更为重大的风险，即当如果它没有成功的话它可能会而面临其招致的以暴制暴的时候，"非暴力"可能发展为"暴力"。①

因此，普罗奇认为公民不服从作为道德说服的一种模式充满了风险，他说：

> 鉴于所有这些不确定性和危险，把非暴力的公民不服从视为一种道德说服的模式似乎的确是一种充满风险的事情。②

既然公民不服从作为一种道德说服的模式而言是有问题的，即公民不服从的正当性不能建立在道德说服的成功与否之上，而需要寻找其他的正当性原则。他说：

> 非暴力公民不服从的道德原理需要另外的能够证明其作为一种行为的正当性的原则，不管它在道德说服方面是成功还是失败。③

就这一问题而言，普罗奇提出了一种简单而流行的道德原则。这一原则的核心在于要与非正义的法律进行斗争（fight），而斗争往往涉及强力（force）的运用，那么这一原则能否为公民不服从提供道德正当性，关键就在于这种

---

① Harry Prosch, Limits to the Moral Claim in Civil Disobedience, *Ethics*, Vol.75, No.2 (Jan., 1965), p.105.

② Harry Prosch, Limits to the Moral Claim in Civil Disobedience, *Ethics*, Vol.75, No.2 (Jan., 1965), p.105.

③ Harry Prosch, Limits to the Moral Claim in Civil Disobedience, *Ethics*, Vol.75, No.2 (Jan., 1965), p.106.

强力有无正当性。普罗奇首先指出：

> 我们必须研究任何抗议性公民不服从形式的共有原则的道德适当性：即使用强力以图取消或改变非正义的法律是正确的。这里使用的强力是最为普通的术语，因为正如我们看到的那样，即便是非暴力公民不服从也包含诉诸暴力，而且将这样一种方法用于反对作为重大议题的非正义法律是正当的(rightness)，原因在于这种使用使不服从与其它反对的和平(遵守规则的)模式区别开来。①

既然与非正义的法律做斗争的原则具有道德正当性的话，紧接着的问题便是如何判断法律是正义的还是非正义的。他说：

> 如是这是真实的话，我们的问题一定是：我们是否有一种方法以公共的方式来决定指派(或我们应当指派)什么法律为非正义的？②

普罗奇指出，一般而言有两种方法来判定什么样的法律是非正义的，即：

> 一种方法是通过道德说服的好辩形式。另一种是通过共同接受的政治过程的操作。③

---

① Harry Prosch, Limits to the Moral Claim in Civil Disobedience, *Ethics*, Vol.75, No.2 (Jan., 1965), p.106.

② Harry Prosch, Limits to the Moral Claim in Civil Disobedience, *Ethics*, Vol.75, No.2 (Jan., 1965), p.107.

③ Harry Prosch, Limits to the Moral Claim in Civil Disobedience, *Ethics*, Vol.75, No.2 (Jan., 1965), p.107.

但是这两种方法最终都会涉及强力的使用,因此上述问题又可以推导为如下形式,即:

当我们试图以强力来改变或反对法律时,我们是否拥有一种公共的或共同的有效方法来确定这些法律是非正义的?①

事实上,这一问题的真正内涵在于,强力是否是一种确定法律是否正义的有效方法。在普罗奇看来,在道德说服和政治过程无法解决问题时,诉诸强力似乎是可以理解的,他说:

当深层的和严重的分歧存在时,以及当道德说服和政治方法都无助于它们的解决时,诉诸暴力完全是可以理解的。②

但是普罗奇认为这种强力方式与道德主张完全不是一回事,而且其本身也不能被道德化,从而也不能支持公民不服从的道德主张。他说:

对我们来说这应当意味着我们不能将斗争道德化。通过非暴力的原则来约束我们的斗争作为一种我们对于公正的渴望部分是值得赞扬的,一种对于我们某种非凡的道德的要求并不完全在于为正义而战本身

---

① Harry Prosch,Limits to the Moral Claim in Civil Disobedience,*Ethics*,Vol.75,No.2 (Jan.,1965),p.107.

② Harry Prosch,Limits to the Moral Claim in Civil Disobedience,*Ethics*,Vol.75,No.2 (Jan.,1965),p.107.

（fight-for-the-right）。①

> 战斗，即战争状态不是也不能是道德状态。要么我们用共同权利（mutual rights）（例如伦理上的）的观念来支配我们的关系，要么我们用强力来支配它们。在这两者之间别无他者。②

克莱德·弗雷泽（Clyde Frazier）也持有类似的观点。他认为对公民不服从的研究文献主要将公民不服从限定为一种呼吁手段，一派观点认为公民不服从的呼吁是指向检验一项法律的合宪性，因而通常被认为是可证明为正当的。而另一派观点认为公民不服从的呼吁也可以指向政治权威，如政府政策或行为，这一派通常认为这种公民不服从也存在被证明为正当的可能性。但不论两派观点有何差异，其共同之处是都将公民不服从视为一种呼吁手段。他说：

> 一个思想派别跟随前大法官福塔斯（Fortas）承认当不服从作为一种被设计为检验一项特定法律的合宪性的法律呼吁时才可被证明为正当。另一派则接受一种更为广义的不服从，承认和法律呼吁一样政治呼吁也可以被证明为正当的可能性。③

> 在两种情形中不服从都被作为一种呼吁（appeal）手段而使用，尽管

---

① Harry Prosch, Limits to the Moral Claim in Civil Disobedience, *Ethics*, Vol.75, No.2（Jan., 1965）, p.110.

② Harry Prosch, Limits to the Moral Claim in Civil Disobedience, *Ethics*, Vol.75, No.2（Jan., 1965）, p.110.

③ Clyde Frazier, Between Obedience and Revolution, *Philosophy & Public Affairs*, Vol.1, No.3（Spring, 1972）, p.317.

呼吁指向不同的观众：一种情形是法律系统，而另一种是政治系统。①

弗雷泽认为这种观点主要反映了20世纪50年代早期的民权运动。他说：

> 这一作为言论的非常有限的不服从观念似乎获得了广泛接受，因为它描述了五十年代早期民权运动如此成功的那种公民不服从。②

在弗雷泽看来，不服从行为产生的根源在于，人们无法设计一种保证只有良法方能通过的系统。在现实中，国家往往会通过一些不正义或不道德的法律，这就构成了不服从者的一种道德困境，即一方面他对政治或法律系统的承诺会产生服从的义务，而另一方面其良心要求他不服从这种法律。作为呼吁手段的公民不服从即弗雷泽所谓的狭义的公民不服从，正是作为法律或宪法本身的补救措施无效情况下的弥补手段，它要呼吁法律内的听众或政治体系内的听众注意到这些不正义，从而带来法律或政治变迁。但是如果呼吁是无效的话，也就是弗雷泽所说的不服从者是失败的话，那么留给他的选项只是服从与革命。弗雷泽认为，在呼吁无效的情况下，依然存在与革命不同的更为激进的不服从。他说：

> 当无法通过运用狭义上的不服从来解决其道德困境时，公民可能再次发现自己面对义务与服从基本问题。如果——正如许多人主张的那

---

① Clyde Frazier, Between Obedience and Revolution, *Philosophy & Public Affairs*, Vol.1, No.3 (Spring, 1972), p.318.

② Clyde Frazier, Between Obedience and Revolution, *Philosophy & Public Affairs*, Vol.1, No.3 (Spring, 1972), p.318.

样——不服从只能作为一种言论行为而被证明为正当的话,那么留给失败的不服从者的仅有替代选择是服从与革命。我的主张是我们的命运不至如此严酷,人们有时能够证明仍然达不到革命的更为激进的多种不服从。①

普罗奇和弗雷泽的观点都在某种程度上指出了道德呼吁作为公民不服从的一种策略本身隐含了暴力的倾向,公民不服从只能在道德说服和暴力反抗之间进行选择。事实上,普罗奇摒弃了那种认为目的和手段具有道德一致性的观点。在这一点上,霍华德·津恩(Howard Zinn)曾指出:"手段的选择几乎从未是纯粹的,这涉及这样的复杂性,即暴力和非暴力之间的简单区分不足以作为一种指导。"②津恩认为,和平、稳定和秩序无疑是可欲的,混乱和暴力不是。但是稳定与秩序并非社会生活唯一可欲的状况,社会生活还需要正义,即公平对待所有人,以及所有人的自由与财产的平等权利。绝对服从可能暂时导致秩序,但不会必然导致正义,因此人们可能起来抗议或反叛,也可能导致无序。③此外,津恩认为对公民不服从中的暴力进行道德评价还应当考虑,这种暴力是否是可控的和任意的(indiscriminate)。如果暴力是任意的且不加区分地使用,那么不论其理由多么重要它都不是正当的。就像出于善的理由而发动的战争,无论任何理由都无法证明其使用高级别的炸弹和远程火炮的正当性。所以津恩认为,暴力在可控的和有选择的情况下是可能被证明

---

① 　Clyde Frazier,Between Obedience and Revolution,*Philosophy & Public Affairs*,Vol.1,No.3(Spring,1972),p.319.

② 　Howard Zinn,Disobedience and Democracy,In Curtis Crawford(ed.),*Civil Disobedience—A Casebook*,Thomas Y,Crowell Company,1973,p.250.

③ 　Howard Zinn,*Writings on Disobedience and Democracy*,A Sever Stories Press,1997,p.446.

为正当的。①

　　普罗奇的道德分析受到达内尔·洛克尔（Darnell Rucker）的批评。洛克尔对普罗奇的批评首先是对道德说服与有序的政治过程是否是公民不服从的更为可取的方式这一论点的回应，尽管洛克尔也认为这两种方式可能是更为可取的，他说：

　　　　道德说服和有秩序的政治过程对于一个人而言显然是更为可取的方式以用于改变那些在其社会中他发现是错误的事情。②

　　但与普罗奇不同的是，洛克尔认为这两种方式在实践上存在着很大的局限性。他说：

　　　　如果对于单个公民反对他发现是不可接受的法律在道德上可接受的辩护被局限在道德说服和法律过程的话，那么发现自己没有听众和没有权力的人不具有社会结构内的道德资源，他所有的资源是暴力——即反叛或犯罪。道德说服对于密西西比的被有效地剥夺了公民权并事实上不受法律保护的黑人来说是一句空话。有序的法律变迁对于没有合法权利或权力的人来说是不可能的事情。③

　　也就是说，普罗奇认为的公民不服从的两种选项在实践中似乎并不总

　　① Howard Zinn, Disobedience and Democracy, In Curtis Crawford （ed.）, *Civil Disobedience—A Casebook*, Thomas Y, Crowell Company, 1973, pp.250–251.

　　② Darnell Rucker, The Moral Grounds of Civil Disobedience, *Ethics*, Vol.76, No.2（Jan., 1966）, p.142.

　　③ Darnell Rucker, The Moral Grounds of Civil Disobedience, *Ethics*, Vol.76, No.2（Jan., 1966）, pp. 142–143.

是有效,而这两种选项的唯一替代便是暴力反抗。因此,洛克尔认为普罗奇提供公民不服从的选项实际上只有两个,一个是道德说服和政治过程,一个是暴力反抗。但他认为公民不服从才是介于二者之间的替代选择。他说:

> 幸运的是,公民不服从呈现了另一种道德选项。如果一个人发现一项法律对他来说在道德上无法接受(当然,他的发现可能是正当的也可能是非正当的),那么他有权对他的政府说:"我不会遵守这项法律,但我会接受与不服从相关联的惩罚。我会容忍你的惩罚而不是做非正义之事。"法律为我们呈现(或应当呈现)一种清晰的备选方案:即遵守法律或者接受惩罚。作为理性的存在,我们可以选择尊重法律,也可以选择对于法律结构的义务。通过法律的或革命的方式改变或废止一项法律都涉及时间跨度和特殊条件。在与法律的突然对抗中,公民有权公开违背并全心全意接受惩罚。①

在洛克尔看来,道德说服与诉诸政治过程是一种合法抗议,而暴力反抗是一种无政府主义或者反叛,前者在实践中常常是无效的,因为道德说服中的抗议者常常面临没有听众的可能,大众可能对他的呼吁是冷漠的,而政治过程适用于那些具有相应政治权利的人,被排斥在政治过程之外的人们是无法通过有序的程序来解决问题的。后者则更多地倾向于用暴力手段来颠覆国家,但带来的只是无序和破坏。洛克尔指出:

> 公民不服从通常是除暴力行为之外的一种最终诉诸。公民不服从

---

① Darnell Rucker,The Moral Grounds of Civil Disobedience,*Ethics*,Vol.76,No.2(Jan.,1966),p.143.

必须是非暴力的;反对法律及其实施者的暴力是反叛或犯罪。公民异议者并不试图逃避给予他的惩罚。他声称既不为其行为后果开脱,也不为法律的法律无效性以及对他或其行为的法律不适用性的任何其它立场开脱。公民不服从不是挑战法律合法性(legality)或法律含义的确定性的东西。它是一个人拒绝其社会的道德要求同时他又承认其社会超越于他的合法权利的东西。①

因此,公民不服从的目的不在于挑战整个法律体系,或拒绝其政治义务的合理部分,公民不服从本身要以承认国家及其法律体系为前提,这是公民不服从与暴力反抗的最大区别。因此,"公民不服从不能被恰当地称为一种军事策略,因为它并不直接指向对法律的破坏(不论是暴力的或非暴力的),也不提供任何对法律实施者的反抗。反叛者和无政府主义者旨在颠覆国家;公民异议者在承认法律及其权威的情况下严格行动"②。

从中可以看出,洛克尔反对普罗奇在其文章中对道德说服和政治过程的分析哲学的论证,认为这种心理分析是有问题的和不确定的,在实践中是不可能的。他认为公民不服从的正当性是不服从者一方面遵循其个人的良心判断,另一方面随时准备接受其行为带来的法律后果。他认为这种行为逻辑才是真实的。③

从二者的争论来看,普罗奇认为非暴力的公民不服从所采取的道德说服的方式本身具有一种暴力逻辑,这种方式要求人们对其所诉诸的理由进行表态,充满了强制的色彩,它造成的结果可能往往是对立的加深,而不是

---

① Darnell Rucker, The Moral Grounds of Civil Disobedience, *Ethics*, Vol.76, No.2(Jan.,1966), p.143.

② Darnell Rucker, The Moral Grounds of Civil Disobedience, *Ethics*, Vol.76, No.2(Jan.,1966), p.143.

③ Darnell Rucker, The Moral Grounds of Civil Disobedience, *Ethics*, Vol.76, No.2(Jan.,1966), p. 144.

产生共识。在道德说服和政治过程无效的情况下,人们往往只能诉诸暴力。因此,普罗奇认为暴力在某种情况下是可以证明为正当的。简单地强调公民不服从的非暴力一面是忽视现实复杂性的表现,这一点在他对甘地的批评中也有过表述。①与此相反,洛克尔认为,公民不服从恰恰是道德说服和政治过程与暴力反抗之间的替代选择,前两种方式在实践中受到诸多条件的制约,往往并不是公民不服从者所能够采取的方式,而暴力反抗又超越了公民不服从者的目的,因此公民不服从提供的是更为现实的但又是非暴力的抗议手段。

需要注意的是,公民不服从理论在非暴力和暴力方面的差异,遵循的是两种不同的逻辑,强调公民不服从的非暴力特征的观点遵循的是一种理论逻辑,它提供的是一种公民不服从的原则,这一原则要求公民不服从的道德一致性,要求手段要能够与目的保持一样的纯洁。同时,出于正当性的考虑,非暴力比暴力更容易提供一种正当性证明。而认为暴力在某种情况下也可以成为公民不服从的一种合理手段的观点,遵循的是一种现实逻辑,这种逻辑是现实主义的,它认为既然公民不服从的目的在于追求正义。尽管这种理由具有道德正当性,但在非暴力手段无效的情况下,暴力可以克服公民不服从的困境,从而更为有效地实现其目标,在这一点上,暴力也具有一定的正当性。事实上,正如上文所指出的那样,非暴力的鼓吹者马丁·路德·金在后期的著述中也为暴力留下了空间。可见,暴力与非暴力在公民不服从理论中具有一定的复杂性,这种复杂性比起单纯主张非暴力而排斥暴力的观点更符合现实,在金以后的理论家那里,这种复杂观点更为普遍。

例如,贝多一方面将非暴力作为公民不服从的基本特征之一。他认为:

---

① Harry Prosch, Toward an Ethics of Civil Disobedience, *Ethics*, Vol.77, No.3 (Apr., 1967), pp. 177–178.

美国公民不服从理论研究

并非所有公开反抗政府的非法行为都是一种公民不服从行为。任何时候异议者通过故意破坏财产,危及生命和肢体,煽动骚乱(例如,蓄意破坏,暗杀,街头打斗)来反抗政府,他都不是在实施公民不服从。"公民的"在本质上是双关语;只有非暴力行为才能胜任。[①]

在贝多看来,暴力手段作为公民不服从的替代选择,往往倾向于为暴力理由进行开脱,最终会使人们丧失反抗的力量。因为贝多认为公民不服从的目的应当是成功说服当权者反思有争议的法律或政策,而暴力显然会适得其反。但是需要注意的是,虽然贝多的公民不服从理论中没有为暴力留有余地,但是另一方面,他对非暴力的认识也并非绝对。贝多认为非暴力只是作为公民不服从的一种手段,这一手段对于公民不服从的正当性证明似乎并没有直接关系,因为非暴力可以服务于非正义的目标,这种非暴力应当被排除在公民不服从之外。此外,贝多还指出,非暴力有时也可以服务于一种更为激进的目的,即对整个法律或政治体系的拒绝,他称之为"和平革命",也就是说,非暴力有时也可以服务于某种暴力所要达到的目的。他说:

通常而言,公民不服从的实施不包括怀有不忠的,煽动的,叛逆的或反叛的企图的行为,也不包括想要反抗甚至是非暴力地反抗其法律后果的行为。然而我认为没有逻辑理由说为何公民不服从不能以梭罗称为"和平革命"的事情为目的。[②]

---

① Hugo A. Bedau, On Civil Disobedience, *The Journal of Philosophy*, Vol.58, No.21, 1961 (Oct. 12, 1961), p.656.

② Hugo A. Bedau, On Civil Disobedience, *The Journal of Philosophy*, Vol.58, No.21, 1961 (Oct. 12, 1961), p.659.

卡尔·科恩也认为暴力与公民不服从的关系问题没有绝对的答案。他指出，暴力的含义本身是不清晰的，但当暴力实际发生时，人们依然能够认识和发觉。在现实中，大多数公民不服从者的抗议是非暴力的，公民不服从者对暴力的憎恨使得抗议行为采取暴力手段是不明智的，因为暴力所造成的后果会掩盖不服从者所要抗议的非正义，会使人们的注意力从非正义转向暴力本身，从而给公民不服从的正当性证明增添了难度。因此，卡尔·科恩曾将非暴力作为公民不服从的一个必备特征，他指出："公民不服从行为是一种非法的、公开的抗议，并以非暴力为特征。"①但后来卡尔·科恩抛弃了这一绝对判断，他认为，虽然暴力会伤害公民不服从的正当性，"诉诸暴力——不论多么细微——都会使其行为更加难以证明为正当"②。但是目的与手段的分离使得对于二者的评价有所不同，因此更为直接的问题不是正当性证明的问题，而是公民不服从是否可以吸收一些暴力手段。卡尔·科恩的答案是肯定的，但同时他也认为暴力的结果总是不如人意的，因此抗议行为应当尽量避免采取暴力手段。

那么什么情况下公民不服从可能会采取暴力手段呢？卡尔·科恩指出了三种情况。首先，当暴力行为可以引起更大的关注，因而能够加速实现其最终目的时。其次，当抗议的对象是极端非正义的法律时，服从只会带来比暴力更大的伤害。第一种情形是对暴力的一种实用主义辩护，第二种情形是对暴力的一种后果主义辩护，两者所遵循的都是功利主义的计算，要么暴力是更为有效的手段，要么两害相权取其轻。最后一种情形是，当处于只有暴力才是能被理解的唯一语言的社会之中，或者说在当权者诉诸暴力是一种常

---

① Carl Cohen, Essence and Ethics of Civil Disobedience, *Nation*, Vol.198, No.12(1964), p.258.

② Carl Cohen, *Civil Disobedience:Conscience, Tactics, and the Law*, Columbia University Press, 1971, p.24.

态的社会之中,暴力也就成为人们回应暴力的唯一方式。①这种辩护实际上将暴力理解为马丁·路德·金所说的"自卫的暴力"。卡尔·科恩认为暴力现象在当代社会中比比皆是,它存在于国际关系之中,"在我们与其他民族(nations)之间的事务中,我们的言语是温和的,而我们的行为却常常是野蛮的"②。而我们的地方性日常生活也充满了暴力事件,交通事故致死的人数远远超过战争,各种文艺和文学形式中都充斥着暴力内容,暴力似乎已经融入美国人的生活。在这种背景下,暴力抗议就具有一定的现实理由。尽管卡尔·科恩并没有将暴力完全排斥在公民不服从之外,但这并不意味着他鼓励暴力,事实上他对暴力的态度依然是反对的,他认为既然公民不服从者以和平和正义的社会为目标,那么其行为就应当表现这种和平和正义,而"无论在何处,作为手段的暴力都会感染目的"。因此,尽管公民不服从是不合法的,但却是"和平的、无害的和文明的"。③卡尔·科恩认为,拒绝暴力而坚持非暴力需要一种自制,而这种自制最难保持,这需要身体上和道德上相当大的勇气,对行为者的尊重,承诺的真诚和深度以及行为的政治效力。④总之,卡尔·科恩认为,非暴力并不是公民不服从的全部内容,公民不服从也可能采取暴力的手段,但非暴力仍然是公民不服从的主要特征,他说:

　　　　我们不能说非暴力是公民不服从的一种普遍的(universal)和必须的

　　① Carl Cohen, *Civil Disobedience: Conscience, Tactics, and the Law*, Columbia University Press, 1971, pp.25–26.

　　② Carl Cohen, *Civil Disobedience: Conscience, Tactics, and the Law*, Columbia University Press, 1971, p.28.

　　③ Carl Cohen, *Civil Disobedience: Conscience, Tactics, and the Law*, Columbia University Press, 1971, pp.30–31.

　　④ Carl Cohen, *Civil Disobedience: Conscience, Tactics, and the Law*, Columbia University Press, 1971, p.36.

特征；但严格的非暴力却是公民不服从的原型（archetype）。[①]

罗尔斯也持有类似的复杂性观点。他认为公民不服从是一种政治行为，它指向拥有政治权力的多数，而不是诉诸个人的首先原则和宗教理论，它诉诸一种政治原则，即一种共有的正义观。一方面，他指出要实现对这种正义观的诉诸，公民不服从就必须是一种公开的和非暴力的行为，因为公民不服从"是一种发生在公众讲坛上的、表述深刻的和认真的政治信念的正式请愿"，而"伤害和侮辱他人的暴力行为是和作为请愿形式的公民不服从不相容的"。[②]尽管当公开的非暴力的呼吁没有达到目的时，人们可能会采取武力的反抗，但公民不服从始终是在表达对共有正义观的真诚而执着的信念，所以它可能是警告的，但不是威胁。此外，公开的非暴力的公民不服从所体现出的和平性质反映了不服从者对法律的忠诚，"公民不服从是在忠诚于法律的范围内（虽然在外围的边缘上）表达对法律的不服从"[③]。

戴维·W.塞尔弗（David W. Selfe）的观点也体现了这种复杂性。他指出了两种对暴力的界定，一种将暴力定义为将某个人的意志强加于他人的能力和行为之上，与强力相区别，暴力是不正当的（illegitimate）；另一种将暴力界定为国家中非当权者所使用的指向人或财产的物质强力，是一种反抗方式。在此基础上，塞尔弗认为非暴力比暴力蕴含更多的内容，他说：

[①]　Carl Cohen, *Civil Disobedience: Conscience, Tactics, and the Law*, Columbia University Press, 1971, p.36.

[②]　[美]约翰·罗尔斯：《正义论》（修订版），何怀宏、何包钢、廖申白译，中国社会科学出版社，2009年，第287页。

[③]　[美]约翰·罗尔斯：《正义论》（修订版），何怀宏、何包钢、廖申白译，中国社会科学出版社，2009年，第287页。

与暴力相反,非暴力拒绝使用物质强力。事实上,它可能是一个比暴力更为困难的观念,因为它包含了更大范围的行为和态度。[1]

具体而言,非暴力具有以下三点内容,分别是:

第一,非暴力的哲学源自一种宗教的或道德的信念。[2]

第二,非暴力之内的共同原则是罪恶必须总是被反抗,但要通过说服而非强制。[3]

最后,在大多数非暴力的主要倡导者当中有一个共享的信念,即他们的行为必须被罪恶本身而非罪恶的施行者所控制:只有法律是非正义的,而不是执行那些法律的人。[4]

由此可见,塞尔弗对非暴力的理解完全符合马丁·路德·金的理念。但是塞尔弗认为公民不服从与暴力也并非总是不相容的,他指出拉兹(Joseph Raz)和麦克卡勒姆(MacCallum)对公民不服从与暴力的区分进行了质疑,拉兹认为除非采用一种和平主义的方式,否则不能绝对否定公民不服从中的暴力。麦克卡勒姆则认为非暴力只是一种文字游戏,这只会导致人们从概念上去判定公民不服从,而不是去考察公民不服从行为本身的正当性问题。塞

---

[1] David W. Selfe, Civil Disobedience: A Study in Semantics, *The Liverpool Law Review*, Vol.10, No.2(1988), p.155.

[2] David W. Selfe, Civil Disobedience: A Study in Semantics, *The Liverpool Law Review*, Vol.10, No.2(1988), p.155.

[3] David W. Selfe, Civil Disobedience: A Study in Semantics, *The Liverpool Law Review*, Vol.10, No.2(1988), p.156.

[4] David W. Selfe, Civil Disobedience: A Study in Semantics, *The Liverpool Law Review*, Vol.10, No.2(1988), p.156.

尔弗认为,这二人的观点指出了一定的问题,即暴力是否在任何情况下都无法被证明为正当的,但二人尽管成功地否定了公民不服从与暴力的排斥,但并未对二者的可能结合进行深入论证。对此,塞尔弗提出了对公民不服从的解释。他认为"公民"的内涵是"公民"(civic)或"共同体"(community),不论是从词源上来讲,还是从实际的公民不服从行为〔他以针对英国格林汉康姆(Greenham Common)空军基地发展洲际导弹而发起的抗议运动为例〕来看,公民不服从并不排斥违法与暴力,但与普通犯罪与普通暴力行为不同,公民不服从反映和代表的是共同体或公民的利益。因此,将"公民"解释为"市民"或"共同体"能够使违法与暴力在公民不服从中得到可能的正当性。[1]

塞尔弗对公民不服从与暴力相容性的解释还建立在他对暴力的阐释上,他认为:"非暴力与暴力之间的分界线绝不是清晰的"[2],在实践上对暴力与非暴力进行明确的区分是一件非常困难的事,而且无论在观念上还是在实践中,暴力本身的范围极其宽泛,对暴力本身不加区别地予以全部反对是不适当的。他说:

　　如果人们认为"暴力"能够在政治暗杀到未成年犯罪的破坏之间变动的话(在其中有大量的选项),那么这一分类也变得毫无意义:所有的"暴力"都被"合而为一"并且受到谴责,即便各种行为之间并没有关联。[3]

---

[1]　David W. Selfe, Civil Disobedience: A Study in Semantics, *The Liverpool Law Review*, Vol.10, No.2(1988), p.159.

[2]　David W. Selfe, Civil Disobedience: A Study in Semantics, *The Liverpool Law Review*, Vol.10, No.2(1988), p.164.

[3]　David W. Selfe, Civil Disobedience: A Study in Semantics, *The Liverpool Law Review*, Vol.10, No.2(1988), p.164.

综上所述,公民不服从理论对于非暴力和暴力大体上是一种暧昧态度。一方面,用非暴力来彰显公民不服从与革命和犯罪的区别,急于向世人表达其目的与手段的道德一致性。这派观点实际上赋予了非暴力一种价值特征,认为非暴力代表了秩序、和平和道德,而暴力则象征着混乱、无序和伤害。另一方面,公民不服从理论又含蓄地暗示暴力与公民不服从的相容性,同时给予暴力一种工具特征,努力摒弃暴力的道德色彩而证明其有限的正当性。绝对主义的道德哲学与相对主义的实用哲学势必会带给公民不服从理论家们一种精神上的分裂和对抗,理想是纯粹的,而现实是残酷的,这样一种心理困境成为这些理论家们的一贯特征。

事实上,这种困境不能归结为公民不服从理论的不确定,而是因为目的和手段的关系向来是一件不太容易说清楚的事情。暴力可以为善,非暴力也以作恶,哪一个更能被证明为正当呢?一旦从目的与手段的关系角度来看,这种暧昧的两个方面都表现出一种意料之外的悖谬。主张道德一致性的观点认为目的的正当性不能证明手段的正当性,手段的正当性应当从其内部寻找证据,在这一意义上,目的和手段的一致性导致的却是目的和手段的分离。暧昧的另一面实现的无非是手段与道德的分离,手段的正当性取决于目的的正当性,在这一点上,被指责为手段与目的不一致的态度导致的却是手段与目的的不可分割。无论如何,需要注意的是,就算是甘地和金这两位如此强调和鼓吹非暴力反抗的人物,想要将他们与革命或暴力区别开来也绝非易事,甘地的非暴力不合作对于英国统治的既有权威体系而言,更像是革命者的准则,而金在后期也更多地使用了"革命"一词。

四、法治与公民不服从的证成

(一)基于法治的发生论证成

法律的发生论证成试图从法律与公民不服从的关系角度切入，目的在于指陈公民不服从的法律地位，以及法律对公民不服从应当作出的回应。就公民不服从理论的视阈而言，这种法律的发生论证成很大程度上受到福塔斯的影响。福塔斯的证成以西方传统法治观念为逻辑起点，这种观念由亚里士多德、西塞罗等人所指出，认为人具有服从法律的义务，但这种服从义务是指向良法而非恶法，因为"恶法非法"。因此，福塔斯认为在法律之中的人永远会处于一种服从与不服从的悖论当中，人们可以通过合法途径行使异议权利，而公民不服从作为一种异议权利的载体，只有在一种情形之下才能够被证成，即行为所违背的法律本身是违宪的或无效的。[①]因此，只有直接的公民不服从才具有正当性。福塔斯的证成逻辑代表了公民不服从的法律发生论证成的一种基本类型，这种证成逻辑试图挖掘公民不服从的法律依据，认为只有当公民不服从所违背的法律本身是违宪或无效的时候，公民不服从才作为一种适当的异议形式获得其证成性。但是这种证成逻辑往往将公民不服从限制在一个非常狭小的领域，在这一范围内，法律体系本身存在的冲突是公民不服从发生的根本原因，公民不服从的证成完全取决于行为是否能够包容于法律体系之内。尽管福塔斯也注意到公民不服从者的动机可能是出于"最高的道德原则"，然而他认为这些动机下的公民不服从都无法

---

① Abe Fortas, *Concerning Dissent and Civil Disobedience*, The New American Library, Inc., 1968, p.34.

得到控制,因而应当受到法律的制裁。[①]在此,福塔斯完全排除了公民不服从在法律上的证成性。

与此相对的观点来自德沃金。首先,德沃金认为对于出于良知而违法的人进行法律惩罚会带来不良的社会后果,因为这种违法行为与那些出于贪婪或颠覆政府的违法行为,在动机上有着本质的不同,德沃金认为出于良知而违法的人们是最忠诚于法律的人,对他们的惩罚反而会招致相反的结果。其次,德沃金认为,通常所指的法律的违宪或无效的情况本身涉及一个个人判断的问题,在普通公民看来违宪或无效的法律在官员或法官看来可能相反,但至少说明的一个问题是,这里涉及的相关法律是不明确的。而这种不明确恰恰成为反思法律制度和实践的出发点。最后,当面对这种法律不确定的情况的时候,大致有三种情形。

第一种情形是当一个人对其行为在法律上如何判定的情况不太确定时,他应当往最坏处着想,即法律不允许他采取其行为,在这种情况下,他依然应当服从法律,如果可能的话,他可以采取合法的政治程序来改变法律。但是德沃金认为这种模式不足取,因为如果人们的行为都建立在对法律的猜测之上,那么这样法律也未免太过悲哀了,而且这种做法没有重视个人的异议及其理由对于法律变迁的积极意义。

第二种情形是在法律不确定的情况下,一个人可以遵循自己的判断,即如果他认为法律对其行为的支持大于反对的话,他就可以采取这样的行为,而如果法院对此做出与其最初判断相左的判决时,他就应当放弃他最初的判断,并终止其行为。但是德沃金认为这种模式没有看到这样的一个事实,即法院事实上总是可能宣布自己的决定无效,从而使人们仍然处于法律不

---

① Abe Fortas, *Concerning Dissent and Civil Disobedience*, The New American Library, Inc., 1968, p.63.

确定的情形之下,这样人们又回到了第一种情形。因此,对于第一种情形的否定理由也可以用来否定第二种情形。

第三种情形是在第二种情形中,当法院做出相反判决时,一个人依然可以遵循他自己的判断。但是德沃金认为,这种情况依然要求继续遵循其判断的个人能够提供合理的理由,否则如果个人理由遭到大多数人的批评,而且这种批评并不关注其行为是否合法,那么其行为就应当终止。所以德沃金认为这三种情形都不是处理法律不确定性的可取途径,法律不确定的情形产生的唯一结果是,当双方都可以提出合理的论辩理由时,一个遵循自身判断的人所从事的行为就不是一种不正当的行为。尽管政府出于执行政策能力的考虑而无法制定对于良知违法行为不起诉的规则,但也应当努力保护这种公民的特殊责任。因此,德沃金认为法律所体现的公平原则存在于宽容之中。在此,德沃金彻底批判了那种认为法律就是法律的法律条文主义,而给予出于良知的违法行为以合法地位。①

从福塔斯与德沃金的对比来看,福塔斯犯了两个明显的错误,一是他所指出的对于违宪或无效法律的直接公民不服从实际上并不属于公民不服从的范畴,而是一种测试法律合宪性的异议行为,这种行为本身本质上并未涉及违法,而公民不服从本身的确是一种违法行为。二是他所建议的对公民不服从的法律应予惩罚的态度实际上将公民不服从与普通违法行为混为一谈,而没有对公民不服从的理由予以足够的重视。德沃金恰恰弥补了这些缺陷,他给予了出于良知的公民不服从以区别对待,指出当法律不确定时,公民提出合理理由并遵循自身判断而采取行为是一种正当行为, 是法律应当容忍的一项公民权利。但是他也承认政府不可能在法律上规定一种原则或

---

① [美]罗纳德·德沃金:《认真对待权利》,信春鹰、吴玉章译,上海三联书店,2008年,第206~297页。

条文来豁免或不起诉这种违法行为。因此,德沃金在某种程度上又跳出了公民不服从的法律发生论的证成模式,开启了一种法律之外的证成模式,即公民不服从的证成不依赖于法律规定,而取决于"社会十分重视的正义和公平对待原则"①。

二者的相同之处在于他们都试图将公民不服从,至少是直接的公民不服从纳入法律框架之中,这种努力代表了公民不服从理论中的一种流行观念,即一种法律实证主义倾向。W.T.布莱克斯通(W. T. Blackstone)对此有过准确的论述,他认为公民不服从行为有两种情形,一种认为其所违反的法律是违宪的,因而其行为是对法律合宪性的测试。另一种公民不服从行为违反法律不是因为法律违宪,而是因为法律是不道德的或不正义的。布莱克斯通认为后一种公民不服从是一种纯粹的(pure)公民不服从,而且这种公民不服从的情形涉及一个长期困扰哲学家和法学家的问题,即法律与道德的关系。

对于这一问题,布莱克斯通比较了富勒(Fuller)和哈特(Hart)的观点,前者认为法律应当体现和尊重道德,后者则认为法律应当脱离道德。在此基础上,他又列举了七种关于法律和道德关系的论点,在对这些观点进行分析的基础上,他得出的结论是公民不服从在法律上的正当性证明是不确定的,因为首先,如果法律实证主义将道德排除在法律观念之外,公民不服从就无法被证明为正当,他说:

> 如果法律实证主义被定义为包含法律的命令理论,并且情感论者的元伦理学或全部所谓的道德争论的观点仅仅是对主观偏见的表达,那么就不存在公民不服从能够被证明为正当的理由,因为在这一领域

---

① [美]罗纳德·德沃金:《认真对待权利》,信春鹰、吴玉章译,上海三联书店,2008年,第283页。

不存在可证明为正当的知识主张。①

　　其次,如果法律实证主义仅仅是在法律的应然和实然之间做出了区别,那么仍然存在着道德偶尔优先于服从法律的义务的情形, 从而证明公民不服从为正当的可能性。他说:

　　　　第二,然而,如果法律实证主义被定义为仅仅包含法律实然和法律应然之间的区别, 并且排除了法律和非认知论者的元伦理学的命令理论, 那么很明显参考某种偶尔优先于人们的法律义务的道德考虑来证明公民不服从为正当的可能性就是开放的。②

　　再次,如果将道德引入法律的完整定义,那么当法律违背道德时,公民不服从就能够被证明为正当。他说:

　　　　第三,出于富勒－莱德布鲁奇理由(Fuller–Radbruch account)即将道德标准引入法律的完整定义之中对于公民不服从主题的影响能够最好地被似是而非地表达: 即在某种意义上公民不服从完全不能被证明为正当,因为它在逻辑上是不可能的。如果一项所谓的法律是不道德的或非正义的,那么它就不是真正的法律;所以如果人们违反了它,他也不是真正地实施了一种非法行为, 而这却是公民不服从的一项必要条

---

　　①　W. T. Blackstone, Civil Disobedience: Is It Justified?, *The Southern Journal of Philosophy*, Vol. 8, No.2–3(Summer & Fall, 1973), p.241.

　　②　W. T. Blackstone, Civil Disobedience: Is It Justified?, *The Southern Journal of Philosophy*, Vol. 8, No.2–3(Summer & Fall, 1973), pp.241–242.

件。然而在另一种意义上,这一理论可能鼓励任意的违法,因为我们说一项法律(或通过立法程序而成立的法令)不是真正的法律和有效的法律,除非它与人们的道德标准一致。因此,如果它与此不一致,人们违反它就可能被证明是正当的。①

最后,不论是富勒的自然法理论还是哈特的法律实证主义,他们的理论都没有表明公民不服从在任何情况下都可能被证明为正当, 也即公民不服从在法律上的正当性证明是有条件的,不是绝对的。他说:

> 第四,法律实证主义的哈特品牌和自然法理论的富勒品牌都没有蕴含公民不服从在任何既定情况下都可以被证明为正当。②

按照布莱克斯通的观点, 公民不服从的证成只有在将道德引入法律时才具有可能性, 但这种证成性不是因为法律本身而是因为法律所具有的道德性,所以法律的发生论证成模式不可能完成对公民不服从的证成。不仅如此, 依照法律来证成公民不服从往往会产生否定公民不服从的结果。布朗(Stuart M. Brown, Jr.)指出, 尽管公民不服从区别于普通违法,但从法律角度而言,法律无法为公民不服从的正当性提供证明,因为"在逻辑上无法主张在公开抗议过程中违背有效的法律并非违法。这对于否认证明公民不服从

---

① W. T. Blackstone, Civil Disobedience: Is It Justified?, *The Southern Journal of Philosophy*, Vol. 8, No.2-3(Summer & Fall, 1973), p.242.

② W. T. Blackstone, Civil Disobedience: Is It Justified?, *The Southern Journal of Philosophy*, Vol. 8, No.2-3(Summer & Fall, 1973), p.242.

为正当的可能性是十分有力的基础"[1]。原因在于就违法问题而言,公民不服从也违背了法律,在这一点上与普通犯罪并无区别,布朗以自由骑行运动为例说明了这一点,他说:

> 自由骑行者的违背或试图违背种族隔离法发生在一种非常特殊的法律、社会和道德环境。由于这种环境,自由骑行者很容易区别于普通罪犯。但是就违法问题而言,二者并无区别。与普通罪犯一样,自由骑行者也是违法者。[2]

因此, 公民不服从在法律上是无法获得其正当性的,"公民不服从行为在原则上是不合法的,而且无法作为一种标准的例外情况被法律所承认"[3]。

另外一种情形是福塔斯所提到的由于法律体系内部的矛盾而最终诉诸宪法来证成公民不服从。对于这种情形,首先,布朗认为法律的不公正的这种证明逻辑无法为公民不服从提供正当性论证,原因在于法律的评价并非由个人做出,而是立法和司法部门的责任,"因为一项法律是否是不公正的以及因此而被撤销的决定在一个法律体系内被保留给体系自身的立法和司法程序"[4]。其次,他指出那种认为法律是违宪的从而证明公民不服从行为是正当的观点是极其错误的,原因体现在两个方面,"一方面,它贬低了公民不

---

[1] Stuart M. Brown,Jr.,Civil Disobedience,*The Journal of Philosophy*,Vol.58,No.22(Oct.,26,1961), p.672.

[2] Stuart M. Brown,Jr.,Civil Disobedience,*The Journal of Philosophy*,Vol.58,No.22(Oct.,26,1961), p.673.

[3] Stuart M. Brown,Jr.,Civil Disobedience,*The Journal of Philosophy*,Vol.58,No.22(Oct.,26,1961), p.675.

[4] Stuart M. Brown,Jr.,Civil Disobedience,*The Journal of Philosophy*,Vol.58,No.22(Oct.,26,1961), p.675.

服从行为"①,就这一方面而言,与上述反驳理由相同,即法律的违宪问题是立法和司法部门的职责;"另一方面,这种观点完全误解了诸如自由骑行运动中涉及的权利之宪法地位"②。因为在布朗看来,自由骑行者所反对的种族隔离法虽然在联邦宪法中并未有所保留,但联邦宪法也并未对消除种族隔离做出任何保证,况且在现实中,在南部腹地的一些州,种族隔离依然在法律上被允许,而联邦宪法对此并未有所约束。因此,自由骑行者不仅反对种族隔离法,而且还反对允许种族隔离法存在的联邦宪法。③

布朗实际上指出了法律的发生论证成的两种局限。一是公民不服从本身的确涉及违背一项有效的法律,在这一点上与普通犯罪并无二致,法律不能证明违法是正当的。二是公民不服从行为本身也可能反对宪法,因为宪法本身可能会容忍公民不服从所违背的法律,尤其是在第二种情况下,试图从宪法中寻找公民不服从的合法依据是不可能的。

总之,不论是福塔斯等人所指出的直接公民不服从指向的法律本身是违宪或不道德的,还是德沃金所指出的法律是不确定的,这些证成逻辑都试图说明法律本身是无效的,因此违背这些法律的公民不服从行为并没有真正违法,从而具有其正当性。但这种证成逻辑最大的缺陷在于它无法证成间接的公民不服从。法律的发生论证成还有另外一种逻辑,即试图在援引宪法所规定的公民权利来证成公民不服从。在这种逻辑下,美国的《宪法第一修正案》成为最常被诉诸的依据。《宪法第一修正案》规定:

---

① Stuart M. Brown, Jr., Civil Disobedience, *The Journal of Philosophy*, Vol.58, No.22(Oct., 26, 1961), p.675.

② Stuart M. Brown, Jr., Civil Disobedience, *The Journal of Philosophy*, Vol.58, No.22(Oct., 26, 1961), p.676.

③ Stuart M. Brown, Jr., Civil Disobedience, *The Journal of Philosophy*, Vol.58, No.22(Oct., 26, 1961), p.676.

第一章　法治视阈下的公民不服从

国会不得制定关于下列事项的法律:确立国教或禁止信教自由;剥夺言论自由或出版自由;或剥夺人民和平集会和向政府请愿申冤的权利。

其中与公民不服从直接相关的是言论自由的部分。如果将公民不服从视为一种言论或表达的话,那么言论自由的宪法权利自然就被援引而作为公民不服从的证成理由。在这种观点下,公民不服从就会被视为一种履行公民的宪法权利的行为,而且应当受到宪法保护。卡尔·科恩对这种证成逻辑有过详细的论述和批评。他指出,这种观点认为:"他们的不服从行为本身是一种政治言论形式——即使是一种对一些法审慎违反,因此必须受到宪法条款的保护,这些宪法条款保护每个人就共同体事务的主题公开而有力地表达自己的权利。"[1]自由言论的宪法权利不再满足借助法律的违宪性来证成公民不服从,而是将证成性扩展至对那些有效法律的不服从行为。这种观点将言论视为一个有弹性的和类属的(generic)术语,言论具有多种多样的形式,在这些形式中最为常见的形式是对话和书写。言论的最为本质的要素是一种沟通的理念,它旨在传递给外界一种信息,按照这一本质要求,诸如拉警戒线(picketing)等大部分有形行为(physical acts)也应当属于言论的范畴,因此由法院所延伸的自由言论的保护不仅适用于不服从违宪法令的情形,而且适用于公开的和不受限制的政治批评等这类不服从行为。因此,在宪法权利保护条款的支持下,这些不服从行为本身是对合法权利的履行,而不是违法行为。[2]

---

[1]　Carl Cohen, *Civil Disobedience：Conscience，Tactics，and the Law*, Columbia University Press, 1971, p.173.

[2]　Carl Cohen, *Civil Disobedience：Conscience，Tactics，and the Law*, Columbia University Press, 1971, pp.178–179.

但是在卡尔·科恩看来,这种援引宪法权利保护条款的证成至少存在两个重大的问题。第一,公民不服从是否属于一种言论形式。第二,在技术上,这种观点没有注意到法院在诸多宪法权利之间进行平衡的角色。关于第一个问题,卡尔·科恩认为间接的公民不服从行为不能适用于"第一修正案"所保护的言论自由权利,因为间接的公民不服从所违背的法律本身是有效的和合宪的,尽管公民不服从者在主观上是要传递一种信息来对相关议题进行抗议,但"他们的意愿是一回事,而行为却是另一回事"①。而当这种所谓的言论行为最终导致对共同体中其他人的合法权利造成侵害时,这种不服从行为就无法以言论自由的理由来获得其宪法上的正当性。

对于第二个问题,卡尔·科恩认为,将言论自由扩展至不受限制的程度会导致将言论自由的公民权利绝对化,因此尽管诽谤、煽动等行为应当受到禁止,但仍然应当赋予言论自由以优先地位。卡尔·科恩认为法院在面对这种冲突时事实上会权衡这些冲突,而且会权衡自由言论所代表的利益与共同体的其它利益,因此禁止强行闯入的法律并不必然与"第一修正案"相触。所以如果接受援引"第一修正案"的证成逻辑,那么"第一修正案"就是对任何违法行为的辩护。

因此,卡尔·科恩对这一证成逻辑给予三点批评。首先,任何进入公开的政治争端的行为都无法确定无疑地被事先澄清,而公民不服从尤其是间接的公民不服从恰恰指向于没有明确标准形式的法律,这些法律是有选择的,因而公民不服从也没有固定的形式,因此公民不服从不可能适用于抗议的标准形式所提供的保护条款。其次,当公民不服从行为采用诸如非法侵入等受到法律禁止的方式来寻求宪法保护时,任何法院都很难接受做出这种判例。最

① Carl Cohen, *Civil Disobedience:Conscience,Tactics,and the Law*, Columbia University Press, 1971, p.188.

后,这种将公民不服从视为自由言论的做法,最后可能会导致弱化而非加强对公民自由的宪法保护。①

事实上,美国关于《宪法第一修正案》中的言论自由条款的反思都倾向于认为言论自由应当是有限度的,而不是无条件的。亚罗山大·米克尔约翰(Alexander Meiklejohn)认为对于宪法修正案的解释向来充满了令人费解的含混,他指出美国联邦政府有权对各种冲突的价值进行权衡,最为重要或根本的权衡发生在国家安全与人民自由之间,因此他提出一种质疑,即如何看待主张革命的言论。他主张宪法从未规定一种不受限制的自由。②而安东尼·刘易斯对"第一修正案"的解读表明,言论自由更多地指向于保护媒体的发言权,他指出正是由于媒体的报道才使得马丁·路德·金所领导的民权运动及其诉求公之于众,最终促进了民权运动的进展。他还指出:"第一修正案被广泛援引,人们以为这个条款似乎能解决任何有争议的问题。然而,事实上,言论和出版自由从来都不是绝对的,法院和社会一直在为平衡各方利益而进行着不懈的斗争。"③而法院所进行的利益之间的平衡首先要处理的是媒体的偏见是否会干涉司法公正的问题,以及政党竞选中对各方言论的限制。

刘易斯对"第一修正案"中言论自由的理解是,这不仅是外在的表达自由,而且更是内在的思想自由,其意义在于思想自由首先是个人利益和社会利益实现的条件,前者作为人们生存的意义而存在,人们反对任何压制其自由思想的行为,后者要求哪怕是荒谬的信仰也应当进入争论进而证明相反

---

①　Carl Cohen, *Civil Disobedience: Conscience, Tactics, and the Law*, Columbia University Press, 1971, pp.192–194.

②　Alexander Meiklejohn, What Does the First Amendment Mean? *The University of Chicago Law Review*, Vol.20, No.3(Spring, 1953), pp.461–479.

③　[美]安东尼·刘易斯:《言论的边界——美国宪法第一修正案简史》,法律出版社,2010年,第158页。

观点的真实性,因此形成一种思想市场,最终促进一种社会利益的实现。其次,思想自由要求一种个人品格的形成,即一个自由社会中的人应当有勇气倾听不同的声音。而一种政治言论最终会形成对政府的制约力量,对于政府的不正当行为的揭露和批评是思想自由所具备的一种特别的功能。① 这正是为何媒体在美国被称为"第四权"的原因所在。

总之,不论是通过证明所违背的法律是违宪的或不确定的来证成公民不服从,还是将公民不服从作为一种宪法权利的载体来证明其合法性从而证成公民不服从,都试图从法律本身来推导公民不服从的依据或来源。这种证成逻辑永远无法解决的一个问题是:法律本身无法证明违法为正当,因此公民不服从的证成性应当在法律之外寻找。

(二)基于法治的目的论证成

1.作为法律纠错机制的公民不服从

与公民不服从在法律上的发生论证成不同,目的论证成中有一种观点认为公民不服从破坏了法治。考克斯认为公民不服从的一个后果便是弱化了法律约束力并迫使政府诉诸权力。这种弱化具体表现在:

第一,公民不服从弱化了法律约束力。他认为,法的正当性不能由个人良心来决定,因为如果每个人依据其良心而在法律中区分良法和恶法,这种挑选本身就是对法制的破坏。而且法的价值也并非来自法律本身,其正当性应取决于法律能否满足人们的需要。② 在这种观点之下,考克斯认为美国的宪政或言法治具有三个方面的正当性依据,或者说满足了人们三个方面的

---

① [美]安东尼·刘易斯:《言论的边界——美国宪法第一修正案简史》,法律出版社,2010年,第171~177页。

② Archibald Cox,Direct Action,Civil Disobedience and the Constitution,*Proceedings of the Massachusetts Historical Society*,*Third Series*,Vol.78(1966),p.114.

需要,即首先它保障了人们最大限度的个人自由,言论和结社的自由,宗教信仰和隐私的自由,以及法律面前人人平等。其次,它保障了现在及未来和平变迁的最大机会。最后,那些投身于法制的人们的终极承诺是信奉每个人走向责任的成长,以及选择他所能辨别的最优之物的自由。①

第二,公民不服从迫使政府诉诸权力。考克斯指出政府强制力对于法律体系而言是必不可少的需要,权力在历史上有其积极作用,它使人类脱离野蛮状态而进入文明状态,但权力无法进一步保障人们的自由,并往往导致暴力革命。所以在当代,要实现自由与文明就必须制约政府权力,或找到能够替代政府权力的方式,考克斯认为这种替代品就是法治。②因此,考克斯认为法治不是通常所理解的一套静态规则,而是一个动态过程,"法律是一种使人开化和自由化的影响,只要它产生于当代社会状况并服务于人们的当前需要。改变与发展的能力和理性与自愿服从一样也是法治的基本要素。自愿服从的确无法与硬币的另一面相分离——即要赢得被统治者的同意,法律就必须值得接受。当社会变迁的脚步或社会良知的发育是革命性的,法律的变迁也势在必行"③。因此,法治中的公民不服从存在着一种困境,即基于良心的不服从与对法律的自愿服从之间的矛盾和服从法律与促进法律变迁之间的矛盾共同构成的两难选择。

在法治中的公民不服从,考克斯认为有两种不同类型,即:

---

①　Archibald Cox, Direct Action, Civil Disobedience and the Constitution, *Proceedings of the Massachusetts Historical Society*, *Third Series*, Vol.78(1966), p.114.

②　Archibald Cox, Direct Action, Civil Disobedience and the Constitution, *Proceedings of the Massachusetts Historical Society*, *Third Series*, Vol.78(1966), pp.114–115.

③　Archibald Cox, Direct Action, Civil Disobedience and the Constitution, *Proceedings of the Massachusetts Historical Society*, *Third Series*, Vol.78(1966), p.115.

一种差异存在于(1)那些在不服从公民权威(civil authority)中诉诸自助和其他非暴力行为，并在良心上相信他们的所作所为涉及一种如法院将会声明的合法权利的使用的人们和(2)那些违反了明显有效的法律并知道他们的行为是非法的人们之间。①

这两种类型的公民不服从依然沿用直接与间接的划分标准，而对于第一种不服从行为，即直接的公民不服从，考克斯认为这种行为不具有正当性，原因在于如果这种行为是正当的，并以此作为解决公共政策问题的方式，社会便会崩溃。基于良心的不服从行为仅仅是一种在同意原则受到伤害时的平衡机制。②对于第二种明显违背有效法律的不服从行为,考克斯认为更不具有正当性,原因有三:

(a)这种抗议方式绝少能由对不服从那些非正义的因而在良心上不应被遵守的法律的这种苏格拉底式的或甘地式的辩护来证明为正当。③

(b)在这种案例及许多其它案例中,抗议行为和所抗议的事情之间缺乏任何真实的关系。④

(c) 甚至在存在一种密切关系的地方，如果违法行为是明显的话——如果没有细心的律师能够本着良心地告诉客户直接行为可能是

---

① Archibald Cox, Direct Action, Civil Disobedience and the Constitution, *Proceedings of the Massachusetts Historical Society*, Third Series, Vol.78(1966), p.116.

② Archibald Cox, Direct Action, Civil Disobedience and the Constitution, *Proceedings of the Massachusetts Historical Society*, Third Series, Vol.78(1966), p.118.

③ Archibald Cox, Direct Action, Civil Disobedience and the Constitution, *Proceedings of the Massachusetts Historical Society*, Third Series, Vol.78(1966), p.118.

④ Archibald Cox, Direct Action, Civil Disobedience and the Constitution, *Proceedings of the Massachusetts Historical Society*, Third Series, Vol.78(1966), p.119.

合法的话——那么良心和法律的教义通常似乎要求顺从，直到由宪法过程实现改变。①

总之，考克斯认为这种行为的最大过错在于破坏了终结挑战社会的最佳时机所依赖的基础，即法治。

对此，马歇尔·科恩的观点完全相反。他指出，与传统的法律观念不同，宪政民主中法律本身存在着是否有效的问题，如果法律是违宪的，那么它就不具有法律效力，异议者有权拒绝遵守它。也就是说宪法与法律之间的张力为公民不服从留下了空间。②原因在于，第一，宪政民主中法律的有效性并非来自法律本身或法院。马歇尔·科恩首先指出，传统的法学理论认为法律的有效性是由法律本身所赋予的，并要求人们的绝对服从，"对于霍尔姆斯（Holmes）来说，法律不过是法院将做之事的自命不凡的预言书；对福塔斯来说，'法治'需要的不过是无论要求他们做什么都要默许的卑贱"③。而在马歇尔·科恩看来，法律的有效性不在于法院的占有，而来源于对自由和正义原则的解释和运用。④第二，在宪政民主中，公民不服从的行为逻辑不仅没有破坏法治，而且对法治具有促进作用。公民不服从的目标之一是要改变现有的法律，而在宪政民主中最有效的方式往往是说服法院相信令人生厌的立法是违宪的。因而，对法律的蔑视对异议者来说是获得对有争议的问题进行复

①　Archibald Cox, Direct Action, Civil Disobedience: and the Constitution, *Proceedings of the Massachusetts Historical Society*, Third Series, Vol.78(1966), p.119.

②　Marshall Cohen, Civil Disobedience in a Constitutional Democracy, *The Massachusetts Review*, Vol.10, No.2(Spring, 1969), p.219.

③　Marshall Cohen, Civil Disobedience in a Constitutional Democracy, *The Massachusetts Review*, Vol.10, No.2(Spring, 1969), p.221.

④　Marshall Cohen, Civil Disobedience in a Constitutional Democracy, *The Massachusetts Review*, Vol.10, No.2(Spring, 1969), p.221.

审的唯一可能的实践方式,而且甚至当其他方法是可用的时候,不服从者面对刑事惩罚以维护其信念的意愿可能有助于向法院展示其力量。①此外,公民不服从不仅通过反对违背道德原则的法律来强化法制,而且也针对法院拒绝对有争论的问题进行重审和裁决的不作为来实施不服从行为。总之,在马歇尔·科恩看来,公民不服从对于宪政民主中的法律来说是一种纠错机制。

如果将公民不服从视为一种法律纠错机制的话,那么直接的公民不服从和间接的公民不服从就都具有正当性。马歇尔·科恩认同福塔斯对直接的公民不服从所给予的同情,因为这种对违宪或不道德法律的违反并非违法,因而这种不服从行为具有正当性。而且不仅直接的公民不服从行为具有正当性,间接的公民不服从也具有正当性,而且是必须的。"正如所有的公民不服从是正当的一样,它作为一种对道德原则的严重背离的严肃抗议也是正当的。而且它是必要的,因为在一种可比较的深层次上往往没有可替代的抗议形式。"②

2.作为匡扶宪政手段的公民不服从

威尔逊·凯瑞·麦克威廉姆斯(Wilson Carey McWilliams)着重探讨了公民不服从与宪政的正相关关系。他首先指出了传统宪政主义的一般原则,主要包括两个方面的内容,第一,传统宪政主义的要旨在于承认政府不仅应在程序层面而更应在实质层面受到制约,要做到实质层面的制约,就必须像洛克所指出的那样,赋予公民以反抗权。麦克威廉姆斯指出传统宪政主义的基本理念是通过制度设计达到制约政府的目的,但是他认为只强调制度设计的程

---

① Marshall Cohen, Civil Disobedience in a Constitutional Democracy, *The Massachusetts Review*, Vol.10, No.2(Spring, 1969), p.222.

② Marshall Cohen, Civil Disobedience in a Constitutional Democracy, *The Massachusetts Review*, Vol.10, No.2(Spring, 1969), p.225.

序制约并非宪政主义的全部原则，"程序并不必然是社会的血肉而且一定不是它的灵魂。正如过去伟大的宪政主义者那样，这仅仅是承认政府必须在实质上和程序上都受到制约"①。对此，麦克威廉姆斯援引洛克的观点，认为制度设计无法有效应对不确定性，因而实质规范应成为程序限制的补充，实质规范要求反抗权的保留，而公民反抗权的保留其前提在于国家和社会的分离，即国家之外的公民社会的存在，因此公民反抗权对政府的制约实质上正是社会对国家的制约。麦克威廉姆斯指出：

> 为达致这一结果，洛克派坚信"国家和社会的分离"，这形成了"宪政主认者思想的基本分歧"。将国家从一个保留的私人领域（"社会"）中排除出来旨在保护一个领域，在其中公众能够形成价值，评估政策，自由地组织起来，而且从中控制国家的公共行为能够出现。制宪者们在这一问题上分道扬镳，即"人民"这一朦胧的抽象之物应如何容易和经常地变为具体之物，但他们都同意在"终极"意义上任何宪政秩序都依赖于公共的品质和美德（public character and virtue）。政治教育几乎完全交给了人们自己。②

麦克威廉姆斯认为公民社会的实质制约本身也是权力分立学说的逻辑前提。但是由于人的局限性，这种社会领域只能是地方性的，"价值和政策的形成需要协商（deliberation），而人的局限性使这种协商局限于小的因而是地

---

① Wilson Carey McWilliams, Civil Disobedience and Contemporary Constitutionalism: The American Case, *Comparative Politics*, Vol.1, No.2(Jan., 1969), p.212.

② Wilson Carey McWilliams, Civil Disobedience and Contemporary Constitutionalism: The American Case, *Comparative Politics*, Vol.1, No.2(Jan., 1969), p.213.

方的群体,在其中个人能够感受到参与和集体责任的感觉"①。

第二,立法机关的真正作用在于引导公众关心政治生活,并保持公民控制渠道的畅通。麦克威廉姆斯指出,既然传统宪政主义赋予立法机关以制约政府的功能,但受很多因素的影响,这一功能常常无法有效地发挥,如现实的变迁使得制度无法反映政治现实,宪政设计也无法规制国际政治,而社会变迁和政治复杂性也使立法机关的作用弱化,其作用的发挥日益依赖于行政机关的司法解释,"立法者独创性地发明了介入行政决策的技术,然而这些技术一方面容易危险地限制行政人员应对变动情形的能力,另一方面又容易成为仅仅是对行政行为的事后回应,成为一个事件之后的舞台"②。在这种背景下,麦克威廉姆斯认为立法机关不能只是局限于以立法方式对政府进行制约,而应发挥其引导公众关心政治生活和保护政治渠道畅通的作用,"法院的历史作用在于引导人们关心日常政治生活,以及当公众发现其有用时,保持公众控制渠道的持久开放"③。因此,传统宪政主义要求"法院行动起来将不服从授权给其它方面是正当的权威,而这依赖于公民能够利用这种权威"④,这实际上恰好为公民不服从保留了空间。

不仅如此,传统宪政主义随着社会变迁所出现的衰落也需要公民不服从来发挥其作用。麦克威廉姆斯认为,传统宪政主义的衰落主要表现在四个方面:

首先,公私领域区分的丧失。麦克威廉姆斯指出这种区分的丧失主要归

---

① Wilson Carey McWilliams, Civil Disobedience and Contemporary Constitutionalism: The American Case, *Comparative Politics*, Vol.1, No.2(Jan., 1969), pp.213–214.

② Wilson Carey McWilliams, Civil Disobedience and Contemporary Constitutionalism: The American Case, *Comparative Politics*, Vol.1, No.2(Jan., 1969), p.215.

③ Wilson Carey McWilliams, Civil Disobedience and Contemporary Constitutionalism: The American Case, *Comparative Politics*, Vol.1, No.2(Jan., 1969), p.216.

④ Wilson Carey McWilliams, Civil Disobedience and Contemporary Constitutionalism: The American Case, *Comparative Politics*, Vol.1, No.2(Jan., 1969), p.216.

咎于两个方面的原因，一是经济生活的一体化进程使得公私领域的划分几乎失去了全部真实性，二是私人政府(private government)的出现，而私人政府对政府的制约是微乎其微的。

其次，大众媒体并不关注公共利益，也并非向所有人开放。麦克威廉姆斯认为大众媒体是公民进入公共领域的唯一途径，但大众媒体却并未担当起公共责任，"媒体试图逃避决定，将更多的时间和空间投在政治上而不是与其自身一致的公共要求，这并未改变事实；并非所有的人都能获得进入权限，并且避免遭受批评的愿望在最好的情况下也只是导致领袖的屈服"①。而且大众媒体尽管可能招致公众的质疑，但仍能够对信息进行过滤，这种做法导致的结果是加剧了人们的怀疑，由此引起更大的反抗，而反抗使得公务人员寻求短期联合，这又导致信用隔阂问题的加剧。

再次，政党组织的弱化。麦克威廉姆斯指出一方面政党中的地方精英无法代表选民意见，另一方面，政党本身无助于对大众意见的整合。用麦克威廉姆斯的话来说就是，政党无法规避非理性的情形，政党倾向于以不受约束的、冷漠的和不了解情况的投票者为中心，就算将某些极端分子排除在外，也无益于状况的改善。

最后，公民的退化。麦克威廉姆斯认为上述这些传统宪政主义衰落的表现，最终引发了一个严重的后果，即公民的退化，这种退化一方面是传统政治科学家对公众本身的畏惧。"自由主义者有其担忧，而且随日尤甚。这一学说的一个要素便是把人视为本质上是近乎无政府主义的，而且担心一旦从迷信、暴力和习惯中解放出来，他将会狂暴而难以控制。"②麦克威廉姆斯认

---

①　Wilson Carey McWilliams, Civil Disobedience and Contemporary Constitutionalism: The American Case, *Comparative Politics*, Vol.1, No.2(Jan., 1969), p.217.

②　Wilson Carey McWilliams, Civil Disobedience and Contemporary Constitutionalism: The American Case, *Comparative Politics*, Vol.1, No.2(Jan., 1969), p.219.

为,相对而言,早期的宪政主义者反而没有这种畏惧感,例如洛克和卢梭都为公民反抗权威留下了空间。另一方面是由于随着社会变迁而来的政治的复杂性和专业化,公民无法在备选方案和公共政策规范,以及公共规范和个人利益之间进行比较和权衡,麦克威廉姆斯指出:

> 传统民主理论假设,给定可供选择的项目的条件下,公民能够通过将这些项目与公政策的规范进行比较而在它们之间进行一种道德抉择;更为乐观的甚至希望公民将看到这些一般规范和他的私人利益之间的联系。今天,复杂性的专业化——不用提政治世界的规模——已经使这两种希望全部破灭了。公民往往不能看到特定的备选方案影响他们的方式——或这种影响本身,而且他们也无法划出特定政策和实现公共价值之间的间接——常常是费解的——关系。①

麦克威廉姆斯认为这种变化也使得公民产生了逃避心理,他说:

> 问题不在于公民已经变得失范(anomic)或异化(alienated)(尽管这些阴郁的措辞有所指涉)。倒不如说,公民试图避免可能导致失范或异化的某种道德危机,而且既然危机是因袭的观念与时代问题之间的张力的一种必然的副产品,而公民却试图对后者视而不见。②

---

① Wilson Carey McWilliams, Civil Disobedience and Contemporary Constitutionalism: The American Case, *Comparative Politics*, Vol.1, No.2(Jan., 1969), p.218.

② Wilson Carey McWilliams, Civil Disobedience and Contemporary Constitutionalism: The American Case, *Comparative Politics*, Vol.1, No.2(Jan., 1969), p.219.

第一章　法治视阈下的公民不服从

麦克威廉姆斯主张不应对公民采取畏惧的态度，应当赋予公民控制政府的积极权利，而政府也因此能够获得公民的忠诚承诺。要做到这一点，就必须重申民主原则，由公众通过协商的方式来决定公共利益和公共政策，公众协商要求公民能够自由地讨论和权衡各种社会价值。当代的宪政危机不是因为对这种公民理想的拒绝，而是因为社会变迁使得承载这种公民理想的政治生活变得难以组织起来。他说：

> 民主中的实质制约原则是公共利益和增进它的政策要尽可能地由运用多数规则形式的公众协商来决定。对多数的制约源自一种能够不受强制而自由地讨论和权衡那些值得献身的价值的公民理想。
>
> 当代的宪政危机不应归因于任何对那种理想的拒绝，而应归因于一个几乎使任何制度体系不足以组织政治生活的变迁过程。[1]

由此可以看出，解决当代宪政危机的方法是让公民进入公共领域，而公民不服从正是公民进入公共领域的一种方式，他说：

> 一个我们时代的可辩护的公民不服从观念基于一种主张，即不是为公共而行动，而是进入公共而行动。[2]

在麦克威廉姆斯看来，这一任务应由私人领域来完成，他说：

---

[1]　Wilson Carey McWilliams,Civil Disobedience and Contemporary Constitutionalism:The American Case, *Comparative Politics*,Vol.1,No.2(Jan.,1969),p.221.

[2]　Wilson Carey McWilliams,Civil Disobedience and Contemporary Constitutionalism:The American Case, *Comparative Politics*,Vol.1,No.2(Jan.,1969),p.222.

开发公民的任务传统上被分配给私人领域。①

接着麦克威廉姆斯指出三种不同的公民存在：

1.优良公民：内化了民主的目标和价值，能够分辨那些价值与其自身实践之间的关系和比较并以此行事。2.普通公民：对政治生活不太感兴趣或不太了解，但至少在一个高的抽象层次上对民主价值了然于胸。他很少或不能看清这些价值和行为之间的联系。3.非罪公民（the non-criminal citizen）：既不接受也不积极拒绝民主价值，但出于审慎、习惯或冷漠等原因而遵守法律。②

在这三种公民之中，优良公民应承担起一种共同体责任，但并不是所有这些优良公民都能够承担起他们的责任，所以公民不服从的目的就是要唤起他们的良心和责任感，麦克威廉姆斯指出：

公民不服从希望提供这样的景象：即公民不服从是对公众的最终呼吁，在更为接近的意义上，是刺激优良公民良心的一种努力。③

要求政体去珍爱那些用良心和身体为其服务的少数可能太过分了，但无政府主义不服从的危险小于在人们试图逃避责任和政治本身

---

① Wilson Carey McWilliams, Civil Disobedience and Contemporary Constitutionalism: The American Case, *Comparative Politics*, Vol.1, No.2(Jan., 1969), p.222.

② Wilson Carey McWilliams, Civil Disobedience and Contemporary Constitutionalism: The American Case, *Comparative Politics*, Vol.1, No.2(Jan., 1969), p.223.

③ Wilson Carey McWilliams, Civil Disobedience and Contemporary Constitutionalism: The American Case, *Comparative Politics*, Vol.1, No.2(Jan., 1969), p.223.

的时代里逃避责任的危险。①

最后,麦克威廉姆斯认为要使公民不服从发挥其应用的作用,惩罚必须注意两点内容:"(1)减轻履行责任所必然导致的惩罚,以及(2)加强不能履行责任的惩罚,原则上通过给予责任感在个人灵魂上以更大的影响。"②

总之,麦克威廉姆斯认为传统宪政主义注重从制度出发来构建一种理性的政治秩序,实现对政府的制约,而随着社会变迁的加剧,制度无法有效地反映政治现实,也无法有效地组织政治生活。在这种情况下,即"当制度失败时,政治社会依赖于人,而人又是墙头草,易于默许不平等——如果不犯罪的话。然而由于人是不可靠的,所以当政治秩序必须依靠人的时候,优良公民的责任便变成仅有的伟大之物"③。优良公民的责任感或良心需要由公民不服从来刺激和鼓励,所以公民不服从在当代宪政主义之中扮演着不可或缺的角色。

---

① Wilson Carey McWilliams, Civil Disobedience and Contemporary Constitutionalism: The American Case, *Comparative Politics*, Vol.1, No.2(Jan., 1969), p.224.

② Wilson Carey McWilliams, Civil Disobedience and Contemporary Constitutionalism: The American Case, *Comparative Politics*, Vol.1, No.2(Jan., 1969), p.224.

③ Wilson Carey McWilliams, Civil Disobedience and Contemporary Constitutionalism: The American Case, *Comparative Politics*, Vol.1, No.2(Jan., 1969), p.226.

第二章
道德视阈下的公民不服从

一、个人道德的矛盾与服从困境

对法的服从与不服从的问题从属于国家权威的问题，而对国家权威的论证存在两种路径，即个人的政治义务问题和国家的正当性问题。自古以来尤其是近代自由主义以来，这一直都是西方政治思想中的基本问题。在对这一问题的不同回答中，比较极端的情形是无政府主义和国家主义，前者主张个人从国家中解放出来，个人对国家完全没有任何服从的义务；后者强调国家至上，个人必须对国家无条件地服从。在公民不服从思想的两端可能同样具有类似的情形，比如迈克尔·P.史密斯（Michael p.Smith）和肯尼斯·L.多伊奇（Kenneth L. Deutsch）将梭罗的"公民不服从"一文视为美国政治思想中最重要的无政府主义文本，[①]梭罗是否是一个无政府主义者尚有争议，但梭罗对个人良心超越任何现实权威的主张的确使其思想带有强烈的个人主义色

---

① Michael p.Smith，Kenneth L. Deutsch（eds.），*Political Obligation and Civil Disobedience：Readings*，Thomas Y. Crowell Company，1972，p.176.

彩,而且这种个人主义的最终目的是寻求一种内心平静的隐士生活。因而,梭罗在处理国家与个人的关系问题上所采取的方式是去政治化的,用顿·W.克莱恩(Don W. Kleine)话说就是,"对于梭罗而言,瓦尔登湖和康克德监狱是一样的地方"①。与这种隐士式的不服从相对的另一端是霍布斯式的绝对服从,在后者看来,"就掌握主权者而言的绝对权力,与就公民而言的服从,都是统治国家的根本所在"②。

霍布斯认为人们从自然状态中摆脱出来而进入国家时,自然人的绝对自由就转变成臣民的相对自由,原因在于臣民必须服从主权者以求保护,从信约和授权到被代表、再到臣民的服从,构成了霍布斯阐释服从的逻辑。而且这种服从是绝对的、不容挑战的,尽管主权者可能犯错,但臣民不具有评判主权者是非对错的权利,所有对主权者的反抗和叛乱,甚至是怨恨、指责、控诉、惩罚、废黜等都是不义之举。此外,霍布斯还认为臣民对主权者的服从不仅是言行上的服从,还应该是内心的服从,因为内心的服从诉诸个人的良知意识,然而个人的良知意识要遵守公共的良知意识即法律,而不能"以个人的判断来取代主权者的判断",否则就会使国家陷入混乱。而且当这种内在信仰和外在义务相冲突时,应优先履行外在义务。这种主权的绝对性表明,"无论在什么口实之下,主权者对臣民所做的事情没有一件可以确切地称为不义或侵害"。但是如果主权者无法给臣民提供保护,即危害到臣民的生命时,不服从就不再是不义行为,而且霍布斯还把是否危及生命的判断权交给了臣民自身。尽管如此,他依然认为臣民虽有不服从的自由,但却没有武力反抗的权利。③

---

① Don W. Kleine, Civil Disobedience: The Way to Walden, *Modern Language Notes*, Vol.75, No.4 (Apr.,1960), p.302.

② [英]霍布斯:《论公民》,应星、冯克利译,贵州人民出版社,2003年,第66页。

③ 王利:《国家与正义:利维坦释义》,上海人民出版社,2008年,第72~98页;孔新峰:《从自然之人到公民:霍布斯政治思想新诠》,国家行政学院出版社,2011年,第155~191页。

但是无政府主义和绝对主义有一个共同点,他们在论证上都承认政治义务的逻辑优先性,即从个人对国家有无政治义务来观照政治权威。与这种路径不同,从国家的正当性来论证服从的依据则是一种内部论证的路径,这种路径的逻辑在于国家权威的证成不是依靠公民同意等外部因素,而是由于国家本身具有的优点使服从成为可能。只要证明国家本身能够成为个人政治生活的最佳安排,那么个人对国家的服从便具有正当的理由。例如,里克斯·马丁(Rex Martin)在对这两种论证模式进行分析后认为后一种论证模式是可取的,并试图描述一种具有正当性的政治系统。他认为一个包含公民权利和民主选举程序的政治系统是构成服从的理由,他的结论实际上指出只有民主国家才具有政治正当性,只有民主国家才是公民服从的对象。①

A.约翰·西蒙斯在对政治义务的几种论证展开分析后,也摒弃了从政治义务来论证政治权威或服从理由的模式。他认为同意理论(包括默许同意)、公平原则以及感恩原则都无法为政治义务提供"一种令人信服的一般性解释",即"在通常情况下,公民没有特别的义务去支持和服从居住国的政府。绝大多数公民既没有政治义务也没有'特殊的'政治责任,而且公民们将继续免于它们的束缚,除非政治结构和惯例发生变化"。但是这只能表明国家不能仅仅以国家的名义去要求公民服从,并不意味着公民可以随心所欲地违反法律,因为违法往往会造成对他人的负面影响,而对于这种负面影响的考虑往往"可能会成为服从的理由",所以西蒙斯又指出:"在政治共同体中,政治义务的缺失并不意味着不服从或革命是正当的。"②西蒙斯的论证指出了政治

---

① Rex Martin, Two Models for Justifying Political Authority, *Ethics*, Vol.86, No.1 (Oct., 1975), pp. 70–75.

② [美]A.约翰·西蒙斯:《道德原则与政治义务》,郭为桂、李艳丽译,江苏人民出版社,2009年,第172~174页。

义务与服从或不服从之间并无必然的逻辑关系，人们的服从或不服从不是由政治义务的有无确定的，"通常情况下，我们是按照自己所期待的政府所提供的好处的优劣程度和公平与否来评价政府的"①。

总之，梭罗的隐士生活和霍布斯的绝对权力构成了国家与个人关系问题中的两个极端，而公民不服从理论则首先试图在国家与个人的关系中寻找一种较为温和的平衡，既避免陷入梭罗式的去政治化倾向（也正因为此，罗尔斯才把梭罗式的良心拒绝排除在公民不服从范畴之外），又避免陷入霍布斯式的绝对主义之中，使个人在政治义务的名义下沦为臣民。其次，公民不服从理论回避对国家或政府进行哲学探讨，而只针对国家或政府的具体行为进行考察，一旦这些行为产生了不正义，并且超出了可容忍的限度，公民不服从才成为现实。即公民不服从理论对国家和政府的思考不是从起点出发的，而是从其具体行为所产生的后果来论证不服从的原因。

二、公民不服从与良心拒绝

（一）亨利·戴维·梭罗

在公民不服从思想中，亨利·戴维·梭罗（Henry David Thoreau）处于一个非常悖谬的境况，对他的各种解读不免让人产生困惑。一方面，人们往往都将梭罗作为美国公民不服从思想的发端者。威廉·斯图亚特·尼尔森（William Stuart Nelson）就曾指出：

---

① ［美］A·约翰·西蒙斯：《道德原则与政治义务》，郭为桂、李艳丽译，江苏人民出版社，2009年，第178页。

美国公民不服从理论研究

　　不服从政府的权利在文献和实践中已被辩护了几千年,但从事或面临公民抵抗运动（civil resistance movement）的美国人首先必须理解梭罗。①

　　另一方面,尽管《公民不服从》一文被认为是公民不服从思想的开山之作,但梭罗本人对此却一无所知,不论是他当时发表这篇文章时所用的题目②,还是文章中的具体论述,都很明显地表明了这一点。因此,人们对待梭罗的态度立足其思想性,而并非建立在术语的开创之上。

　　究其文本而言,梭罗是将公民不服从置于个人与国家的关系问题中进行论述的。对于国家或政府的看法,梭罗的论述有时会引起人们的误解。他认为"最好的政府就是统辖最少的政府",照这样的逻辑,结果便是"最好的政府是完全不统辖的政府"。③而且梭罗认为"政府最多不过是一种权宜之计(expedient）;但大多数政府通常以及所有政府有时是失策的(inexpedient)"④。这些表述所产生的意指或暗示往往使人将梭罗归入无政府主义者的行列,如迈克尔·P.史密斯(Michael p.Smith)和肯尼斯·L.多伊奇(Kenneth L. Deutsch)将梭

---

① William Stuart Nelson,Thoreau and American Non-Violent Resistance,*The Massachusetts Review*,Vol.4,No.1(Autumn,1962),p.56.

② 关于文章最初发表时所采用的题目有几种说法, 比如 Hugo Adam Bedau 在 *Civil Disobedience:Theory and Practice*(Pegasus,1969,p.15)中说是"论个人与国家的关系"(On the Relation of the Individual to the State）,而 Raymond Adams 在 Thoreau's Sources for "Resistance to Civil Government"[*Studies in Philology*,Vol.42,No.3(Jul. 1945),pp.640-653]一文中认为这篇文章在后人的编辑中先后使用过 "论对公民政府的反抗"(Resistance to Civil Government）、"公民不服从"(Civil Disobedience）、"论公民不服从的义务"(On the Duty of Civil Disobedience)。由于无法找到梭罗当时发表的一手文献,我们无法确定梭罗所采用的确切题目,但从上述这些佐证文献可以肯定的一点是,梭罗本人的确没有使用过"公民不服从"这一术语。

③ *The Writings of Henrry David Thoreau(Vol.4)*,The Riverside Press,1906,p.356.

④ *The Writings of Henrry David Thoreau(Vol.4)*,The Riverside Press,1906,p.356.

罗的《公民不服从》一文视为美国政治思想中最重要的无政府主义文本。[①]然而这种将梭罗归入无政府主义者的观点并未触及要害，或者说根本就没有读懂梭罗。梭罗曾明确地表明他不是一个无政府主义者，他说：

> 实际上讲，作为一个公民，我不同于那些自称是无政府者(no-government men)的人，我要求的不是立刻不要政府，而是一个更好的政府。[②]

如果说梭罗想要撇清与无政府主义者的不同，毋宁说他根本不在意政府应不应当存在或取消，或者理想政府应当如何组织之类的问题。他的论述重点在于有良心的个人。如果以有良心的个人为出发点，梭罗对于政府与个人的关系问题的论述就变得非常清晰。第一，在梭罗那里，对于正确(right)的尊重要比对法律的尊重更为优先。他认为，如果一个人没有良心，或者不遵循自己的良心判断，那么对法律的尊重只会带来恶果。比如那些有违良心并默默忍受着奔赴战场的军人。梭罗认为："这些服务于国家的人们，根本不算是人，而是徒负皮囊的机器。"[③]所以梭罗说："我认为我们首先应当是人，然后才是臣民。"[④]因此，一个真正有良心的个人应当是去做他认为是正当之事的人，而不是盲目服从政府权威的人。第二，当个人所服从的是自己的良心而非政府权威时，人们就有权反抗不公正(injustice)的政府。梭罗指出：

> 每个人都承认革命的权利，也即，当政府的暴政和无效是极大而无

①　Michael p.Smith,Kenneth L,Deutsch(eds.),*Political Obligation and Civil Disobedience:Readings*,Thomas Y,Crowell Company,1972,P.176.

②　*The Writings of Henrry David Thoreau(Vol.4)*,The Riverside Press,1906,p.357.

③　*The Writings of Henrry David Thoreau(Vol.4)*,The Riverside Press,1906,p.359.

④　*The Writings of Henrry David Thoreau(Vol.4)*,The Riverside Press,1906,p.358.

法忍受时,拒绝向其效忠并起而反抗(resist)的权利。①

那么政府在何种情形下会沦为暴政和无效呢? 在梭罗看来,一种情形是当一个政府容忍或帮助实施一种有悖良心的行为,而使得个人无法做他认为是正当的事情时,这个政府就沦为了暴政,人们就有权起来反抗甚至革命。他说:

> 如果有人来告诉我,这是一个坏政府,因为一些外国进口的货物课税,那么最可能的是我不必为此烦恼,因为离开这个政府我也可以做事。当一个承诺作为自由庇护所的国家中有六分之一的人是奴隶时,以及当整个国家被外国军队非正义地蹂躏和征服并屈从于军法之下时,我认为正直之人应立即起而反抗和发动革命。②

政府不公正的另一种情形是,不公正法律的存在。在梭罗看来,有良心的个人不应当甘心服从不公正的法律,而应当起来反抗,就算是反抗会导致更加糟糕的后果,这也是政府的过错。第三,梭罗认为,就算政府诉诸一种多数原则也无法确保产生正当的结果,政府及其法律的正当与多数原则没有直接关系。一方面,多数人可能出于某种冷漠而进行投票废除一项非正义的法律;另一方面,少数人也只是出于自身利益而赞成投票结果。他说:

> 大多数人的行为中只有少许德性(virtue)。当多数最终投票赞成奴隶制的废除,这会是因为他们对奴隶制漠不关心,或者因为只有少许奴

---

① *The Writings of Henrry David Thoreau(Vol.4)*, The Riverside Press, 1906, p.360.

② *The Writings of Henrry David Thoreau(Vol.4)*, The Riverside Press, 1906, pp.360–361.

隶制留待他们投票废除。因而他们会是仅剩的奴隶。只有他的投票才能加速奴隶制的废除,从而维护其自由。①

由此可见,如果个人不遵循其良心而行动,即便是诉诸民主或自身利益也不可取。因此,梭罗对于个人出于良心而不服从政府及其法律这一观点的论述是非常清晰的。然而对于梭罗是否是一个公民不服从者,或言梭罗是否有一种公民不服从思想这一问题,后世的评论家有着不同的看法。

威廉·A. 赫尔(William A. Herr)明确地指出,从梭罗的实践和文本看,他并不是一个公民不服从者,原因在于:首先,从文本来看,梭罗并未使用公民不服从这一术语,而甘地认为这一术语是由梭罗发明的,但从梭罗的文本来看,他并没有使用这一术语。他的那篇著名论文的最初标题是"论对公民政府的反抗"(On Resistance of Civil Government), 所以他使用的术语是 resistance 而不是 disobedience,在他去世之后才由后人更名为"论公民不服从"。其次,从他的实践来看,也与当前所接受的公民不服从概念有所不同。赫尔列举了梭罗的三种行为:第一,拒绝向马萨诸塞州交税,是为了反对支持奴隶制和墨西哥战争的联邦政府;第二,帮助逃亡奴隶免于被抓获而故意违反《逃亡奴隶法》;第三,为怒斥波士顿法院的人辩护以试图解救逃亡奴隶。赫尔认为梭罗在实施这些行为时并没有像今天的公民不服从者那样将违法作为检验法律合宪性的手段, 因为他认为这样的一个政府根本就没有立法的权威。

基于这两个理由, 赫尔认为梭罗的行为与主张呈现了与公民不服从明显的区别。首先,公民不服从者从未试图推翻政府,而是公开自己的意图,并

---

① *The Writings of Henrry David Thoreau* (*Vol.4*), The Riverside Press, 1906, pp.363–364.

使当局了解。梭罗并没有打算公开其拒绝交税的行为,而且他不认为公开对于证明自己行为的正当性是必需的。其次,梭罗并没有表现出对非暴力的承诺,而这一点正是公民不服从的必要因素。再次,梭罗并没有打算教育和说服多数人。最后,梭罗认为一项不道德的法律对个人是没有约束力的,既然如此,它就没有权力去惩罚违背它的人。因此,赫尔认为梭罗与公民不服从者存在明显的区别。他说:

> 总之,似乎清晰的是当今所谓'公民不服从'的大部分行为并非梭罗实践或提倡的不服从类型,以及他所实践和提倡的类型并不满足通常所接受的公民不服从概念。①

所以赫尔认为梭罗更接近于良心拒绝而不是公民不服从。他说:

> 梭罗的立场事实上更接近于良心拒绝而非公民不服从。②

对于赫尔观点的回应,仍然需要回归到梭罗的文本当中。当然,需要指出的一点是,尽管梭罗并未使用过公民不服从这一术语,但以此来否认梭罗不是公民不服从者或没有公民不服从思想是不适当的,正如贝多认为的那样,难道要梭罗亲口承认他所讲的正是公民不服从,才能认为他是公民不服从者或是在阐述公民不服从思想吗?③那么现在回到梭罗的文本,就赫尔提出的三点质疑进行回应。

---

① William A. Herr, Thoreau, A Civil Disobedient?, *Ethics*, Vol.85, No.1(Oct., 1974), p.90.

② William A. Herr, Thoreau, A Civil Disobedient?, *Ethics*, Vol.85, No.1(Oct., 1974), p.90.

③ Hugo Adam Bedau, *Civil Disobedience:Theory and Practice*, Pegasus, 1969, p.18.

首先，赫尔认为梭罗的行为与主张表达了试图推翻政府的意图。对这一指责的回应首先涉及梭罗对待政府的态度。正如上文所指出的那样，梭罗从未表达过取消一切政府的观点，而且从其拒绝交税的行为来看，梭罗拒绝缴纳的是人头税，因为他认为这一税款被州政府用来支持他认为是非正义的奴隶制和墨西哥战争，但梭罗并非拒绝缴纳所有税，他说："我从不拒绝缴纳公路税(the highway tax)。"①需要补充的一点是，梭罗除了在政府存在不正义和政府受到外敌入侵的情况下提到了革命的权利之外，他对革命的理解仍然是建立在个人良心基础上的。他说：

> 依照原则行事，理解并践行正当之事，会改变事物及关系。这在本质上是革命的，并且不与现存之事完全一致。这不仅会分开州与教会，分开家庭，是的，这还会分开个人，使其恶性从神性中分离出来。②

可见，梭罗是在就良心作为一种净化个人的方式而使个人与现存社会决裂的意义上理解革命的。他所强调或追求的是包括人在内的一切都按其本性生活，因此政府应当尊重个人按其本性生活的自由，尊重个人的进步。《公民不服从》一文的最后一段所使用的修辞，一方面表明梭罗接受洛克式的同意理论，认为政府要做到完全的公正(just)就必须获得被统治者的同意(consent of the governed)，并指出政治发展正是遵循着尊重个人进步的方向，因而民主制度不会是政府的最后的进步形式。另一方面也表达了梭罗对理想政府的想象，他说：

---

① *The Writings of Henrry David Thoreau(Vol.4)*, The Riverside Press, 1906, p.380.

② *The Writings of Henrry David Thoreau(Vol.4)*, The Riverside Press, 1906, p.367.

除非州承认个人是一种更高且独立的权力,州的全部权力和权威都是来源于此,并据此来对待个人,否则州就不是一个自由而开明的州。最后我乐意想象这样一个州,它能为所有人提供公正,并像尊重邻居一样对待个人;如果有些履行了邻居和同胞的全部责任的人将要离它而去,而且不去扰乱它也不被它接受,它也不会认为这与其安宁不相协调。一个结出了这种果实并任其瓜熟蒂落的州将会为一个更加完美而辉煌的州铺平道路,这种州只在我想象当中,却未曾见过。①

可见,将梭罗视为一个旨在推翻政府的革命者如同将他视为一个无政府主义者一样是非常不恰当的,他的描述与感叹倒是更像一个理想主义者,或者如同贝多所说的那样,梭罗更像是一个"乌托邦主义者"②。

其次,赫尔认为梭罗的行为是隐蔽的而非公开的这种指责也是不恰当的,这一点可以连同其对梭罗的第二点和第三点指责,即认为梭罗并没有承诺放弃暴力以及并没有打算教育和说服多数的观点一并进行审察,通常使用暴力与教育和说服这两种手段是相对的。梭罗明确表示他的确"不想同任何人以及国家进行争论"③,理由在于他相信任何有良心的个人都可以依据自己的原则行事,而不需要他人来说服和教育。但是如果梭罗没有公开表达其意图和主张的话,那么他就不可能去写《公民不服从》这篇文章,而他的确曾经明确表示他"相信州政府很快就能够从我手中得到我的全部此类著作"④,而且一方面梭罗相信进入监狱本身是有良心的个人不服从非正义政府的一种方

---

① *The Writings of Henrry David Thoreau(Vol.4)*,The Riverside Press,1906,p.387.

② Hugo Adam Bedau,*Civil Disobedience:Theory and Practice*,Pegasus,1969,p.21.

③ *The Writings of Henrry David Thoreau(Vol.4)*,The Riverside Press,1906,p.382.

④ *The Writings of Henrry David Thoreau(Vol.4)*,The Riverside Press,1906,p.383.

式①,另一方面梭罗的入狱也的确引起了人们的注意,并且有人为他支付了税款而使他出狱②。因此,梭罗只是运用与赫尔所理解的教育和说服所不同的方式来公开表达对非正义政府的不服从而已。至于暴力的指责,梭罗的"和平革命"(peaceable revolution)概念完全可以反驳。梭罗认为除了进监狱之外,有良心的个人可以采取不纳税的策略,而收税官可以通过辞职来拒绝政府,"当臣民拒绝效忠,官员辞去官职时,革命就大功告成"③。这种非暴力的不合作精神为后来的甘地和马丁·路德·金所继承和发扬。

最后,梭罗认为良心权威优先于政府权威,对于一个思想自由、遵循良心原则行事的个人,政府及其法律的确无法对他进行约束和惩罚。"如果一个人自由思考、自由幻想和自由想象——对他而言这似乎也不是长时间的——那么愚蠢的统治者或改革者根本无法妨碍他。"④而梭罗对他的牢狱生活的浪漫描写更是让人觉得他并不因此而感到痛苦,却像栖身于瓦尔登湖的小木屋里一般自由。正如唐·W.克莱恩(Don W. Kleine)所言,对于梭罗而言,"瓦尔登湖和康克德监狱是一样的地方"⑤。

尽管赫尔对于梭罗的论述有失偏颇,但其结论却具有一定的意义。这一意义在于,梭罗是否是一个公民不服从者或者是否表述了一种公民不服从思想这一问题,实际上应该被转换为另一个问题,即梭罗的确表达和实践了一种良心拒绝思想,但良心拒绝是否属于公民不服从? 这一问题正是当代公民不服从理论中的一个基本问题。但无论如何,确定无疑的是,梭罗使得国

---

① *The Writings of Henrry David Thoreau*(Vol.4),The Riverside Press,1906,p.370.

② *The Writings of Henrry David Thoreau*(Vol.4),The Riverside Press,1906,p.379.

③ *The Writings of Henrry David Thoreau*(Vol.4),The Riverside Press,1906,p.371.

④ *The Writings of Henrry David Thoreau*(Vol.4),The Riverside Press,1906,p.383.

⑤ Don W. Kleine,Civil Disobedience:The Way to Walden,*Modern Language Notes*,Vol.75,No.4(Apr.,1960),p.302.

家权威与个人良知的冲突这一古老主题在 19 世纪的美国重新焕发了生命。

(二)公民不服从与良心拒绝的区别

公民不服从通过诉诸某种原则而公开违法的品质使它明显地区别于普通违法,但这一点却不足以使它与另一种不服从行为区别开来,这种不服从行为就是良心拒绝(conscientious objection)。

罗尔斯对公民不服从与良心拒绝进行过专门的比较和区分,他将良心拒绝定义为"或多或少地不服从直接法令或行政命令"[①]的行为,所谓"直接"是指这样一种情形,即良心拒绝所不服从的法令或行政命令与人们是直接相关的,而且政府对人们是否接受和服从它比较敏感。如罗尔斯指出的一个宗教徒拒绝向异教徒的旗帜致敬,或者一个和平主义者拒绝在军队中服役,或者像梭罗拒绝纳税,因为他认为如果纳税就是充当了不正义政府的代理人或同谋,而对于这些,权威当局是明确知道的。在此基础上,罗尔斯认为公民不服从与这种良心拒绝行为有着明显的差别。他指出:"良心拒绝不是一种诉诸多数人的具有正义感的请愿形式。……一个人仅仅拧紧良心拒绝服从一个命令或遵守一个法规。他并不诉诸共同体的信念,在这个意义上良心的拒绝不是一种公众讲坛的行为。"[②]的确,良心拒绝的这一特征在梭罗那里体现得比较明显,梭罗并不认为有良心的不服从者能够获得政府和大多数人的认可和同情,而且他也不试图去说服和教育大多数人来加入他的行列。因此,在罗尔斯看来,良心拒绝者比起公民不服从者来说缺乏一种乐观的期望。

此外,罗尔斯认为良心拒绝与公民不服从所诉诸的原则也不尽相同,

---

① [美]约翰·罗尔斯:《正义论》(修订版),何怀宏、何包钢、廖申白译,中国社会科学出版社,2009 年,第 289 页。

② [美]约翰·罗尔斯:《正义论》(修订版),何怀宏、何包钢、廖申白译,中国社会科学出版社,2009 年,第 289 页。

"良心拒绝不是必然建立在政治原则上,它可能建立在那些与宪法秩序不符合的宗教原则或其他原则之上。公民不服从诉诸共有的正义观,而良心的拒绝可能有其他的理由"[①]。这一差别的意义在于,良心拒绝的理由可能并不是建立在对政治上不正义的制度和行为的判断之上,而是一种表达道德不满或宗教信仰的方式,良心拒绝者所依据的道德信念或宗教教义可能对其他人甚至是大多数人都不成立。因此,罗尔斯将良心拒绝排除在公民不服从之外的理由是,二者所诉诸或依据的理由或原则是不同的,公民不服从诉诸公共的正义观,而良心拒绝的理由是个人的道德信念或宗教信仰。

罗尔斯对良心拒绝的定义和范例为良心拒绝限定了一个比较狭窄的范围,个中理由在于良心拒绝在美国是一种特有所指的抗议行为。卡尔·科恩指出,良心拒绝行为主要反对的是征兵制立法和美国对越战争,[②]罗纳德·德沃金曾列举了美国反越战时期良心拒绝者的五点理由,归纳起来,这五点理由无非指出了两个方面的控诉,即道德和宗教。例如,他们认为美国在越南使用的武器是非道德的,导致在校大学生缓服或免服兵役,从而歧视了弱势群体,以及免除了基于宗教信仰而反对战争的人们的兵役,而没有给予出于道德理由拒绝兵役的人以豁免权,这都是不道德的。[③]《公民与政治权利国际公约》(International Covenant on Civil and Political Rights)第 18 章提到,一个良心拒绝者所依据的主张是在思想自由、良心自由和/或宗教自由的理由下拒绝履行军事义务的权利。[④]

---

① 　[美]约翰·罗尔斯:《正义论》(修订版),何怀宏、何包钢、廖申白译,中国社会科学出版社,2009 年,第 290 页。

② 　Carl Cohen, *Civil Disobedience:Conscience,Tactics,and the Law*, Columbia University Press, 1971, p.42.

③ 　[美]罗纳德·德沃金:《认真对待权利》,信春鹰、吴玉章译,上海三联书店,2008 年,第 278页。

④ 　参见 http://www.ohchr.org/EN/ProfessionalInterest/Pages/CCPR.aspx.

美国公民不服从理论研究

事实上，在西方尤其是在美国，良心自由最早正是由清教徒提出来的，其最初的意义是树立一种超越世俗原则的宗教原则。经过漫长的历史进程，良心自由在美国被作为公民权利的首要权利而写进宪法第一修正案的第一条。对于这个主题，约翰·范泰尔对良心自由的研究非常引人注目，他梳理了从英国伊丽莎白时代到美国宪法第一修正案即"权利法案"，清教徒对于良心自由的追求以及在美国宪法修正案中最终确立的过程。他认为：

> 第一修正案是争取良心自由的抗争史上的一个重要的分水岭，因为它是一场持久战的顶点，这场持久战的目的在于让17和18世纪由剑桥清教徒提出并被越来越多的人提倡的那种观点得到认可。与此同时，第一修正案为因着良心而获得的前所未有的自由度奠定了基础。①

范泰尔还详细阐述了美国宪法第一修正案中为何没有采用"良心自由"的提法的原因，其实麦迪逊最初提交的修正案中使用了"平等的良心权利"这一提法，但后来提交各州的版本中并没有采用这一提法。尽管其中存在种种理由，如照顾原先有些州宪法的提法，或者出于政教分离的考量，以及限制国会等。但最主要的一点是，当时的美国立法者都认为"信仰的自由"和"良心的权利"是一回事。②由此足以证明，在美国，良心自由和良心拒绝主要指的是一种基于宗教原则的公民权利与行为。将良心自由写入宪法的结果是，良心拒绝所依据的原则就变成是合法的公民权利，因此在卡尔·科恩看

---

① [美]约翰·范泰尔：《良心的自由——从清教徒到美国宪法第一修正案》，张大军译，贵州大学出版社，2011年，第204页。

② [美]约翰·范泰尔：《良心的自由——从清教徒到美国宪法第一修正案》，张大军译，贵州大学出版社，2011年，第194~196页。

来,良心拒绝不过是一种合法抗议的形式,而不是公民不服从。①罗伯特·T.霍尔(Robert T.Hall)也持有相同的观点,指出良心拒绝体现了良心拒绝者免于法律要求的一种合法权利。②

美国人对于良心及良心自由的理解所具有的鲜明独特性使得在比较公民不服从与良心拒绝时,两者的差异就变得容易理解。

首先,如果不服从者依据某种特定的道德主张或宗教原则而反对特定的法律或政策,那么罗尔斯等人指出的良心拒绝与公民不服从的区别在一定程度上便是合理的。因为良心拒绝所依据的道德或宗教原则有可能仅仅是出自个人的内在判断,这种内在判断有时与被抗议的法律或政策甚至是支持这些法律或政策的政府是格格不入的,从而也无法妥协。而且完全出自个人内在原则的判断往往不能保证是正确的。因此,良心拒绝隐含着一种极端的个人主义倾向,并不能排除无政府主义的可能后果,也不能排除人们因此支持一种服从法律的义务论的可能。

这一点在阿伦特那里也有过论述。阿伦特指出了良心拒绝的两个特点,一个特点是非政治性,这一点与罗尔斯大致相仿。阿伦特认为:"和别处一样,良知③在这里也是非政治的。它主要不是对罪恶发生的世界或者这些罪恶会对未来世界进程产生怎样的后果感兴趣。……因为它为个人自身及其正直而担忧。"④在良心拒绝者看来,个人的正直比这个政治世界更重要。在阿伦特看来,以梭罗为代表的良心拒绝者的确是个"好人",但却不是一个

---

① Carl Cohen, *Civil Disobedience:Conscience,Tactics,and the Law*, Columbia University Press, 1971, p.42.

② Robert T,Hall, *The Morality of Civil Disobedience*, Evanston, Harper&Row, Publishers Inc., 1971, pp.29–30.

③ 此处的良知与良心是同一个词,都是 conscience,只是译法上的不同,可以参见阿伦特的原文进行对照。参见 Hannha Arent, *Crisis of the Republic*, Harcourt Brace&Company, 1972, pp.49–102。

④ [美]汉娜·阿伦特:《共和的危机》,郑辟瑞译,上海人民出版社,2013年,第46页。

"好公民"。另一个特点是主观性。阿伦特指出:"良知的劝告不仅仅是非政治的;它们也总是一种纯粹主观的表达。"①良知的规则对于行为的指导往往是否定性的,一个人要倾听自己的良知而行事,也即意味着"留心别做那些你难以忍受的事情",这种原则所带来的后果就是良知在政治和法律上无法得到有效的证明。一方面,不去做有违自己良知的事,这一点无法被"普遍化",因为我所无法忍受的事情在别人看来与他的良知并不冲突,最后的结果只能是"良知对抗良知"。②另一方面,良知在现实政治世界是一种不容易确定的事物。阿伦特认为,好人与好公民的区别就在于好公民更容易出现并被仿效,而且只属于极少数。但尽管如此,好公民依然比好人更容易观察,因为好人只会在危急时刻出现,并且其所属的社会阶层无法确定;因为"思考、反思自身所为的习惯独立于个人的社会地位、教育或者知识水平"③。所以良心蕴含了一种极端的个人主义倾向。而阿伦特认为公民不服从"从未作为单个个体而存在,他只能作为群体中的一员而发挥作用并且保全自己"④。

马歇尔·科恩(Marshall Cohen)也认为公民不服从不能被简单描述为人们出于良心或道德信念的违法行为,他说:

> 公民不服从常常被描述为一个人出于良心或道德信念而否定法律。但这种描述是不准确的,而且它不能使他一方面区别于道德改革者,以及另一方面区别于良心拒绝者。⑤

---

① [美]汉娜·阿伦特:《共和的危机》,郑辟瑞译,上海人民出版社,2013年,第47页。

② [美]汉娜·阿伦特:《共和的危机》,郑辟瑞译,上海人民出版社,2013年,第48页。

③ [美]汉娜·阿伦特:《共和的危机》,郑辟瑞译,上海人民出版社,2013年,第49页。

④ [美]汉娜·阿伦特:《共和的危机》,郑辟瑞译,上海人民出版社,2013年,第42页。

⑤ Marshall Cohen, Civil Disobedience in a Constitutional Democracy, *The Massachusetts Review*, Vol.10, No.2(Spring, 1969), p.212.

公民不服从与道德改革者的区别在于,"与道德改革者不同,公民不服从者有会求助于更高的道德或特殊的宗教天命（religious dispensation）的标准"①。而良心拒绝却带有更加明显的私密特征,"他们能够私下实现其目的,并且他们对法的反抗决不需要曝光。而公民不服从者的行为在本质上是政治性的,因而公开地履行或引起公众的关注是必须的"②。与良心拒绝不同,公民不服从更多地依赖于公众,没有公众的关注和作为旁边者或听众的身份加入其中,公民不服从不可能有所作为。公民不服从要想引起公众的关注,首先,只能通过显著的违法行为才能有效地达到这一目的,"必定真实的是没有什么像引人注目的违法更能引起大众和大众媒体的关注"③。其次,公民不服从要想引起公众的关注,只有诉诸人们公共的政治原则的信念,即使公众相信政府及其法律明显地背离了某种公共的政治原则,这也使得对违法手段的使用更加谨慎并具有了一定的正当性,所以"真正的异议者仅仅用它们来抗议对政治原则的深度背离"④。

(三)公民不服从与良心拒绝的联系

上述这些理由尽管将确有所指的良心拒绝排除在公民不服从之外,但并不能将良心原则全然排除在公民不服从之外。事实上,良心拒绝与公民不服从在现实中很难被严格地区分开来。罗尔斯认为:"一个共同体所确认的

---

① Marshall Cohen,Civil Disobedience in a Constitutional Democracy,*The Massachusetts Review*,Vol.10,No.2(Spring,1969),p.212.

② Marshall Cohen,Civil Disobedience in a Constitutional Democracy,*The Massachusetts Review*,Vol.10,No.2(Spring,1969),p.212.

③ Marshall Cohen,Civil Disobedience in a Constitutional Democracy,*The Massachusetts Review*,Vol.10,No.2(Spring,1969),p.213.

④ Marshall Cohen,Civil Disobedience in a Constitutional Democracy,*The Massachusetts Review*,Vol.10,No.2(Spring,1969),p.213.

政治原则和和平主义者所承认的理论具有亲缘关系。"①即宗教原则与公共的正义观之间存在相通之处,比如人们对于战争和武力的反感,尤其是强权国家进行不正义战争的倾向,都使得一个和平主义者的观点能够发挥警示或提醒公民的作用。而且在现实中同一种行为有可能兼具良心拒绝和公民不服从的因素。阿伦特也指出了二者转化的可能,她认为主观的和非政治的个人良知也具有政治意义。她说:"如果许多人的良知碰巧达成共识,并且这些良知反抗者决意投身公众领域,让公众听见他们的声音,那么即使这种良知反抗也具有政治内涵。"②当然,当个人良知进入公共领域时,"它就变成了一种意见,与其他意见毫无分别"③。

可见,良心拒绝一旦进入公共领域就具有了公民不服从的政治意蕴,二者的区别就不再清晰。良心拒绝具有公共性的意义首先是排斥了阿伦特所隐约指出的良心的精英取向,在威拉德·阿普豪斯(Willard Uphaus)看来,人人诉诸良心而与国家权威对抗的、梭罗式的良心拒绝是正确的,并且这种行为是美国的一种遗产。阿普豪斯从自身与司法部部长(Attorney General)的抗争并因此而入狱的经历出发,对梭罗过分强调精英而蔑视大众的观念不予赞同,他说:

在某一点上我不太确定我是否理解了梭罗或进入他的体验。我全心全意地相信他关于个人力量的认识。但我不能毫无怀疑地追随他关

---

① [美]约翰·罗尔斯:《正义论》(修订版),何怀宏、何包钢、廖申白译,中国社会科学出版社,2009年,第290页。

② [美]汉娜·阿伦特:《共和的危机》,郑辟瑞译,上海人民出版社,2013年,第51页。

③ [美]汉娜·阿伦特:《共和的危机》,郑辟瑞译,上海人民出版社,2013年,第51页。

于"人民大众很少具有德性"的信念。①

在阿普豪斯看来,所有的胜利是来自大众的自我牺牲和不懈努力,而不是单凭精英获得的。他说:

> 我无法在谈及自身经历——长年的法律斗争和监禁岁月——时却对永恒的"我们"无动于衷,以及浑然不知任何道德和政治的胜利是由大众的牺牲和虔诚的努力而赢得。②

其次,良心拒绝至少可以表明公民不服从者的道德一致性或严肃性。一旦良心从宗教原则中解放出来,公民不服从就可以从中汲取营养,而使自身具有良心的因素。尤其是像阿伦特所指出的那样,如果良心被视为一种自我反思的话,那么公民不服从也通常能够被视为一种本着良心的不服从行为。金伯莉·布朗利(Kimberley Brownlee)认为本着良心就是一个人对于其承诺或信念的真诚和严肃,"本着良心是指一个人承认其行为的理由产生于他的承诺与信念"③,即本着良心对于公民不服从而言只是表明了异议者的道德一致性,要求公民不服从者相信法律或政策是错误的并需要修正,同时要求公民不服从者相信可以为其违法行为辩护的价值。布朗利还提供了判断道德一致性的一些标准,他说:

---

① Willard Uphaus, Conscience and Disobedience, *The Massachusetts Review*, Vol.4, No.1 (Autumn, 1962), p.108.

② Willard Uphaus, Conscience and Disobedience, *The Massachusetts Review*, Vol.4, No.1 (Autumn, 1962), p.108.

③ Kimberley Brownlee, Features of a Paradigm Case of Civil Disobedience, *Res Publica*, Vol.10, No.4(2004), p.341.

一种真诚的和严肃的承诺或信念的一些标志包括:坚定不移,自我牺牲的程度,冒险的意愿,对反对的自发回应,以及为致力于追求的理由辩护的能力。这些承诺的标志反映了一个人对其自身真诚持有的关于她有理由去做何事的信念的坚持。①

然而布朗利似乎对本着良心并不抱有积极的态度。他认为本着良心提出的道德一致性并不要求行为者能够说明其理由是正确的,"尽管本着良心(conscientiousness)要求一个人真诚地相信他有很好的理由来做他所做的事,但这并不要求他在关于其自身行为或她所反对的法律的判断上是正确的"②。因为一个人本着良心,或者真诚而严肃地去做一件事情并不能证明什么,因为他同样可以真诚而严肃地去做坏事。而且在很多情况下,公民不服从者在反对一项法律或政策时可能无法表明为何应当反对,而其行为往往是自发的,比如反对学校的种族歧视。

因此,卡尔·科恩认为,本着良心作为公民不服从的一个因素只是表明不服从者在实施行为时的严肃性,即不论事实是否违法,只要他在良心上认定是正确的事,他就应当遵循良心的声音。在判定一种行为或一种理由是否正确时,尽管个人关于其行为的道德理由的确信肯定不是唯一的参照,但无疑"反思的良心是一个法庭,而且是一个非常重要的法庭"③。公民不服从的良心特征表明不服从者对其行为的理由是确信无疑的,因而也是光明磊落

---

① Kimberley Brownlee,Features of a Paradigm Case of Civil Disobedience,*Res Publica*,Vol.10,No.4(2004),p.341.

② Kimberley Brownlee,Features of a Paradigm Case of Civil Disobedience,*Res Publica*,Vol.10,No.4(2004),p.342.

③ Carl Cohen,*Civil Disobedience:Conscience,Tactics,and the Law*,Columbia University Press,1971,p.21.

的,这也使得公民不服从是公开的。因为对于一个确定其理由是正确的或本着良心的不服从者而言,他们不惮公开自己的想法,就算出于实践原因而必须使其行为有所掩藏,他们也问心无愧。所以在卡尔·科恩看来,本着良心尽管不是公民不服从的充分条件,但也一定是公民不服从的必要条件。①

综上所述,良心一词在美国具有特殊的宗教语境,它发端于英国的清教徒而最终成为美国宪法第一修正案中公民的信仰自由权利。当它与 20 世纪 60 年代的反战与民权运动相遇时,逐渐被赋予一种世俗意义,一种与身体和智力迥然不同的精神或灵性在现实政治中被加以发挥时,转化比继承更为重要。良心所诉诸的那种个人体验式的内在原则也完全可以转化为公共讲坛上的道德理由,尤其是在宪法对良心犯的豁免条款变得可疑的情况下,良心拒绝完全可以转化为公民不服从的武器。尽管良心拒绝有时可能会成为"走向政治原子主义不受欢迎的一步"②,但对良心的强调所表明的对于超越法律与世俗权威的高级法的追求有时也为避免后果主义的功利主义和哲学相对主义提供了力量。所以公民不服从所具有的道德一致性无疑是良心拒绝给予的最好品质,尽管这种一致性不能为公民不服从提供有效的正当性证明,却也为它争取了尽可能多的同情。总之,将公民不服从与良心拒绝完全对立起来,无疑是对二者在概念上进行狭隘界定的结果,在现实中更多的情况是相融。正如劳伦斯·奎尔(Lawrence Quill)所指出的那样,公民不服从既可以作为群体用于表达利益或向国家提出要求的策略,也可以用于表达道

---

① Carl Cohen, *Civil Disobedience:Conscience,Tactics,and the Law*,Columbia University Press, 1971,pp.18–22.

② Paul F. Power,On Civil Disobedience in Recent American Democratic Thought,*The American Political Science Review*,Vol.64,No.1(Mar.,1970),p.43.

德的关注或愤怒。①

三、道德与公民不服从的证成

(一)基于道德的发生论证成

1.自由主义的道德发生论证成

道德的发生论证成试图从道德层面来为公民不服从提供正当理由,布莱克斯通认为道德上的正当性证明主要包括四种,分别是诉诸良心、功利、正义和自然权利,其中属于发生论证成模式的是诉诸良心、正义与自然权利的证成。

首先,对于良心能否证明公民不服从行为正当,布莱克斯通的答案是否定的。他认为诉诸良心(即公民不服从行为是出于良心而被实施是正当的)的正当性证明可能使所有行为都获得某种正当性证明,也就是说所有的行为都可能是出于良心,不论是焚烧征兵卡片还是刺杀参议员,但这些行为不都属于公民不服从。因此,诉诸良心不能有效地证明公民不服从行为是正当的。他说:

> 但是我们必须对这一诉求极为小心,因为几乎所有类型的行为都能够依据诉诸良心而被赋予一些种类的正当性证明,不论是烧掉征兵卡还是刺杀一位参议员。②

---

① Lawrence Quill, *Civil Disobedience——(Un)Common Sense in Mass Democracies*, Palgrave Macmillan, 2009, p.2.

② W. T. Blackstone, Civil Disobedience: Is It Justified?, *The Southern Journal of Philosophy*, Vol. 8, No.2–3(Summer & Fall, 1973), p.243.

　　此外，布莱克斯通认为大部分法律的产生也是本着良心的灵魂搜寻的结果，尽管这并不总是事实。就像公民不服从者认为的那样，这些本着良心制定法律的人会犯错，然而公民不服从者的良心就不会犯错吗？因此，个人良心的易错性使得诉诸良心来证明公民不服从的正当性是不充分的。

　　其次，功利主义对于公民不服从的评价往往体现为一个问题，即公民不服从行为可能会对全部相关人等产生最好或最坏的结果吗？对于这一问题，布莱克斯通认为主要有两种不同的回答。一种观点认为公民不服从会鼓励人们违法，而如果所有的人都违法，社会就会陷入混乱，因此公民不服从不能被证明为正当，也不能被容忍。另一种观点认为没有证据表明公民不服从会鼓励任意的违法行为，而且尽管社会中的秩序需要对法律的一般服从，但从长远来看社会更会得益于公民不服从，因为当法律变迁的进程变得无效或非常缓慢时，公民不服从能够成为克服不正义的一种方式，因而被证明是正当的。他说：

　　　　社会中的秩序需要对法律的一般服从但不是普遍服从。事实上，社会终究得益于一些公民不服从。当法律变迁的进程证明是无效的或非常缓慢时，可能争论的是公民不服从作为一种克服非正义的方式可以被证明为正当。[①]

　　再次，一种否认公民不服从正当性的理由是民主制中公民作为参与者并享受其中的成果，因此人们应当同意服从民主颁布的法律。[②]对于这种观

　　① W. T. Blackstone, Civil Disobedience: Is It Justified?, *The Southern Journal of Philosophy*, Vol. 8, No.2–3(Summer & Fall, 1973), p.244.

　　② W. T. Blackstone, Civil Disobedience: Is It Justified?, *The Southern Journal of Philosophy*, Vol. 8, No.2–3(Summer & Fall, 1973), p.245.

点,布莱克斯通认为并没有道理。因为如果认为公民不服从者享受了民主带来的好处,却不服从民主制定的法律是对其他成员的不正义,那么同样可以认为公民不服从者通过其行为来争取更好的法律, 使其他成员受益而不必承担成本,这同样可以证明公民不服从是正当的。

最后, 布莱克斯通指出自然权利或自然法传统主张人们拥有先于和独立于成文法或法律权利的自然权利, 因而人们能够诉诸这些自然权利来拒绝服从法律的义务, 但自然法哲学家并没有清楚地指出什么是自然的权利和道德法。他说:

> 那些陷入自然法–自然权利传统之中的哲学家主张人们拥有先于并有效地独立于成文法或法律权利的自然权利, 或者他们主张存在着有效地独立于所有成文法的自然法, 即使它没有体现在成文法之中或者事实上被那些法律所违背。然而, 众所周知这些哲学家在什么权利或道德法是自然的方面并不一致, 并且他们决不赞同服从法律的义务的说服力。①

布莱克斯通指出这种观点在原则上是与证明反叛或革命为正当相关, 而不是公民不服从。他以洛克为例指出当整个政治系统违背人们的自然权利时,反叛或革命是正当的,但如果当政治共同体得以存续时,那么公民不服从的权利便是被否定的。这就产生了几个相关问题,即有问题的法律违背了人们的什么自然权利? 变更法律的其他途径是否已被穷尽? 不服从是否可能为社会全体带来最好的结果? 布莱克斯通认为这些问题的答案取决于人

---

① W. T. Blackstone, Civil Disobedience: Is It Justified?, *The Southern Journal of Philosophy*, Vol. 8, No.2–3 (Summer & Fall, 1973), p.245.

们对于权利规定了什么解释和人们对事实的评价，因而又回到了诉诸正义和诉诸功利的正当性证明。总之，在布莱克斯通看来，诉诸自然权利的正当性证明只是在原则上指出了公民不服从的条件，但无法详细说明这些条件。

与这种论证相似，普罗奇指出了三个方面的道德证成，即诉诸宗教、自然权利与自然法。

首先，对于诉诸宗教的道德证成，普罗奇以甘地为例进行了论述和批评。他认为甘地的公民不服从证成包括两个方面的基本内容，一是自我牺牲与人类团结，二是自我的消除。关于第一点，普罗奇认为甘地式的辩护将公民不服从置于对真理的呼吁，这种辩护要求一种个人的自我牺牲，而不是去伤害他人，"牺牲的生活本身被理解为终点。提议死亡而不是杀戮在这种视角下被认为是一种圣洁态度的表达，这种态度用一个人的爱与关怀的视野围绕着所有人——包括他的压迫者"①。并且这种辩护认为人们一定以为真实的人类处境不是处于持续冲突之中的个人和集团的分离，而是他们的联合，他们直接以爱、理解和耐心而相互尊重的能力——换句话说，即他们一起生活在真正的人类团结之中的能力。个人和集团的团结而非分离才是人类的真实处境。②

关于自我的消除，普罗奇指出，这种辩护要求自我完全融入整体，即作为最高真理的成就，最高的善完全专注于融入整体（the Whole）的自我（the self）。事实上，分离的自我在其对整体的认同中被消除。这种分离的自我必须被遗忘，除非分离的自我是这样的自我，即发现其本身的自我实现不过是"普遍认同的个人体验"③。

---

① Harry Prosch, Toward an Ethics of Civil Disobedience, *Ethics*, Vol.77, No.3(Apr., 1967), p.176.

② Harry Prosch, Toward an Ethics of Civil Disobedience, *Ethics*, Vol.77, No.3(Apr., 1967), p.176.

③ Harry Prosch, Toward an Ethics of Civil Disobedience, *Ethics*, Vol.77, No.3(Apr., 1967), p.177.

然而普罗奇认为甘地式的宗教式辩护是不能胜任的，一是因为在实践中要求自我的遗忘是不可能的，二是因为这种辩护太过抽象，完全没有估计到人类社会的复杂性。①

其次，关于公民不服从的自然权利证成，普罗奇以洛克为例进行了论述。他认为洛克式的公民不服从的辩护看似是最有希望的社会哲学之一，②在洛克看来，人们的自然权利是先于政府和国家而存在的，因此人们结成社会之后，国家不能侵犯他们原先的自然权利，所以洛克常常被认为主张人们拥有一种违背所有那些违反他们自然权利的法律的权利。也就是说，按照洛克的辩护，公民不服从的理由来自国家对公民自然权利的违背或侵犯。因此，"他主张一个社会有权反叛（revolt）其政府，也就是说当它的政府违背了人们的自然权利时，它有权收回它给予其政府的权力并将它们赋予另一个政府。如果这种重建在政府机制中没有被提供［例如有限任期（limited terms of office）］，那么洛克认为革命就是完全正当的"③。

在普罗奇看来，洛克式的自然权利辩护无法证成公民不服从，原因在于，第一，洛克的自然权利更多的是用来推翻政府而非公民不服从。普罗奇认为尽管事实上的革命无疑会涉及违背法律，但更多的是积极地试图推翻一个政府，并建立一个新的政府取而代之，而不是因为法律被个人良心判断为"错误的"而简单地不服从法律，或者作为提出某些法律是无效的，使它们被撤销，或施加压力来获得人们在某些其它议题上的政治意愿的部分努力。所以普罗奇认为洛克明显地表达了这样的观点，即当所有其他方式都已失

---

① Harry Prosch, Toward an Ethics of Civil Disobedience, *Ethics*, Vol.77, No.3（Apr., 1967）, pp. 177–178.

② Harry Prosch, Toward an Ethics of Civil Disobedience, *Ethics*, Vol.77, No.3（Apr., 1967）, p.178.

③ Harry Prosch, Toward an Ethics of Civil Disobedience, *Ethics*, Vol.77, No.3（Apr., 1967）, p.179.

败以及当政府陷入一种"滥用的长期思路"（a long train of abuses）时，并且当这种不便利已经变得"如此显著以至于大多数人感觉到了它"的时候，革命是一种最后的令人绝望的诉求。①因此，普罗奇认为洛克所辩护的是一种革命而不是公民不服从。第二，洛克并未真正给予个人以不服从的自然权利。因为洛克所讲的反抗权只能发生在大多数人感觉到政府腐败的情况下，所以如果对于政府违反自然权利的情况只是发生在一个人或少数人身上时，反抗权就不能存在，而且在这种情况下，如果一个人违背了他认为是错误的法律，他也必须接受法律对他的惩罚。因此，"能够认为洛克没有真正地将不服从的权利给予任何人"②。

所以普罗奇对诉诸自然权利的公民不服从证成是持否定态度的，他说：

　　　　不可避免地，声称人们拥有凌驾于既定社会事实上所提供的权利的哲学必须结束，矛盾的是，通过拒绝个人的违背他们不同意的法律的权利的方式。③

最后，关于诉诸自然法的公民不服从证成，普罗奇以苏格拉底为例进行了论述。他指出，既然自然权利观念无法为公民不服从权利提供基础，那么自然法则试图"提供超越于那些在社会中可接受的生活的规范和规则"④。普罗奇认为这种辩护首先体现在柏拉图的《申辩篇》中，苏格拉底认为他拥有对上帝的更为伟大的服从，而不是对陪审团的意见。他说：

---

①　Harry Prosch, Toward an Ethics of Civil Disobedience, *Ethics*, Vol.77, No.3（Apr., 1967）, p.179.

②　Harry Prosch, Toward an Ethics of Civil Disobedience, *Ethics*, Vol.77, No.3（Apr., 1967）, p.180.

③　Harry Prosch, Toward an Ethics of Civil Disobedience, *Ethics*, Vol.77, No.3（Apr., 1967）, p.180.

④　Harry Prosch, Toward an Ethics of Civil Disobedience, *Ethics*, Vol.77, No.3（Apr., 1967）, p.181.

苏格拉底因此可以断言陪审员中没有人能够否认他拥有一种对上帝的更大的服从，也即对上帝意志的更大的服从，而不仅仅是对人们的意志，而且死亡的恐惧大概永远不能阻止任何人的义务——不论是对上帝还是对人。①

在《政治家篇》中，柏拉图又认为真正的政治家也不是由法律来评判，而是由治理技艺和最优的事物来决定。"只有真正的统治者不是由法律而是由真正的治理技艺（true art of government）和最优之物来评判，他能够为每种情形实现最优。"②因此，柏拉图认为真正的统治者是依据更高的公平正义而不是法律来做事，甚至在必要的情况下使用暴力也是正当的。普罗奇指出：

柏拉图主张真正的统治者或政治家（他懂得"科学"统治技艺）"在智力和治理技艺的指引下通过实施公平的正义"将不会做错事，而不是法律。③

出于实现那些"更公正的、更有效的和更高贵的"但可能需要有悖于成文法和原始传统的行为的事情的兴趣，柏拉图主张这种统治者使用强制性的强力是正当的。④

普罗奇认为柏拉图的这种哲学是对超越法律行为的一种辩护，他说：

---

① Harry Prosch, Toward an Ethics of Civil Disobedience, *Ethics*, Vol.77, No.3(Apr., 1967), p.181.

② Harry Prosch, Toward an Ethics of Civil Disobedience, *Ethics*, Vol.77, No.3(Apr., 1967), p.182.

③ Harry Prosch, Toward an Ethics of Civil Disobedience, *Ethics*, Vol.77, No.3(Apr., 1967), p.182.

④ Harry Prosch, Toward an Ethics of Civil Disobedience, *Ethics*, Vol.77, No.3(Apr., 1967), p.182.

这是对搁置法律以做显然是更好的事情——不仅仅是以宪法或法律的方式来修正它们——的权利的强有力的辩护。①

在普罗奇看来，柏拉图肯定了违背法律而遵循高级法或自然法来行事的权利，并将这种权利赋予了懂得统治技艺的真正的统治者或政治家。但是如果将公民不服从置于这种哲学之下进行思考的话，势必会产生一个问题，即那些不是统治者但懂得善的普通人是否有这种权利呢？他说：

当我们试图将当前的公民不服从置于这种辩护之下时，摩擦产生了。因为我们必须追问是否那些不是"统治者"——但却了解"善"——的人也可以无视法律。②

对于这一问题，普罗奇认为柏拉图的回答是否定的，他说：

柏拉图断言国家要成为对法律的一种承诺。他断然地讲道："没有公民可以冒险去做任何有悖于法律的行为。"③

对于柏拉图来说似乎只有一个起作用的国家处于成为一个真正的政治家的状态，因此，只有这样一个人(如果他将懂得"善")将能够出于"善"的理由而获得有违法律的行动的权利——如果有必要的话通过暴力。一个个体公民永远不能获得如此作为的权利——不论其是否认为他懂得"善"。④

---

① Harry Prosch, Toward an Ethics of Civil Disobedience, *Ethics*, Vol.77, No.3(Apr.,1967), p.182.

② Harry Prosch, Toward an Ethics of Civil Disobedience, *Ethics*, Vol.77, No.3(Apr.,1967), p.182.

③ Harry Prosch, Toward an Ethics of Civil Disobedience, *Ethics*, Vol.77, No.3(Apr.,1967), p.183.

④ Harry Prosch, Toward an Ethics of Civil Disobedience, *Ethics*, Vol.77, No.3(Apr.,1967), p.183.

柏拉图拒绝公民审慎的牺牲和使用代表"善"的"暴力"。①

因此,普罗奇认为,柏拉图将依据自然法而违法以及使用暴力的权利局限于政治家手中,"看起来似乎可能的是任何自然法类型的哲学——如果对其自身要求是足够的话——将不得不否认公民不尊重其社会中代表自然法的积极法律的权利。这种哲学的确意味着一种在自然法名义下行动的优先权利。但出于实践理由,这种权利只能属于一个人,或至多属于一些非常少的绝对权威"②。进而要求普通公民服从于法律的观点虽然使其理论能够保持一致性,但这种哲学的后果是否定了民主制下公民的不服从权利,即"将违法的权利局限于真正明智的统治者,使柏拉图能够将公民从属于法律的重要而必须的原则保存其完整性。然而这一限制的后果是排除了民主制中任何人对法律的任何不服从"③。因此,这种哲学本身存在着矛盾之处;用普罗奇的话说,在柏拉图那里,每个人"在同一时间都戴着两顶帽子"④,一方面普通公民从属于法律,另一方面立法者或政治家优越于法律,并在有必要撤销法律的情况下有资格使用强力(force)。所以在普罗奇看来,柏拉图的这种哲学也不能为公民不服从提供正当性论证。

由此可见,普罗奇对于诉诸宗教、自然权利和自然法的公民不服从证成持否定态度,认为这些理由无法给予公民不服从以正当权利。

同样,贝茨也指出诉诸自然法与个人良心的证成是失败的。首先,在贝茨看来,从自然法来论证公民不服从的正当性的主要观点是,当国家之法与上帝之法相悖时,人们就不应当服从它。他说:

---

① Harry Prosch, Toward an Ethics of Civil Disobedience, *Ethics*, Vol.77, No.3(Apr.,1967), p.184.

② Harry Prosch, Toward an Ethics of Civil Disobedience, *Ethics*, Vol.77, No.3(Apr.,1967), p.184.

③ Harry Prosch, Toward an Ethics of Civil Disobedience, *Ethics*, Vol.77, No.3(Apr.,1967), p.184.

④ Harry Prosch, Toward an Ethics of Civil Disobedience, *Ethics*, Vol.77, No.3(Apr.,1967), p.185.

存在一种不服从与上帝之法相悖的国家之法的道德权利，并且好人将承认这是他的义务去这样做。①

但这种观点在贝茨看来并不能为公民不服从提供正当性证明，因为基督徒本身告诉我们一些事情应当听从上帝，而其他事情应当听从恺撒，因此不能因为国家之法与上帝之法相悖就不服从它。此外，贝茨认为这种观点同样可以得出这样的结论，即对上帝之法和国家之法的服从，他说：

仅仅在外部服从君主，而在内部服从上帝，两种不能混淆。②

因此，在贝茨看来，这种观点可以用来支持公民不服从，也可以用来反对公民不服从。"人法／神法（或自然法）的区分能够以支持和反对公民不服从的主张为基础，这一事实造成了一个难题，其最好的解决方式是舍弃这一区分。"③

其次，贝茨认为诉诸个人良心的主张认为人们应当去做他认为是正确的事情，这是他的责任。"人们应当去做他自主地感到是正确的事。寻求道德法上的正当性证明是法律主义所专注的事。一个人的责任感是他所有的全部。"④然而不服从的责任应当与不服从的权利相区别，因为"责任是个人的

---

①　Joseph Betz, Can Civil Disobedience Be Justified?, *Social Theory and Practice*, Vol.1, No.2（1970）, p.21.

②　Joseph Betz, Can Civil Disobedience Be Justified?, *Social Theory and Practice*, Vol.1, No.2（1970）, p.23.

③　Joseph Betz, Can Civil Disobedience Be Justified?, *Social Theory and Practice*, Vol.1, No.2（1970）, p.24.

④　Joseph Betz, Can Civil Disobedience Be Justified?, *Social Theory and Practice*, Vol.1, No.2（1970）, p.22.

和伦理的;权利是生理的和政治的。权利由胜利者所创造并且仅仅是更大权力的目录(indices)"①。但是贝茨认为这种主张使得道德性变得主观而任性,从而陷入"道德浪漫主义"之中。

此外,马丁对苏格拉底的论述也表明了诉诸正义的证成所具有的局限性。马丁主要就《克里同篇》中苏格拉底与法律之间的对话文本进行了分析,他指出两者之间对话的主要议题是两点,一是法律永远是正确或正义的,二是不服从法律是不正义的。他说:

> 苏格拉底和法律之间对话的主要议题能够被陈述为两个命题:(1)共和国的法律总是正义或正确的;(2)不服从共和国的法律是非正义的。②

马丁认为苏格拉底虽然用到了正义和非正义的术语,但他对此并没有作出严格的定义。在此基础上,马丁将文本中法律的论点概括为三个,并逐一进行了分析。

第一,一项法律(指法令、决定等)无效也即法律被个体公民所无视,并因此被破坏的国家是否能够存在。对此,马丁认为苏格拉底的回答是否定的,也就是说一个国家的法律被无视和破坏会使这个国家不复存在,因此不服从法律是非正义的。但在马丁看来,这一论点是有问题的,首先,这种论点将不服从法律与革命相混淆。他说:

---

① Joseph Betz, Can Civil Disobedience Be Justified?, *Social Theory and Practice*, Vol.1, No.2 (1970), p.22.

② Rex Martin, Socrates on Disobedience to Law, *The Review of Metaphysics*, Vol.24, No.1 (Sep., 1970), p.23.

这一宣称尽管是一种普通的宣称,但它一点也不明显,因为它似乎提议普通犯罪在某种程度上是一种革命。①

其次,这一论点只是假设了服从法律是一种行为原则,并且除此之外再没有一种理由能够建立起一种行为原则。"它仅仅假设了没有能够约束服从的'必要性'的对抗性原则,以及除了服从任何以及每一项法律之外,没有能够为一个人决心想要的普遍化的'理由 x'能够建立一种'行为原则'。"②但是马丁认为这种行为原则绝不是不证自明的。因此,马丁认为这一论点的论证是不能接受的。"要么它依赖的不正确的假设即没有能够对抗的原则,要么它无法通过展示对于严格地服从法律没有可接受的对抗性的'行为原则'来实现其自身的分析计划。"③

第二,关于正义即保持一种同意的观点。"这一论点所指的首要的一套替代选择是人们基于接近成年而'接受'共和国的法律,或者人们离开共和国。"④马丁指出,法律论点中的同意观念是复杂的,它包含三种独特而有关联的替代选择。首先,公民在接近成年之后通过留居在一个国家这一事实同意接受法律和共和国,否则他就移居国外;其次,接受了的公民同意并负有义务——只要他并未随后由于"国家的同意"而离开国家——处于法的统治之下;最后,处于法的统治之下的公民通过留居而同意追随那一般规则,即如果

---

① Rex Martin, Socrates on Disobedience to Law, *The Review of Metaphysics*, Vol.24, No.1 (Sep., 1970), p.25.

② Rex Martin, Socrates on Disobedience to Law, *The Review of Metaphysics*, Vol.24, No.1 (Sep., 1970), p.27.

③ Rex Martin, Socrates on Disobedience to Law, *The Review of Metaphysics*, Vol.24, No.1 (Sep., 1970), p.27.

④ Rex Martin, Socrates on Disobedience to Law, *The Review of Metaphysics*, Vol.24, No.1 (Sep., 1970), p.28.

他不能说服当权者放弃不正义的法律或决定,那么他就要服从它。《克里同篇》中显露的苏格拉底和法律之间的立场,无疑不接受道德上正当地对非正义法律的不服从,这一点应该是明显的。理由是除了通过讨论废除一项法律之外,人们已经同意服从任何以及全部正义或非正义的法律。因此,一项法律的非正义特征永远不能作为不服从的正当理由。按照这种同意,不存在诸如可被证明为正当的不服从之类的东西,毋宁说,任何对法律的不服从都是对基本同意的违背,因此这种不服从事实上是非正义的。①

对此,马丁首先认为这一论点中存在着一种悖论,即人们似乎接受了一个既正义又不正义的国家。他认为如果人们同意服从法律,那么保持这种同意在道德上是正确的,但一开始做出这种同意在道德上是否是正确的就无法保证了。他说:

> 我们可能同意如果人们做出了一种同意去服从所有的法律,那么保持这种同意在道德上是正确的;但我们不必同意一开始做出这种同意在道德上是正确的。②

马丁认为苏格拉底在这里的观点实际上涉及了程序非正义和实质非正义的区别,而且认为苏格拉底实际上讲的是程序非正义,并在这一意义上认为法律的非正义不能作为不服从的正当理由,但马丁认为苏格拉底并未对这对术语进行过区分。

---

① Rex Martin,Socrates on Disobedience to Law,*The Review of Metaphysics*,Vol.24,No.1(Sep.,1970),pp.30–32.

② Rex Martin,Socrates on Disobedience to Law,*The Review of Metaphysics*,Vol.24,No.1(Sep.,1970),p.32.

其次，马丁对于上述论点中关于公民要么服从法律要么说服当权者改变对法律的看法持不同意见，即公民只有两个替代选择，即服从和说服。但是从《申辩篇》中可以看出，苏格拉底认为如果国家法令是非正义的，那就应当拒绝服从这种法令。①因此，马丁认为在服从和说服之外还有第三个替代选择，即不顺从（non-compliance）。②

第三个论点是国家在某种程度上是公民的父母。马丁指出："这一观点在对话录中被一些真实的考虑所加强：①公民的亲生父母是国家大家庭（state-family）中的一员；②他们的婚姻（事实上是所有的婚姻）是由国家合法地创立；③关于孩子抚育和教育的法规是由国家发布的。因此，国家类同于父母，因为它给予公民生命（第1和第2点）并养育了他（第3点）。"③马丁认为这一论点的逻辑在于从天然约定（natural bond）推导出对国家或法律的同意，④因此对国家的不尊敬（impiety）就类似于对父母的不尊敬，这是非正义的。但马丁认为这种对不服从的否定是建立在对天然等级制度的承认基础之上。⑤

总之，马丁的结论是苏格拉底认为法律是否正义与法律是否应当被服从之间没有必然联系。事实上，苏格拉底只是主张所有的法律都应当被服

---

① Rex Martin, Socrates on Disobedience to Law, *The Review of Metaphysics*, Vol.24, No.1 (Sep., 1970), p.34.

② Rex Martin, Socrates on Disobedience to Law, *The Review of Metaphysics*, Vol.24, No.1 (Sep., 1970), p.34.

③ Rex Martin, Socrates on Disobedience to Law, *The Review of Metaphysics*, Vol.24, No.1 (Sep., 1970), p.35.

④ Rex Martin, Socrates on Disobedience to Law, *The Review of Metaphysics*, Vol.24, No.1 (Sep., 1970), p.35.

⑤ Rex Martin, Socrates on Disobedience to Law, *The Review of Metaphysics*, Vol.24, No.1 (Sep., 1970), p.36.

从,而不论其是否是正义的。①

2.社群主义的道德发生论证成

与内部证成模式相联系的政治义务式的证成以沃尔泽为代表。沃尔泽在文章开头指出,自由主义政治理论中的不服从问题起源于洛克,他说:

> 根据由约翰·洛克首次明确表达的自由主义政治理论,任何受到国家统治者的压迫的个体公民都有权不遵守他们的命令, 违背他们的法律,甚至是反叛并寻求取代那些统治者和改变法律。②

但是沃尔泽认为事实上这种不遵守或反叛的行为并非是以个人形式来实践的,而是以群体成员的形式来实践的。而且他还认为这种不遵守或反叛的行为不只是一种权利,还是一种义务。他说:

> 纵观历史,当人们不遵守或反叛的时候,他们大体上是作为群体的成员或代表而这样做的,并且他们宣称,他们不仅仅有自由不遵守,而且他们有义务这样做。③

正是因为不服从采取了一种集体行为的形式, 它才具有了正当性,他说:

---

① Rex Martin,Socrates on Disobedience to Law,*The Review of Metaphysics*,Vol.24,No.1(Sep.,1970),pp.37–38.

② Michael Walzer,The Obligation to Disobey,*Ethics*,Vol.77,No.3(Apr.,1967),p.163.

③ Michael Walzer,The Obligation to Disobey,*Ethics*,Vol.77,No.3(Apr.,1967),p.163.

第二章　道德视阈下的公民不服从

当不服从不是出于犯罪的而是出于道德的、宗教的或政治的动机时，它几乎常常是一种集体行为，并且它被集体的价值和其成员的共同约定证明为正当。[1]

所以沃尔泽首先是将不服从行为视为一种集体行为，其次是将不服从行为视为一种义务，那么问题的关键就是这种义务是如何发生的，或者说既然不服从行为是群体成员的行为，那么义务是如何在群体中形成的？这种义务又如何使不服从成为正当？

沃尔泽首先指出，义务存在于两个人或两个人以上的群体中间，而且他更关注三个人及三个人以上的群体中的义务关系。他认为，这种群体中的义务包括个人对群体本身的义务、其他成员的义务以及对群体所代表的理念的义务，而且实践中的义务往往是这三种义务关系的混合体。所以那些遵循高级法或良心的个人所宣称的这些内容只能由个人来理解和获得的观点并不真实，因为道德知识通常是一种共享的道德知识，只能在一个群体内获得。他说：

义务能够在拥有两种的群体中出现，朋友之间，伙伴之间或者爱人之间。但我主要关心出现拥有三者或更多的群体中间的义务，这些群体具有更为一般的社会、政治或宗教本质。这些义务是对作为整体（包括自己在内）的群体的义务，或是对其他成员的义务，或是对群体所代表的或宣称体现的理念的义务。在实践中，这些义务没有一个以纯粹的形式发生；义务一般地可能还必要地是上面三种的混合体。但他们经常按

---

[1]　Michael Walzer, The Obligation to Disobey, *Ethics*, Vol.77, No.3(Apr., 1967), p.163.

照最后一个被专门描述。因此人们宣告他们是被上帝或高级法（higher law）所约束，以及"在良心内"被约束，这通常意味着作为道德上敏感的个人而非成员。然而，事实上"良心"一词暗示了一种共享的道德知识，而且不仅个人对上帝或高级法的理解通常是在一个群体之内获得的，而且他对任何一个的义务同时也是对群体及其成员的义务，这种争论可能是公平的。①

因此，沃尔泽认为，高级法或良心的义务也就是对群体内其他成员的义务，"对这些原则的承诺同时也是对其他人的承诺，这些原则是从他们那里或与他们一起而习得，并且由他们来实施"②。他举了一个艺术家的例子来说明一个人对群体所代表的理念的义务事实上也正是对坚持这一理念的其他成员的义务。他说：

> 的确，考虑其行为对他曾经支持的理念的影响——这当然是任何放弃或撤回的正当程序的一个必要部分——也就是其行为对那些依然紧握这些理念的人们的影响。③

在对义务概念进行界定的基础上，沃尔泽论证了不服从义务的形成逻辑。具体包括：第一，成员资格的形成不能仅仅依靠在群体中出生或社会化，应当允许一种任性的成员资格的存在。成员资格本身从出生就开始了。第二，义务感完全通过社会化而获得，它是宗教或政治教育、不间断和不松懈

---

① Michael Walzer, The Obligation to Disobey, *Ethics*, Vol.77, No.3(Apr., 1967), p.164.

② Michael Walzer, The Obligation to Disobey, *Ethics*, Vol.77, No.3(Apr., 1967), p.164.

③ Michael Walzer, The Obligation to Disobey, *Ethics*, Vol.77, No.3(Apr., 1967), p.165.

的共同压力、精心制作的,通过仪式以及定期的正式交流等而获得的结果,而且很多时候是有意的结果。然而仅仅通过在一个特定群体内出生或屈从于社会化,一个人不能获得任何真正的义务。只有当给成员资格的事实添加了"任性的成员资格"(wilful membership)的事实时,义务才会产生。①

对于社会化过程中的任性或放纵,不同的群体有不同的认识。一种是更为包容性的,认为任性也是一种成员资格;一种则认为必须要依靠承担一种公共职业或参与群体活动来维系或实现成员资格,因而不大允许任性或放纵的存在。沃尔泽认为:"不同的群体以不同的方式定义任性(wilfulness),一些最低限度的方式认为任性的成员资格变成不过是在一定年龄之后持续的成员资格,一些最大化的方式认为没有一种信仰的公共职业(public profession)或一个集中参与指定的群体活动的时期,即便是成人的正式忠诚也是不够的。"②

沃尔泽认为,这两种对待任性的不同态度分别对应于两种不同的群体,很好地建立的群体或像国家这样的群体一般采取最低限度的态度,即包容任性的存在。而激进的群体往往对应于最大限度的态度,要求人们用承担公开职业与行为的方式来承担其义务。他说:

> 一般而言,很好地建立的群体,尤其是像宣称作为一个整体与社会相连的国家一样的群体,可能会保护最低限度的定义,假定其成员的义务承担(commitment),并且惩罚那些不遵守的人。激进的或不循规蹈矩的群体恰恰因为它们不能做出惩罚的假定或保证而可能需要义务的承担采取精确而公开的职业或行为的形式。通过这种职业和行为,人们能

---

① Michael Walzer,The Obligation to Disobey,*Ethics*,Vol.77,No.3(Apr.,1967),p.165.

② Michael Walzer,The Obligation to Disobey,*Ethics*,Vol.77,No.3(Apr.,1967),p.165.

够而且确实承担了不遵守更加包容的群体的规则的义务，而且也事先接受了他们不服从的风险。①

此外，沃尔泽还指出存在与前两种群体不同的第三种群体，这种群体对成员资格特征没有严格的规定。②

其次，沃尔泽指出认为义务来源于任性的承诺这一观点是一种社会契约理论。但是从社会契约理论出发推导的义务只适用于小型群体，而不适用于大型群体如国家。他说：

> 这在讨论通常被称为次级组织（secondary associations）时更为有用，而在讨论大型群体像国家和已建立的教会或像人类一样模糊而包容的实体时用处不大（尽管绝不是一点用处没有）。③

在小型群体中，义务是强烈的。沃尔泽认为，如果契约被严肃地采用，那就很难避免这样的结论，即任性被抬高和最大化的群体，比那些成员资格从全部实践目的来看是继承的天主教的宗教和政治组织，更能够正当地将更大的义务强加于成员。尽管继承的成员资格常常需要自愿参与，但在这种情形中义务感和义务本身可能是最为强烈的。④因此，从社会契约理论来讲，拥有强烈义务的小型群体优先于大型群体，即"从契约理论中可能得出这样的结论，正如让－雅克·卢梭那样，即小型社会（通常）在道德上优先于大型社会"⑤。

---

① Michael Walzer, The Obligation to Disobey, *Ethics*, Vol.77, No.3(Apr., 1967), pp.165–166.

② Michael Walzer, The Obligation to Disobey, *Ethics*, Vol.77, No.3(Apr., 1967), p.166.

③ Michael Walzer, The Obligation to Disobey, *Ethics*, Vol.77, No.3(Apr., 1967), pp.166–167.

④ Michael Walzer, The Obligation to Disobey, *Ethics*, Vol.77, No.3(Apr., 1967), p.167.

⑤ Michael Walzer, The Obligation to Disobey, *Ethics*, Vol.77, No.3(Apr., 1967), p.167.

再次,不服从的义务产生于小型群体(或者说是次级组织)要求大型组织(尤其是国家)承认其在某些领域的首要地位的冲突。沃尔泽指出,义务是在不同种类的群体内部发生的,但是这些不同义务的权重是不清晰的,也就是说哪些义务是优先的并不是非常明确的。他说:

> 我想说明两点:第一,义务事实上是在这些不同种类的群体中引发的;第二,这些不同义务的照惯例指定的相关权重不是明显精确的。①

如果次级组织中的义务相对于大型组织的义务而言是从属的,次级组织应当没有争议、冲突或道德张力地屈服于"首位组织",那么就不存在不遵守的问题。但是当一个社会群体中存在着次级组织拥有首要地位的要求,并且次级组织要求大型组织承认这种要求时,冲突就产生了,这时不遵守的义务也就随之而来。②

在这一基础上,沃尔泽进一步指出了不服从义务的两种类型。他认为对于上述次级组织的主张存在两种不同的种类,一种主张要求取代现存的法律系统与政府来实现自身的首要地位,这种组织是革命群体。另一种主张只是要求大型社会承认其在某些特殊领域的首要地位,而并不拒绝整个法律系统和政府。他说:

> 在此必须做出一个关键的区分:这些主张具有两种非常不同的种类。一些群体宣布事实上是全部的主张。它们的成员无论何时都被要求有义务去挑战整个现存的法律系统,去颠覆一个政府并用另外一个取而

---

① Michael Walzer, The Obligation to Disobey, *Ethics*, Vol.77, No.3(Apr., 1967), p.167.

② Michael Walzer, The Obligation to Disobey, *Ethics*, Vol.77, No.3(Apr., 1967), p.167.

代之,去攻击大型社会的存在。这些是革命群体。然而还有其他仅仅做出部分主张的群体。它们要求大型社会承认它们在社会或政治生活的某些特殊领域的首要地位,仅此而已。它们要求其成员在特定时刻的不服从而并非全部时刻,以及拒绝特定的法律命令而非全部的法律命令。①

沃尔泽指出,在实践中国家并没有对这两种不同种类的主张进行区分,而一律将这些主张打上"反叛者"和"危险分子"的标签,这会迫使那些并不完全否定现存政府和法律的群体被迫进行反抗。"当这被国家官员完成时,标签常常变成精确的了,在为最初选择不去反抗的人们最终为了自我防御而被迫这样做。"②

因此,沃尔泽建议国家应当对这两种群体进行区分,并对后者采取容忍的态度和做法。他说:

> 有重要的证据建议国家即便是选择不去容纳也能够与具有部分主张而反对它的群体共同相处。这类群体的成员的不服从是间歇性的和有限的;它在任何意义上都不可能是有阴谋的;它也不牵涉任何对公共权威感到是必要的法律实施的全部行为的蓄意反抗(除非这些与"过错"是根本不成比例的)。③

沃尔泽认为,公民不服从恰恰就是这种群体所采取的行动,与革命绝不

---

① Michael Walzer, The Obligation to Disobey, *Ethics*, Vol.77, No.3(Apr., 1967), p.167.
② Michael Walzer, The Obligation to Disobey, *Ethics*, Vol.77, No.3(Apr., 1967), p.168.
③ Michael Walzer, The Obligation to Disobey, *Ethics*, Vol.77, No.3(Apr., 1967), p.168.

相同，"公民不服从能够最好地被理解为出于部分主张的行动"①。公民不服从的有限主张认为大型社会不能要求所有人承担其义务，而且大型社会应当豁免小型社会成员的不服从行为。他说：

> 反对大型社会的有限主张本身具有两种类型。它们断定大型社会不能做出某种针对任何人的要求，或者它们要求对小型社会的成员（以及未来的成员）予以豁免。当一个人拒绝服兵役而不挑战任何其他领域的国家权威时，他可能说国家不能要求任何人为国家利益而战或者为这样或那样特别的战争而战，或者他可以说像他一样的人们不能被这样要求。第二种陈述一般伴随着良心拒绝的行为，它仅代表了一种类型的公民不服从。②

沃尔泽认为大型社会也应当能够做到这一点，其中的关键在于要对国家权力进行必要的限制，但这种限制并非要求国家完全撤回其权力，或者对良心不服从不施加惩罚，而是要求大型社会能够常常承认小型群体的主张并减轻其成员的不服从的负担和风险。当国家决定容忍这些小型群体时，宗教派别的有限不服从转变为仅仅是不循规蹈矩。容忍需要限制国家权力，承认在宗教礼拜问题上任何教会或教派都能够正当地主张其优先地位。当代那些良心拒绝者也被视为不循规蹈矩者，尽管对良心拒绝者的容忍与宗教容忍不是一种类型，因为前者是对特别类型的人（或特别群体）的主张而不是一个特别领域中的任何人（或群体）的主张的承认。但是关于两种类型的容忍的任何一个都不存在必要的逻辑限制，即国家能够从无限数量的领域

---

① Michael Walzer, The Obligation to Disobey, *Ethics*, Vol.77, No.3(Apr., 1967), p.168.

② Michael Walzer, The Obligation to Disobey, *Ethics*, Vol.77, No.3(Apr., 1967), p.168.

中撤回其全部主张，或者能够为其任何一项法律增加一个条款来指明良心不服从不能被惩罚。①在这一点上，沃尔泽表现出与贝多等人意见相左的主张。

需要注意的是，沃尔泽在讨论如果当小型群体的首要地位的主张得不到承认时，一种不遵守的义务与遵守的义务之间存在着一种张力，即一个人加入大型社会就应当承担大型社会的义务，而由于其所在的小型社会要求其承担与大型社会相冲突时不遵守大型社会义务的义务，这种张力在历史上极为常见而且相当稳定。他说：

> 这样一个人的处境——即由于其在一个大型社会中的成员资格而有义务遵守，和由于其在一个小型社会中的成员资格而有义务不遵守——对于其全部的张力而言在历史上是非常普遍的，而且长期以来常常是相当稳定的。②

沃尔泽认为这种张力在一个多元社会中是不可避免的，在这一多元社会中，不同的人群所共同拥有的，是"承认他们作为成员的大型社会的政治主权(political sovereignty)或道德霸权(moral supremacy)的资格"③。他们没有绝对否认主权或霸权，他们只是作为部分而存在，部分的成员、部分的移民、部分的外国人或部分的反叛者。就道德严肃性而言，这些人的真实存在应当怀疑支持服从法律绝对承诺的传统的公民定义。事实上，这种绝对服从法律承诺在所谓的公民中间也无法找到，因为义务的产生过程不可避免是多元的，甚至在一个给予相异群体以重要空间并承认他们许多主张的自由社会，

---

① Michael Walzer, The Obligation to Disobey, *Ethics*, Vol.77, No.3(Apr., 1967), p.168.

② Michael Walzer, The Obligation to Disobey, *Ethics*, Vol.77, No.3(Apr., 1967), p.169.

③ Michael Walzer, The Obligation to Disobey, *Ethics*, Vol.77, No.3(Apr., 1967), p.170.

义务的产生过程也必然是不均匀的,而且至少义务本身有时也会自相矛盾。"除非国家审慎地抑制群体形成的正常过程,并且比以前曾经实现的更为成功地做到这一点,否则它将一直被认为自己有而且事实上的确有义务不遵守公民对抗。"①

既然义务是多元的,因而不存在绝对的服从义务,那么接下来的问题就是这种不服从义务有无正当性。沃尔泽批评了许多政治哲学家认为人们作为国家的成员有义务遵守其法律的观点,对此,沃尔泽认为有限地主张首要地位的次级群体的存在永远可能作为一种回应性的解释,正如上面所指出的那样。除此之外,沃尔泽认为还有另外一种思路来对这种观点进行回应,同时也为不服从提供一种正当性论证。他指出不服从的义务应当与革命主张相区别,即这种不服从不能威胁到大型社会的存在和公民生命,这是不服从义务的正当性前提。他说:

> 我想建议人们拥有表面的(prima facie)义务来尊重他们明确做出的约定,为群体辩护以及支持他们将自己交付于的理念,甚至是反对国家,只要他们对法律或合法的权威命令的不服从没有威胁到大型社会的存在或者危及其公民的生命。②

在此基础上,沃尔泽认为,从国家角度出发否定不服从的义务大致有两种方式,第一种方式认为国家本身就是一个群体,其成员资格也是任性的,因此国家的成员有义务服从。他说:

① Michael Walzer, The Obligation to Disobey, *Ethics*, Vol.77, No.3(Apr., 1967), p.170.

② Michael Walzer, The Obligation to Disobey, *Ethics*, Vol.77, No.3(Apr., 1967), pp.170-171.

有两种描述国家的其他方式看似反对主张不服从是一种表面的义务。第一种方式坚持认为国家本身即是一个群体，其成员也是任性的成员，他们也招致了最为严肃的义务。①

但沃尔泽认为这种观点存在很大的问题，因为群体成员资格的任性招致义务有一个前提，即群体成员可以在不同群体之间进行选择，然而作为国家成员而言，并没有选择的余地，洛克所指出的移民或外国人的方案不符合今天的实际情况，所以这种观点不具有任何意义。"因为对于大部分人来说没有真正的对国家成员资格的替代选择，成员资格的任性似乎没有哪怕是最低限度的道德意义。"②因此，"无论这种描述在洛克的时代有什么价值，它在当代几乎没有"③。

第二种方式不是从成员资格的任性而是从群体所追求的目标出发来对不服从的义务予以否认，即认为追求最高的善的群体优先于追求较低的善的群体，因而享有优先于次级群体的义务，因为"公民对国家的义务能够以另一种方式派生出来：不是来自他们的任性而是来自它的价值"④。因此，"很明显，目标在于最高的善的群体优先于寻求较低或部分善的群体"⑤。

对于这两种论证方式，沃尔泽认为存在两个难点，一个是国家并不必然能够涵盖所有的群体，如天主教和20世纪早期的社会党都有一种超越国家的理由。⑥另一个问题在于国家也不一定能够提供一种最高的善，即"当国家

① Michael Walzer, The Obligation to Disobey, *Ethics*, Vol.77, No.3(Apr., 1967), p.171.

② Michael Walzer, The Obligation to Disobey, *Ethics*, Vol.77, No.3(Apr., 1967), p.172.

③ Michael Walzer, The Obligation to Disobey, *Ethics*, Vol.77, No.3(Apr., 1967), p.172.

④ Michael Walzer, The Obligation to Disobey, *Ethics*, Vol.77, No.3(Apr., 1967), p.172.

⑤ Michael Walzer, The Obligation to Disobey, *Ethics*, Vol.77, No.3(Apr., 1967), p.172.

⑥ Michael Walzer, The Obligation to Disobey, *Ethics*, Vol.77, No.3(Apr., 1967), p.172.

可能为其成员很好地提供或试图提供益品(goods)时,不清楚的是这些益品是否将最高的善计入或包括在内"①。沃尔泽认为最高的善有可能只有在小型群体中被追求,而且他认为通过形成并加入这样的小型群体来追求最高的善应当是一个可行的方案。他说:

> 群体由于非常多样的理由而形成,但一个主要理由是倡导或实现(像一个 16 世纪末的清教牧师写的那样,"不去等候地方法官")一种高级善的新观念,一种国家没有或可能无法锁定的观念。形成这样一种群体或加入它就是对亚里士多德的观点的拒绝以及放弃任何由它所暗示的义务。我不能看到任何理由说这对于任何道德严肃的人来说不是一个可行的选择。②

所以沃尔泽认为不服从的义务所包含的道德严肃性必定会要求限制国家的权威,这种不服从与他所谓的轻佻的和犯罪的不服从行为相区别,具有其正当性。因为窃贼并不试图限制至高无上的国家权威,而是试图回避它,但公民不服从并不回避国家权威,而是将一种反对国家的主张公开地付诸行动,而且作为一种公开行动,公民不服从也包含了考虑和担心行动后果的意愿。尽管这些特征本身不能赋予公民不服从以正当性,但的确"发出了使行为正当的群体承诺的道德严肃性的信号"③。这种道德严肃性是一种持久的意识,即通过"一种共享的自我良知(self-consciousness)在个人同意和参与中进行有效的道德权衡以建立义务"。在一个具有部分主张的群体中,具有

---

① Michael Walzer,The Obligation to Disobey,*Ethics*,Vol.77,No.3(Apr.,1967),p.172.

② Michael Walzer,The Obligation to Disobey,*Ethics*,Vol.77,No.3(Apr.,1967),pp.172–173.

③ Michael Walzer,The Obligation to Disobey,*Ethics*,Vol.77,No.3(Apr.,1967),p.173.

这种道德严肃性的成员被描述为："他志愿地加入群体，了解成员资格所包含的东西；他将时间和精力贡献给群体的内心生活，共享决策的制定；他以群体的名义或群体理念的名义公开行动。这样一个人——不是任何人——有义务像他做的那样行动，除非他被给予不应当去这样做的好的理由。"①

综上所述，沃尔泽认为对于公民不服从问题的讨论应当采取一种群体的视角，即"公民不服从问题需要被明确地放置在群体形成、成长、张力和冲突的语境之中"②。但是这种分析方法在实践中会遭遇其局限，即公民不服从的个人性问题，因为在实践中个人在面临不服从问题时往往需要独立作出决定，他说：

> 现在这些分析单元无疑有其局限，因为真正地面临这样的时刻个人必须独自做出选择或维持行动——更精确地说，当他们必须承受孤独的痛苦时，这完全不是一回事。③

但是沃尔泽认为公民的个人性恰恰更加要求公民不服从的群体性，因为一旦公民不服从是由个人来实践，就会面临个人与国家进行对抗的局面，而当"至高无上的个人和至高无上的国家之间的壮烈的遭遇——如果它曾经发生的话——将会是惊人的不平等"④。个人在这种情况下完全不占有优势，因此他赞同洛克的观点，认为不服从只有采取群体的方式才是可能的。⑤需要注意的是，沃尔泽并不是要否定个人的责任，而只是强调个人责任本身也

---

① Michael Walzer, The Obligation to Disobey, *Ethics*, Vol.77, No.3(Apr., 1967), p.173.

② Michael Walzer, The Obligation to Disobey, *Ethics*, Vol.77, No.3(Apr., 1967), p.173.

③ Michael Walzer, The Obligation to Disobey, *Ethics*, Vol.77, No.3(Apr., 1967), p.173.

④ Michael Walzer, The Obligation to Disobey, *Ethics*, Vol.77, No.3(Apr., 1967), p.174.

⑤ Michael Walzer, The Obligation to Disobey, *Ethics*, Vol.77, No.3(Apr., 1967), p.174.

是和其他人一起获得的,他说:

> 所有这些并不是建议关于个人责任的事情是不真实的。但这往往
> 是对其他人的责任,而且往往与其他人一起获得。①

最后,沃尔泽呼吁对于公民不服从的理解不应当停留在权利视角的传统解释,政治理论要超越权利而从义务出发去解释人们的不服从行为,"不能超越权利而至义务,以及超越独白而至友好讨论、争辩和解决的政治理论,不能解释当人们不遵守或反抗时他们实际在做什么或者为什么这么做。它也不太能帮助我们去权衡他们所做的是正确还是错误的"②。

(二)基于道德的目的论证成

肯特·格林沃特(Kent Greenawalt)认为对于一种行为在道德上的证成依赖于对社会善(social good)的贡献。他使用"社会善"(social good)这一术语以区别于"共同善"(common good)和"共同意志"(common will)之类的他称为神秘的观念。实际上,他是将一种行为所造成的社会后果作为社会善所要权衡的东西,而不是脱离社会行为而存在的事物。他认为社会善实际上是指一种社会行为在实施时所涉及的各种社会价值。他说:"'社会善'仅仅是执行社会行为时通常涉及到的各种价值的简写。"③

但是格林沃特并不打算阐释社会善到底是什么,因为他认为不赞同公民不服从的那些批评家也可能会接受一个社会应当保护和加强的人类价

---

① Michael Walzer,The Obligation to Disobey,*Ethics*,Vol.77,No.3(Apr.,1967),p.174.

② Michael Walzer,The Obligation to Disobey,*Ethics*,Vol.77,No.3(Apr.,1967),p.174.

③ Kent Greenawalt,A Contextual Approach to Disobedience,*Columbia Law Review*,Vol.70,No.1(Jan.,1970),p.51.

值,而如果这些批评家拒绝不服从者的社会善的观念,他们也只是为了拒绝不服从行为而否定这些社会善。因此,如果纠结于什么是社会善的话,争论就应当以什么是可欲的社会目的或这些社会目的的优先顺序,而不是以公民不服从的适当性为中心。①不仅如此,他也回避了"谁的社会善"这一问题。因为他认为人们总是关注自身的利益和自己所处集团即"内集团"(in-group)的利益,而忽视其他人和集团的利益。另一方面,不同的主体对于社会善的权衡总会产生分歧,因而无法有效地进行权衡。②所以格林沃特无意解决群体优先性和差异性这一伦理学难题,而认为所有人都应当被视为平等。在此基础上,他提出了有助于社会善的标准,即对社会善的伤害最小化。③

此外,格林沃特指出一种行为的社会后果是偶然的。比如,学生将学校官员困在了办公室,而当晚这名官员突发了心脏病,这里就存在着很多的偶然因素。因此,他认为行为的正当性证明与行为动机是无关的,而与行为者的知识有关。如果这名官员之前从未发过心脏病,如果学生对此一无所知,那么最后的结果就不是学生能预期的。如果官员的健康状况是众所周知的,那么学生就应当估计到行为所带来的高风险。所以他认为行为者的知识是与行为的正当性有关的,而且应当对行为者的知识进行区别,即一种情况是行为者对事实是知道的,或者他不知道但又应当知道,另一种情况是他不知道但却可能通过他自己而知道,或者在相同情况下通过有更高智慧的人知

---

① Kent Greenawalt, A Contextual Approach to Disobedience, *Columbia Law Review*, Vol.70, No.1 (Jan., 1970), p.51.

② Kent Greenawalt, A Contextual Approach to Disobedience, *Columbia Law Review*, Vol.70, No.1 (Jan., 1970), pp.52–53.

③ Kent Greenawalt, A Contextual Approach to Disobedience, *Columbia Law Review*, Vol.70, No.1 (Jan., 1970), p.53.

道。因此，格林沃特在行为者的知识、行为后果和行为的正当性证明之间建立起了某种关联，他说：

当我在说一种行为在道德上被证明为正当时，我指的是考虑到在行为之前任何知识是可获得的并且在正要行为时进行判断，行为就似乎是可欲的（desirable），也就是说，它可能会有助于社会善。①

在对社会善及其与行为之间的关系进行界定的基础上，格林沃特展开了他对公民不服从的证成。他对三种观点进行了批评。

第一，公民为同意服从所约束。格林沃特指出服从的义务来自同意的观点实际上将服从或同意服从等同于一种承诺，即作出一种承诺并恪守它。他将这种承诺或同意总结为两种理论，一种以洛克为代表，即洛克指出人们离开自然状态并明确地自愿同意生活在一个社会当中，并接受其权威作出的决定。洛克又认为这种明确同意很难在现实中存在，他又引入了默许同意的概念，即只要人们生活在一个社会并接受社会所带来的好处，就表明他做出了同意，因而产生了对权威的义务。格林沃特认为，首先，洛克提出的要么生活在一个社会并服从它，要么离开这个社会的这种非此即彼的选择，对于大多数人来说并没有现实意义，因而并不能反映一个人是否真正同意一个社会。其次，如果当一种非法行为可能带来社会善时，这种理论无法回答法律在这种情况下应否被服从的问题。他说：

总之，在解释如果服从与其自身利益或可能与那些处于其社会之

---

① Kent Greenawalt, A Contextual Approach to Disobedience, *Columbia Law Review*, Vol.70, No.1 (Jan., 1970), p.53.

外的人们的利益相冲突的话,为何一个公民应当服从法律时,对于社会益处(social benefits)的接受可能是有用的,但这并未提供一种基础来主张当一种非法行为会有助于其社会之善时法律应当被服从。①

第二种理论以 J.P.普拉门纳茨(J.P.Plamenatz)为代表,即认为在代议民主制下,公民参与了民主过程,就必须接受和服从民主过程作出的决定。对于这种观点,格林沃特认为这在一种小型会议中是可能的,因为小型会议可能会做到一致同意,而在大型的自由社会这却是不可能的。因为大型的自由社会允许反对派的出席,因而一个主张推翻现存政府,却又认为暴力革命的时机尚未成熟而只好通过投票来改变它的人,也参与了民主过程,但未必会接受其结果。格林沃特指出:

尽管可以正确地说在某种程度上接受系统的人同意他选举出来的权威,然而与小型会议相比却很难主张默然承诺接受选举产生的人所处的部门每一次协商的结果。②

所以格林沃特认为这种理论无法推导出一种服从法律的道德义务。他说:

总之,接受社会益处,在公开选举中投票与服从法律之间的关系与

---

① Kent Greenawalt, A Contextual Approach to Disobedience, *Columbia Law Review*, Vol.70, No.1 (Jan., 1970), p.56.

② Kent Greenawalt, A Contextual Approach to Disobedience, *Columbia Law Review*, Vol.70, No.1 (Jan., 1970), p.57.

做出一个承诺与履行承诺之间的关系并不相同。①

　　另一方面，格林沃特认为这种理论也并没有强加一种权衡社会后果的义务，也就是说这种理论并不是从社会后果来判断一种行为的正当性。他说：

　　　　即使我们认为一个承诺是道德义务(duty)的一个独立资源，而通过投票参与到一个工业民主之中却不是。这一行为并未强加必须权衡可欲的社会后果的义务，即使当可欲的社会后果与一种承诺相冲突时必须进行这一权衡。②

　　第二，因为个人判断是不可依赖的，所以法律应当被服从。格林沃特指出，这种观点可以推导出三种情形。首先，如果法律总是能够比有智慧和公正的人更好地形成行为规则，那么就能够断定不服从法律永远不会有助于社会善。但格林沃特认为，这只能说明无法预期不服从对社会善会造成伤害，而不能说不服从只会对社会善造成伤害。其次，这种观点认为尽管法律可能是有害的，但不服从更加有害。因为对恶法的不服从也会造成对良法的不服从。最后，某种不服从行为可能有助于社会善，但人们不适当的判断会导致这种行为的滥用。比如，如果通奸在某种情况下被证明是正当的，那么人们可能更多地在不能被证明其为正当的情形下去通奸。对于这些观点，格林沃特认为尽管它们具有一定的说服力，但无论如何不能因此而排斥所有的不服从行为。他说：

　　① Kent Greenawalt, A Contextual Approach to Disobedience, *Columbia Law Review*, Vol.70, No.1 (Jan., 1970), p.57.

　　② Kent Greenawalt, A Contextual Approach to Disobedience, *Columbia Law Review*, Vol.70, No.1 (Jan., 1970), p.57.

无论如何，我的观点是个别的人类判断的易错性在决定不服从的适当时机时是高度关联的，但这不应排除任何情况下的不服从。①

第三，非正义的法律不应当被服从。这种观点认为违背道德或宗教的法律都不应当服从。在格林沃特看来，这种观点事实上是对社会后果的漠视，而使行为完全依赖于人的道德和信仰。但这可能会带来比服从更为有害的后果，比如一个人拒绝了从六个无辜之人中挑选出五个来赴死的要求，却使得这六个人全部遇害。因此，他认为，没有一种社会安排完全不存在罪恶，因而人们生活在社会之中就不可避免地要与自己认为是理想的东西相妥协，他说：

尽管犹太人集中营和南非联盟的种族关系法在某种程度上是例外，但没有社会制度是完全免于罪恶的。参与到任何现存社会之中包括了与人们相信的理想之物的妥协。②

所以人们在对一种行为的对错进行判断时完全可以不依赖于道德，而取决于行为的社会后果。他说：

人们不必接受这一命题即可能的后果总是一种行为的道德性的决定之物，来相信至少贯穿大多社会行为的谱系之中，一种行为的正确或

①　Kent Greenawalt, A Contextual Approach to Disobedience, *Columbia Law Review*, Vol.70, No.1 (Jan., 1970), p.58.

②　Kent Greenawalt, A Contextual Approach to Disobedience, *Columbia Law Review*, Vol.70, No.1 (Jan., 1970), p.59.

错误取决于其后果。①

此外,这种观点还认为当不道德的要求超出人们的容忍度时,人们可能会不计后果地不服从,在这种情况下道德就会变得绝对。但格林沃特认为这种狭窄类型情形下的绝对道德主张可能会招致异议而不是分析,因此他并没有进一步去讨论这种情形。

格林沃特的论证表明上述三种观点既不能否定公民不服从,也无法证成公民不服从,而社会善的观念则可能为公民不服从的正当性提供某种支持理由,也即公民不服从的正当性取决于它是否有利于社会善。具体而言,这种证成包含三个方面。

第一,是否造成对他人利益的伤害。格林沃特在这里列举了违法行为造成的伤害的诸多情形,如有的违法行为没有对他人利益造成直接的伤害,有的违法行为只是对他人造成了一些不便,有的行为会对他人的财产或公有财产造成损失,还有的行为会对他人造成身体上的伤害。因此,他认为违法行为所造成的伤害在程度上是有区别的,而且有时造成直接伤害的行为还可能会带来善的社会后果。在这种情况下,违法行为可能会被证明是正当的,但前提是必须提供足够充分的能够抵消其伤害的理由,伤害程度越深,理由就必须越充分。总之,格林沃特认为伤害的种类和程度与行为的正当性证明直接相关,"施于他人的伤害之种类和程度极大地影响到一种不服从行为是否被证明为正当"②。

第二,不服从的目的。格林沃特认为,按照福塔斯的区分,不服从存在两

---

① Kent Greenawalt, A Contextual Approach to Disobedience, *Columbia Law Review*, Vol.70, No.1 (Jan., 1970), p.59.

② Kent Greenawalt, A Contextual Approach to Disobedience, *Columbia Law Review*, Vol.70, No.1 (Jan., 1970), p.66.

类目的,即直接的不服从是对不正义的法律的拒绝,间接的不服从是为了实现其他政治目的(如迫使当权者改变其法律或政策)而违反有效的或本身是正义的法律。福塔斯认为前者更容易被证明为正当,即出于反对非正义法律而不服从更容易被接受为不服从的理由,后者则不然。因为后者不论出于何种目的,都是对正义法律的违背,这会造成恶劣的示范效应,而使法律体系受到破坏。但格林沃特认为这种观点只能够说明,间接不服从比直接不服从需要更有力的理由而已,而如果不服从行为是出于更大的社会善的理由而违反有效的或正义的法律,那么这种行为也可能被证明为正当。

第三,是否自愿接受惩罚。格林沃特对于接受惩罚的主张是,一方面,自愿接受惩罚与不服从行为的道德正当性之间并没有直接关系。这一点主要体现在,当行为者不接受整个现存社会系统时,接受惩罚对其不服从行为没有任何帮助。另一方面,当行为者接受现存社会系统时,自愿接受惩罚从而改变非正义的政策或法律就能够使行为者认为行为是正当的。因此,格林沃特认为,是否自愿接受惩罚关键在于行为者是否接受现存社会系统或政治体系①。

总之,格林沃特认为,公民不服从的证成关键在于是否满足上述三个方面的要求,除此之外,他认为不服从可能发生在任何社会当中,这里最为关键的问题在于在民主制下不服从是否能够被证明为正当。

首先,格林沃特指出,民主制也会出现非正义。比如德国人通过选举使希特勒成为绝对的统治者,以及美国的民主制也曾经赞同奴隶制。

其次,格林沃特指出,反对民主制下不服从的正当性的论点,其反对理由主要包括,其一,在代议民主制下,公民认为达成决策的系统是相当公平

---

① Kent Greenawalt, A Contextual Approach to Disobedience, *Columbia Law Review*, Vol.70, No.1 (Jan., 1970), p.71.

的,而不服从会增加不同社会成员之间的敌对情绪。其二,民主制提供了一种决策的有秩序的过程,而不服从会破坏这种秩序。对此,格林沃特认为,如果现存的社会和政府事实上并未反映民主的理想模式的话,那么这些反对理由就会不攻自破。因为在他看来,第一,在现实的民主制下,一部分人被排除在了民主程序之外,而没有任何政治声音被表达出来。第二,参与到民主过程中的人也会因为能力的差别而使其利益无法被平等地考量,"金钱、个人影响、职业地位、教育以及智力都会增加人们在政治过程中的潜在砝码"[①]。第三,格林沃特认为, 按照罗伯特·沃尔夫(Robert Wolff)和赫伯特·马尔库塞(Hebert Marcuse)的观点,民主议程也被控制着信息流动的利益集团所左右,民众被嵌入到这些议题之中,而无法提出质疑。所以,公民不服从在民主制中依然可以按照是否有利于社会善的标准而得到证成。不过,格林沃特仍然对公民不服从保持一种冷静甚至有些消极的态度,他认为这种方式需要人们能够保持冷静的反思和极大的克制,尽管非暴力与自愿接受惩罚可以使公民不服从得以证成,但这种行为本身无法排除破坏的可能性,因此他主张将公民不服从及其证成置于复杂社会事实的特定语境下进行思考,而不是将公民不服从作为一种绝对的普遍化的规则。[②]

---

① Kent Greenawalt, A Contextual Approach to Disobedience, *Columbia Law Review*, Vol.70, No.1 (Jan., 1970), p.74.

② Kent Greenawalt, A Contextual Approach to Disobedience, *Columbia Law Review*, Vol.70, No.1 (Jan., 1970), p.76.

第三章
民主视阈下的公民不服从

一、民主悖论与服从困境

严格来讲,公民不服从理论是在民主语境下展开的,尤其是公民不服从的证成逻辑大多都遵循探讨民主与公民不服从的相容性问题的路径。这种证成逻辑会导致两种不同的证成结果,即一种观点认为民主本身所具有的正当性以及由此推导出来的政治义务与公民不服从是不相容的,另一种观点则区分不同的民主价值,并质疑民主所要求的政治义务的存在,由此来证明民主本身应当容忍甚至包含公民不服从。

民主与公民不服从的相容性问题涉及公民不服从对民主的影响以及民主对公民不服从的回应。在西方语境下,民主作为一种被广泛接受的政治价值而具有反对公民不服从的更为充分的理由。最为绝对的理由类似于法律条文主义,即民主因为是民主,所以应当服从。在这种理由下,公民不服从被视为是民主的破坏者,因而不具有正当性。杜森是这种观念的代表之一,他认为:"公民不服从,无论其在伦理上如何合理,它仍然是对民主社会的攻

击,是对法律秩序的公开冒犯和对宪政政府的抨击。"①公民不服从对于民主
进程的破坏最终只会导致权威主义或无政府主义,总之只会导致非民主的
结果。②但是这种绝对化的逻辑既缺乏对民主的阐释,又无意于审视公民不
服从的理由,它所做到的只是将民主与公民不服从的关系转化为民主与非
民主的对立,因而对于辨明民主与公民不服从的关系毫无益处。真正的探讨
要求去除这种观念上的偏见,回归到理性,真正对公民不服从构成挑战的民
主理由需要被具体地阐述。梅纳赫姆·马克·凯尔纳(Menachem Marc Kellner)
对这种反对公民不服从的民主理由有一个比较明晰的总结,这些理由包括
三个方面:

> 三种使用民主观念来反对公民不服从的观点能够被区分开来。第
> 一种诉诸一些诸如多数规则的原则。第二种断言既然民主中的公民参
> 与了立法框架,那么在立法通过之后他就不能不服从它。最后一种声称
> 既然存在抗议和尝试法律变迁的法律渠道,那么公民不服从就不能被
> 证明为正当。③

第一种理由认为民主所遵循的是一种多数原则,民主政府及其政策是
多数同意的结果,因而应当被服从。公民不服从违背了多数原则。第二种理
由认为民主提供了公民参与立法的可能,因而当法律遵循这种民主程序被

---

① Lewis H. Van Dusen, Jr., Civil Disobedience: Destroyer of Democracy, *American Bar Association Journal*, Vol.55, No.2(Feb., 1969), pp.123-126.

② Lewis H. Van Dusen, Jr., Civil Disobedience: Destroyer of Democracy, *American Bar Association Journal*, Vol.55, No.2(Feb., 1969), pp.123-126.

③ Menachem Marc Kellner, Democracy and Civil Disobedience, *The Journal of Politics*, Vol.37, No. 4(Nov., 1975), pp.899-900.

制定出来之后,人们就应当服从它。第三种理由认为民主提供了抗议和变更法律的合法渠道,因此采用违法方式实现上述目标的行为就不具有正当性。

对于第一种理由,即多数原则及基于多数原则对公民不服从的反对理由,公民不服从理论进行了强有力的回应。凯尔纳提出了三点反对理由,即民主不意味着强迫使用任何一种特定的规则,民主中许多决定的作出只是基于简单多数的原则,而且民主本身会设计相应的制度来防止多数成为绝对原则。①他认为民主更多的是在共识的基础上达成决议,而不是通过多数原则。"因此,在一种民主陷入绝境的情况下,十分有可能出现这样的情形,即优秀的民主主义者可能会为了保卫民主而被迫违背多数统治的原则。"②理查德·沃尔海姆认为多数原则必然导致民主悖论,即对于一个民主主义者而言,当他的选择是 A 而民主机器(machine)的选择是 B 时,他就面临一种在 A 与 B 之间进行选择的困境。③沃尔海姆这一悖论反映的是民主主义者的自身判断与通过民主程序即多数投票所形成的决定之间的矛盾,对于这一悖论,沃尔海姆认为可以通过区分两种道德原则来解决,即直接原则(direct principles)和隐晦原则(oblique principles)。所谓直接原则指的是一种行为、政策或动机的道德性可以直接通过一般的描述性表达进行判断;所谓的隐晦原则指的是通过一种人定的方式或程序来对一种行为、政策或动机的道德性进行判断。所以"直接原则的样式是谋杀是错的,计划生育是允许的。隐晦原则的样式

---

①　Menachem Marc Kellner,Democracy and Civil Disobedience,*The Journal of Politics*,Vol.37,No. 4(Nov.,1975),p.901.

②　Menachem Marc Kellner,Democracy and Civil Disobedience,*The Journal of Politics*,Vol.37,No. 4(Nov.,1975),p.901.

③　Richard Wollheim,A Paradox in the Theory of Democracy,in Peter Laslett and W. G. Runciman (eds.), *Philosophy,Politics,and Society(Second Series)*,Basil Blackwell,1964,pp.78-79.

是君主命令的应被遵循，或者人民所愿即是正确的"①。

对此，马文·席勒（Marvin Schiller）进行了更为详细的批评。他认为多数原则必然导致理查德·沃尔海姆（Richard Wollheim）所谓的民主悖论，即"如果一个民主主义者表达了 A 应当属实的选择而同时'民主机器'即多数投票表达了 B 应当属实的选择，那么一个悖论恰好出现在民主理论的要点之中"②。这一悖论反映的是民主主义者的自身判断与通过民主程序即多数投票所形成的决定之间的矛盾，他说：

> 沃尔海姆的观点是民主主义者由于其投票而忠于这样的信念即 A 应当属实，而作为一个彻底的民主主义者，他也忠于这样的信念即 B 作为多数决定的结果也应当属实。③

席勒指出，对于这一悖论，沃尔海姆认为可以通过区分两种原则来解决，即直接原则（direct principles）和隐晦原则（oblique principles）。所谓直接原则指的是一种行为或现象可以通过道德直接进行判断，所谓的隐晦原则指的是通过一种方式或程序来对一种决定或行为进行判断。"直接原则的例子是谋杀是错的，计划生育是允许的。隐晦原则的例子是主权所命令的应当被遵从，或者人民所愿意的是正确的。"④沃尔海姆的逻辑是如果这两种原则可以相容的话，那么民主主义者的个人判断和民主程序的多数决定之间也是

---

① Richard Wollheim, A Paradox in the Theory of Democracy, in Peter Laslett and W. G. Runciman (eds.), *Philosophy, Politics, and Society (Second Series)*, Basil Blackwell, 1964, p.85.

② Marvin Schiller, On the Logic of Being a Democrat, *Philosophy*, Vol.44, No.167 (Jan., 1969), p.46.

③ Marvin Schiller, On the Logic of Being a Democrat, *Philosophy*, Vol.44, No.167 (Jan., 1969), p.46.

④ Marvin Schiller, On the Logic of Being a Democrat, *Philosophy*, Vol.44, No.167 (Jan., 1969), p.47.

可以相容的。但在席勒看来,这种逻辑就是有问题的,他认为即便两种原则可以相容,民主主义者的个人判断和多数决定之间也可能是不相容的。①事实上,从逻辑上讲,沃尔海姆的解决方案试图从道德原则来消除个人判断和多数结果之间的对立是无效的,这种方案只看到了一致的可能性,而问题在于如果二者的确存在冲突,那么一致往往是不可能的,因此这种方案本质上并未对多数原则本身作出分析和批评。

此外,席勒还提到了另一种解决方案,这一方案由布莱恩·巴里(Brian Barry)提出。巴里提出了两种人的区别来试图解决多数原则的悖论,即暂时的民主主义者和多数主义者,前者只在一定条件下将多数原则作为一种政治判定程序来支持,如果他发现其原则在其他政治安排中能更好地得到贯彻,他将放弃多数原则。后者则将多数原则视为不可超越的终极原则。如果多数原则与明智判定之间是一致的,那么对于暂时的民主主义者和多数主义者来说,悖论就不复存在。但席勒认为巴里的方案并没有解决民主理论的悖论,因为他所区分的那两种人都不是民主主义者。在席勒看来,真正的或彻底的民主主义者对多数决定或法律的服从并非是一种权宜之计,而是因为法律是法律本身。也就是说民主主义者服从多数原则往往是因为民主制在贯彻其原则方面优于其它政治安排,而不是将民主视为一种权宜之计。②

因此,席勒认为多数原则并不能作为衡量民主主义者的标准。首先,他认为多数原则只是一种政治判定程序(political decision procedure),只能形成一种有效判定,而非明智判定。所谓政治判定程序指的是一种解决争端的

---

① Marvin Schiller, On the Logic of Being a Democrat, *Philosophy*, Vol.44, No.167(Jan.,1969),pp. 47–48.

② Marvin Schiller, On the Logic of Being a Democrat, *Philosophy*, Vol.44, No.167(Jan.,1969),pp. 54–55.

方式,①但是一种判定程序作为一种解决争端的方式并不能提供最终决定是否明智的标准,也就是说仅仅遵循一种判定程序只能使一种判定成为一个有效的判定,而不一定能够使一种判定成为一种明智的判定,于是有效的判定和明智的判定之间存在着逻辑上的隔阂,因此某种判定程序本身不能就判定是否明智而达成一致。况且就判定本身是否有效的争议也常常存在。②在此基础上,席勒指出多数原则作为一种政治判定程序,只能提供一种解决争端的方式,或只能形成一种有效判定,而不一定能提供一种明智判定。③

其次,席勒指出不服从多数决定不一定不是民主主义者,服从多数决定有时也可能是非民主主义者。民主主义者对于多数原则的承诺可能会产生一种背负式(piggy-back)的义务,也就是说人们作出对于作为一种裁定规则的多数决定原则的承诺,以及作为这一承诺的逻辑结果,人们作出一种表面上有约束力的承诺来遵守由多数达成的任何判定。然而承诺的本质在两个层面上有所相同。一方面,民主主义者对多数决定原则所作出的承诺来源于他对于多数原则的认可,二者是统一的;另一方面,民主主义者对服从多数决定的承诺是为了同意这一原则而在逻辑上要求的结果,这种承诺是表面上的,与他是否认可没有关系,因此承诺与认可是分离的。④后一种类型的承诺并不能表明同意多数原则作出的决定就必然意味着对多数原则或民主的认同,他将这种承诺称为"理性的应当",这种基于理性的应当而作出的承诺或同意无非是一种害怕惩罚的功利主义考量,其本身并不能决定人们应当做什

---

① Marvin Schiller, On the Logic of Being a Democrat, *Philosophy*, Vol.44, No.167(Jan.,1969), p.48.

② Marvin Schiller, On the Logic of Being a Democrat, *Philosophy*, Vol.44, No.167(Jan.,1969), pp. 48-49.

③ Marvin Schiller, On the Logic of Being a Democrat, *Philosophy*, Vol.44, No.167(Jan.,1969), p.49.

④ Marvin Schiller, On the Logic of Being a Democrat, *Philosophy*, Vol.44, No.167(Jan.,1969), p.50.

么,这与彻底的民主主义者的民主信念有着本质的不同。①

在这两种承诺的区分基础上,席勒认为,一个人服从多数决定与他是否是一个民主主义者并没有绝对的关系。一方面,尽管一个彻底的民主主义者可能会无条件地支持多数原则,但是由于诸多因素而导致一个人对自己所处的位置是否属于多数,或者应当去做什么事情等问题判断不清时,即在席勒所谓的无节制(incontinence)的情况下,他也可能不服从多数决定,而且也不能因此而断定他不是一个彻底的民主主义者。"如果一个人是一个彻底的民主主义者,他就处于一种遵守多数规则的理性应当之下。然而这并不意味着彻底的民主主义者拥有总是服从多数规则的审慎的或道德的义务。"② 另一方面,有时候服从多数原则的也有可能是非民主主义者,如法西斯主义者。因此,逻辑上可能的是,一方面,对于一个法西斯主义者事实上总是服从民主的法律,但尽管如此他并不是一个民主主义者;另一方面,对于一个民主主义者来说在某种情形下违背民主的法律,但尽管如此仍旧是一个民主主义者。③

总之,席勒认为民主主义者的民主悖论恰恰给公民不服从留下了空间。他说:

> 一个民主主义者并不因为他作为民主主义者就被完全约束,从而不论情况如何而永不诉诸任何形式的对有效的民主法律的暴力不服从。④

---

① Marvin Schiller, On the Logic of Being a Democrat, *Philosophy*, Vol.44, No.167(Jan., 1969), p.50.

② Marvin Schiller, On the Logic of Being a Democrat, *Philosophy*, Vol.44, No.167(Jan., 1969), p.51.

③ Marvin Schiller, On the Logic of Being a Democrat, *Philosophy*, Vol.44, No.167(Jan., 1969), p.51.

④ Marvin Schiller, On the Logic of Being a Democrat, *Philosophy*, Vol.44, No.167(Jan., 1969), p.56.

第三章　民主视阈下的公民不服从

凯尔纳提到的第二种反对公民不服从的民主理由是，公民参与民主立法的过程，因此应当服从民主制定的法律。这一点实际上与第一种反对理由有着相同的逻辑，因为民主遵循多数原则，所以法律也是基于多数原则制定出来的。因此，对这种反对理由的反对也能够采用相同的逻辑。凯尔纳本人的反驳理由是，一方面民主也有可能剥夺公民的权利，将公民排除在参与之外；另一方面由于决策过程的不透明而使公民感觉到他的参与受到了欺骗，因而失去意义。[1]也就是说，在立法的民主参与过程中仍然存在少数对抗多数的困境，所以如果多数原则无法产生服从要求的话，遵循这一原则而制定的法律也同样如此。凯尔纳提到的第三种反对理由，即民主提供了足够的救济条款，人们可以在法律通过前后通过法律渠道来表达诉求，因而在民主制下没有违背法律的权利。对于这种观点，凯尔纳本人认为民主制也可能产生恶法，并且由于法律渠道的低效甚至无效而使得公民不服从成为可能。他说：

> 邪恶和压迫的法律在最好的民主制下完全能够得以颁布（如侨民与惩治叛乱法、逃亡奴隶法，近期的反劳工立法，以及许多更为近期的因而更有争议的议题）；以被认可的方式实现救济不太可能或太浪费时间；腐败、官方的冷漠以及一大串其它因素都可能使寻求改变的法律渠道的所谓好处失效。这往往仅仅是因为在法律之内寻求改变业已被失败或阻碍，因而公民不服从者被激起而导致他的行为。[2]

---

① Menachem Marc Kellner, Democracy and Civil Disobedience, *The Journal of Politics*, Vol.37, No. 4(Nov.,1975), p.902.

② Menachem Marc Kellner, Democracy and Civil Disobedience, *The Journal of Politics*, Vol.37, No. 4(Nov.,1975), p.904.

凯尔纳的反驳理由一方面与公民不服从的某种法律证成类似，其逻辑是以法律的实质正义来反驳法律的程序正义，即程序正义不能保证实质正义，因此公民不服从依然能够基于对实质正义的追求而反对程序正义。另一方面，凯尔纳的反驳理由还指出民主程序在现实中也可能存在排斥少数的可能，因此理想的民主与现实的民主之间的差异也为公民不服从提供了理由。对此，凯尔纳提出了三种不同含义的民主，即最低意义上的民主，他称为大众民主（mass democracy），理想的民主（ideal democracy）和不完美的民主（imperfect democracy）。

首先，大众民主即遵循多数原则的民主。凯尔纳认为民主通常被人们视为优于其它政府形式，但是就大众民主而言，从实践层面很难找到证据证明这一点。例如，"大众民主似乎不比大多数暴君独裁政治更有益于艺术的繁荣"①。而在道德层面上讲，大众民主也不能证明优于其他政府形式。"因为没有理由假定由人民选举并对人民负责的政府会比完全的独裁政治更为正义。而且接受人民主权作为最高的道德善也就是去证明多数人曾经强加于少数人的每一种非正义为正当"②。显然大众民主不是他所谓的理想的民主。

其次，凯尔纳指出，理想的民主包括尊严、自由与平等，而不完美的民主是本身与理想民主的要求存在一定差距并试图实现理想民主的一种民主，这种民主的内涵包括自由选举与自由的多方面保证，自由选举遵循多数原则，而自由的保证要求相关权利法案的支持。"参考这些理念我们能够解释为何这些民主以自由选举、承诺经由同意的政府，以及保护个人自由和正直

---

① Menachem Marc Kellner, Democracy and Civil Disobedience, *The Journal of Politics*, Vol.37, No. 4(Nov., 1975), p.908.

② Menachem Marc Kellner, Democracy and Civil Disobedience, *The Journal of Politics*, Vol.37, No. 4(Nov., 1975), p.909.

（integrity）为特征，这些常常被用作民主的外部的区别特征。"①不完美的民主的这些特征对应理想民主的特征，即自由选举对应人类平等，同意的政府对应个人尊严与完整性，对自由的保护对应人的自由，他说：

> 为何主要的政治或社会决定应当由选举作出呢?这一问题的一个重要答案是这一决策模式与一种对人类平等的彻底承诺最为一致：即每个人在作出决定时都有同等的声音。经由个人同意的政府与对个人尊严和完整性的真正而实在的尊重相一致，并为这一尊重所需要。没有一个人的同意而去统治他就是将他作为兵卒而使用，并否认其作出道德决定并以此来行动的权利。一种对自由的承诺没有了对自由的保护将会是一种无力和微不足道的承诺。②

因此，在凯尔纳看来，不完美的民主却具有大众民主所不具有的优越性，这一点也较容易得到证明。他说：

> 这种政府可能在实践上并不优越于其它政府，但就它们的一致性和追求其目标而言，它们事实上比其它可行的政府形式在道德上更令人满意。不完美的民主不仅力图提供其它政府力图提供的所有善（goods），而且还致力于确保个人自由践行其权利，以及最大程度地达到

---

① Menachem Marc Kellner, Democracy and Civil Disobedience, *The Journal of Politics*, Vol.37, No. 4(Nov., 1975), p.905.

② Menachem Marc Kellner, Democracy and Civil Disobedience, *The Journal of Politics*, Vol.37, No. 4(Nov., 1975), p.905.

正义的最大化。①

不完美的民主之所以优越于其他政府形式是因为它所追寻的目标,民主主义者对不完美的民主的最大尊重也源自其所追寻的民主理想,但是不完美的民主采取的实现理想民主的手段有可能阻碍其实现,在这种情况下,真正的民主主义者必定会选择服从民主的目标而不是手段。"一个人违背根本上与民主理想不一致的非正义的法律恰恰是在展示一种对民主的承诺,而不是愚蠢地服从所有其政府颁布的反民主或不民主的法律(根据理想的民主而言)。"②因此,在他看来,公民不服从者仅仅是通过违背民主制定的法律来确保向理想民主的推进并抗议对理想民主之路的偏离。他说:

> 我会争论说民主应当被寻求是因为它所寻求实现的理想,而且民主主义者对民主的承诺依赖于那些理想,而不是政府的形式。如果这是真的,那么当在一个受限的和小心的意义上一个民主主义者,为了确保业已取得的向理想民主的进步或为了抗议某些从通往理想实现之路的严重偏离而违背某些民主制定的法律时,就不是前后矛盾或不民主的。③

事实上,以这种立足民主理想与民主现实之间的差距来证成公民不服从的逻辑一直存在于公民不服从理论之中,戴维·斯皮兹(David Spitz)就较早地

---

① Menachem Marc Kellner, Democracy and Civil Disobedience, *The Journal of Politics*, Vol.37, No. 4(Nov., 1975), p.909.

② Menachem Marc Kellner, Democracy and Civil Disobedience, *The Journal of Politics*, Vol.37, No. 4(Nov., 1975), p.906.

③ Menachem Marc Kellner, Democracy and Civil Disobedience, *The Journal of Politics*, Vol.37, No. 4(Nov., 1975), p.907.

阐述了这一观念。他认为民主不能排斥公民不服从,原因在于,第一,民主没有道德理由对个人提出要求。在斯皮兹看来,民主也不能提供反对公民不服从的理由,民主所要维护的不是泛指的秩序,而是一种基于同意原则的秩序,是构成正义的必要结构的秩序。因此,民主本身应提供一个容纳的框架,对于民主而言,问题不是验证其自身的服从声明,而是允许公民不服从的程度,这将平衡对其自身终极价值的制度保存的需要,尤其是为效力于个人良心提供最大限度的自由。虽然民主对于那些反民主和反对社会秩序权威的这些争论并不负有责任,但民主并没有否定公民不服从的绝对的道德理由。① 原因在于,尽管民主认为良心不能凌驾于法律之上,但要求人们服从法律的同时也要求法律使人们得到保护,他说:

> 　　我承认当在实质层面上民主肯定每个人的良心是"正确的"(right)时,它必须对这一"正确的"设置有用的限制;那么在操作意义上讲,每个人都有权拥有任何他渴望的良心的观念并不意味着他有权使法律从属于其良心。然而如果民主坚持所有人要服从法律,那么它也必须坚持所有人得到法律的保护,即所有人拥有生命和自由的平等权利。②

所以如果民主要求它的对手服从法律,而其对手又不认同民主及其维护的社会秩序,那么民主要想达到目的仍然需要诉诸权力,但是一旦诉诸以强

---

　　① 　David Spitz,Democracy and the Problem of Civil Disobedience,*The American Political Science Review*,Vol.48,No.2(Jun.,1954),p.394.

　　② 　David Spitz,Democracy and the Problem of Civil Disobedience,*The American Political Science Review*,Vol.48,No.2(Jun.,1954),pp.394–395.

力为后盾的权力,民主便失去了正当的道德理由。[1]

第二,斯皮兹认为现实的民主不能像理想的民主那样要求人们的服从。对于接受民主原则的公民而言,如果一个自称为民主的国家政治系统事实上并不是民主的,那么它将无法为公民提供正常的民主途径去表达诉求,在这种情况下再去否认公民不服从就更加难以让公民接受。而且如果法律不是民主制定的产物,即法律本身是不民主的,那么这样的法律也是不被接受的,公民也没有政治义务和道德理由去服从它。[2]

第三,斯皮兹认为公民不服从不必然破坏民主社会秩序。他提到了一种论点,这种论点认为法治是国家和社会秩序得以保存的必要条件,民主的同意原则无法为公民不服从提供有效的辩护,因为"极少有法律是被全体一致地接受,而且如果相同数量的厌恶法律的公民可以自由地不服从法律,那么国家和社会秩序很难幸存。为完的不服从或完全的不服从权利进行辩护,在逻辑上导致的不是国家而是无政府状态"[3]。他认为这种论点虽然规避了个人主义的谬误,但其自身仍然存在着问题。因为社会秩序的维系不仅仅是靠法律实现的,传统、道德准则和人们的情感都可以维系一种社会秩序。所以"国家不等于社会秩序的全部,而且如果不是所有的法律都被整合进一个单一的一致联合的话,那么对一个特定法律的不服从不必意味着一种颠覆政治系统或社会秩序本身的企图"[4]。

---

[1] David Spitz, Democracy and the Problem of Civil Disobedience, *The American Political Science Review*, Vol.48, No.2(Jun., 1954), p.395.

[2] David Spitz, Democracy and the Problem of Civil Disobedience, *The American Political Science Review*, Vol.48, No.2(Jun., 1954), pp.396–397.

[3] David Spitz, Democracy and the Problem of Civil Disobedience, *The American Political Science Review*, Vol.48, No.2(Jun., 1954), p.398.

[4] David Spitz, Democracy and the Problem of Civil Disobedience, *The American Political Science Review*, Vol.48, No.2(Jun., 1954), p.399.

　　斯皮兹认为民主建立在同意原则之上，对于不同意民主的人也应当给予容忍和保护，因为如果民主诉诸强力而使这些人服从就背离了民主精神，因为民主没有强迫或要求人们服从的道德理由。而且非民主制定的法律也为民主中的公民不服从提供了正当理由。此外，秩序的维护并不仅仅依赖于法律，对于接受民主原则的公民不服从者来说，对政治系统和社会秩序而言并不会导致颠覆性的后果。因此，民主与公民不服从是相容的。

　　迪恩对斯皮兹的观点进行了有趣的回应，他首先对法律保护公民不服从行为的结果表示担忧。迪恩认为，证人在立法调查委员会（legislative investigating committees）拒绝作证，并援引《宪法第五修正案》对其不服从行为进行保护的做法，即为公民不服从行为提供法律保护的做法，会导致不确定性和国家权力膨胀的必然结果。[①]迪恩在这里指出的国家权力膨胀实际上意指自由裁量权的滥用，而这种权力膨胀实际上侵犯了受法律保护的个人权利，而不是保护个人权利。[②]其次，关于民主与公民不服从的关系问题，迪恩不同意斯皮兹的同意理由，他认为如果民主的原则是同意，那么当异议者撤回其同意时，民主就无法存在，这种基于同意的民主会面临一种困境，即民主的理想应当是同意的最大化，从而使民主国家接近于一种志愿组织（voluntary association），而另一方面任何一个民主国家都无法获得一种全体一致的同意。[③]

---

　　① 　Howard E, Dean, Democracy, Loyalty, Disobedience: A Query, *The Western Political Quarterly*, Vol.8, No.4(Dec., 1955), pp.601–602.

　　② 　Howard E, Dean, Democracy, Loyalty, Disobedience: A Query, *The Western Political Quarterly*, Vol.8, No.4(Dec., 1955), p.602.

　　③ 　Howard E, Dean, Democracy, Loyalty, Disobedience: A Query, *The Western Political Quarterly*, Vol.8, No.4(Dec., 1955), p.602.

那么如何面对这一困境呢？迪恩指出历史上有两种解决方案，一种是无政府主义，一种是卢梭式的强迫自由。①无政府主义方案往往诉诸个人良心，但良心并非只是一种内在感觉，而是依赖于知识和共同认识（con-scientia），因而良心也可能导致错误或使情况变得更糟，一来良心理由可能是错的，但依然在实践上不屈不挠，本身缺乏一种纠错机制，二来可能会使得一个非民主人士不去考虑其不服从行为的后果。因此，诉诸良心的不服从者只有两种替代选择，要么是不服从，要么是民主理想，所以迪恩认为诉诸良心的无政府主义最终往往导致一种极端主义。②另外，对于强迫自由的方案，迪恩认为民主存在着对不服从者施以强力的情形，但这种观点的问题是忽视了民主施加强力的理性根据。他指出将民主作为基于同意原则的政治产物，这种观念忽视了民主本质上是一种达成共识以及集团之间相互作用的过程，这种忽视的结果在实践中往往使民主沦为"一种广大公民投票的自我宣传癖"（a vast plebiscitary exhibitionism）。③按照这种观念，对于拒绝同意的异议者，民主保留施加强力的权利。迪恩认为，尽管民主可能采取诉诸强力的最终制裁手段，但不能因此将强力作为民主要求服从的理由和证据。④

因此，迪恩认为这两种方案都不能有效地解决民主的同意困境，而真正的解决之道在于言论自由的程序保障。他认为斯皮兹提到的诉诸《宪法第五修正案》的做法即规避对公民不服从的社会制裁不如诉诸《宪法第一修正

① Howard E, Dean, Democracy, Loyalty, Disobedience: A Query, *The Western Political Quarterly*, Vol.8, No.4 (Dec., 1955), p.603.

② Howard E, Dean, Democracy, Loyalty, Disobedience: A Query, *The Western Political Quarterly*, Vol.8, No.4 (Dec., 1955), pp.604-605.

③ Howard E, Dean, Democracy, Loyalty, Disobedience: A Query, *The Western Political Quarterly*, Vol.8, No.4 (Dec., 1955), p.603.

④ Howard E, Dean, Democracy, Loyalty, Disobedience: A Query, *The Western Political Quarterly*, Vol.8, No.4 (Dec., 1955), p.603.

案》，即保障公民的言论自由，[1] 所以民主必须提供对言论自由的程序保障。[2]
可见，迪恩关于民主与公民不服从的关系论述比斯皮兹更为积极，但两人的
一致之处在于，都认为民主是基于同意的产物，而全体同意无法实现，因而民
主在最低意义上应当保障人们的基本公民权利。

　　对此，阿迪·H. 道克特（Adi H. Doctor）的观点更加明确。他认为功利主义
的逻辑是国家增进共同善，人们从中受益，从而产生了义务，但是从经验上指
明何为共同善是一件大海捞针般不可能的事，因而无法判断国家是否增进了
共同善。而同意和契约思想恰恰弥补了这一缺陷，这种弥补实际上将何为共
同善的问题转化为如何增进共同善的问题，即将一个实质正当的问题转换成
了一个程序正当的问题，由此来判断国家是否增进了共同善就变得可能。民
主对于同意和契约观念的反映体现在民主允许所有群体发表意见，并基于公
平游戏（fair play）原则而要求参与到民主过程中的个人或群体对法律负有服
从义务。[3] 但是当政府侵犯自由，媒体只传达政府的声音，异议群体的声音不
被倾听，或者政府没有恪守选举前的承诺等情况出现后，公民不服从至少作
为一种呼吁手段或参与手段就获得了正当理由。[4] 所以道克特认为民主和反
抗政治或公民不服从是相互依存的。

　　总之，民主的理想与现实之间的差距，或言民主的价值与手段之间的差
距是公民不服从与民主相容的理由，这种理由表明了这样一种逻辑，即现实

---

[1]　Howard E, Dean, Democracy, Loyalty, Disobedience: A Query, *The Western Political Quarterly*, Vol.8, No.4(Dec., 1955), p.606.

[2]　Howard E, Dean, Democracy, Loyalty, Disobedience: A Query, *The Western Political Quarterly*, Vol.8, No.4(Dec., 1955), p.608.

[3]　Adi H. Doctor, Resistance Politics, Its Implications for Democracy, *The Indian Journal of Political Science*, Vol.54, No.2(April – June 1993), pp.286–287.

[4]　Adi H. Doctor, Resistance Politics, Its Implications for Democracy, *The Indian Journal of Political Science*, Vol.54, No.2(April – June 1993), pp.287–289.

中不完美的民主是不服从的动因,理想中完美的民主是服从的对象。不论是凯尔纳的尊严、自由与平等,斯皮兹的同意,还是迪恩的言论自由的程序保障,或是道克特的公平参与都是这种民主理想的内容。这也表明了西方学者对民主价值的认同,而且这种认同也隐含了这样一种可能的逻辑,即增进民主仍然是超越公民不服从的最终途径。

二、民主与公民不服从的证成

(一)基于民主的发生论证成

从公民不服从的理由入手的证成路径首先依赖于政治权威的证成性,其基本逻辑在于,如果一个政治权威不具有正当性,或者无法被证成,那么这就构成了一切反抗行为的基本理由。如果一个政治系统并非全然不正当,例如一个政府的政策体系中并非全部政策符合这一条件,而只是其中一部分政策存在不正当的情况,又或者法律体系也处于相同的境况,那么其中的不正当或无法证成的部分就成为公民不服从的基本理由。进一步的理由是关于如何判定政策或法律是不正当的问题,也即公民不服从者基于何种理由得出政策或法律是不正当的这一判断。这种证成逻辑是公民不服从理论中常见的一种证成逻辑。

对此,斯皮兹的证成逻辑认为良心、法律的不完善与政治现实和政治理想的差距都是推导公民不服从的理由的依据。他认为公民时常面临一种法律与良心的矛盾,如果服从法律就会违背良心,以及面临随之而来的非法律制裁;而如果服从良心就会违背法律,并且面临随之而来的法律惩罚。对于这一问题的解决,他说:

如果他诉诸一种法律工具——比如宪法第五修正案的自我归罪条款——来使他既满足他的良心又通过借助其它法律以免牢狱之灾，那么他就招致了一个深层困境。①

这一困境的严重性是由两方面因素掺杂而成，即：

（a）法律通常无法使人们免受法律诉讼的非法律后果，以及（b）法律偶尔被审慎地用于使人们迄今为止未受法律惩罚的行为受到非法律的制裁。②

如果诉诸法律工具如"宪法第五修正案"，或许可以使公民不服从者的拒绝行为免于法律惩罚，但无法保证其不受经济或社会后果的制裁。因此，最后可能会导致一种结果，即"公民服从法律不是因为他认为服从是正确的，而是因为他畏惧不服从带来的后果"③。因此，这就需要宪法必须保护公民不服从免于社会后果的制裁，他说：

如果宪法是所有次级法律(subsidiary law)获得其有效性的最终法律规范，那么宪法的保护必须是真实的而不单是正式的。要做到这一点唯有(a)应用宪法不仅仅是反对法理上的政府，而且要反对那些构成公布

---

① David Spitz, Democracy and the Problem of Civil Disobedience, *The American Political Science Review*, Vol.48, No.2(Jun., 1954), p.388.

② David Spitz, Democracy and the Problem of Civil Disobedience, *The American Political Science Review*, Vol.48, No.2(Jun., 1954), p.388.

③ David Spitz, Democracy and the Problem of Civil Disobedience, *The American Political Science Review*, Vol.48, No.2(Jun., 1954), p.389.

"法律"和实施制裁的事实上的或私人的政府的公民和群体,并且(b)国家法律和政府权威的行为须同时遵照宪法的文本和精神,例如避免如此粗暴地对待人们以使他们在没有或意图作出法律惩罚的地方遭受非法律的制裁。①

所以在斯皮兹看来:

> 所牵涉的不仅仅是公民对国家的义务,而且还有国家——当然,至少是一个宪政国家——对公民的责任。于是,公民的困境可能不仅源自国家指令和良心命令之间的冲突。它还可能来自不相容的制定法或政府权威的行为或伴随国家宪法的私人权力,要理解宪法不单是成文规则组成的一份崇高文件,而是宪法(成文的和不成文的)理应代表的系统逻辑或根本原则。②

这就意味着,公民所面临的困境不单单是其良心与法律之间的矛盾,一方面公民坚信他对宪法的忠诚,另一方面又认为法律与宪法文本或宪法精神之间存在矛盾。所以"在这种情况下,公民面临另一个可能比安提格涅的道德难题更为严重的困境;因为在这里公民相信他在拒绝服从法律(或合法权威的命令)时,对宪法是忠诚的。他不是单纯使其良心反对法律,而是法律反对宪法。"③

---

① David Spitz, Democracy and the Problem of Civil Disobedience, *The American Political Science Review*, Vol.48, No.2(Jun., 1954), p.389.

② David Spitz, Democracy and the Problem of Civil Disobedience, *The American Political Science Review*, Vol.48, No.2(Jun., 1954), p.391.

③ David Spitz, Democracy and the Problem of Civil Disobedience, *The American Political Science Review*, Vol.48, No.2(Jun., 1954), p.391.

这就是斯皮兹所提出的第二个判定理由，法律与宪法之间的矛盾也可以成为公民不服从的理由。因为在斯皮兹看来，由于法律上正确的事在社会上、经济上或道德上不一定是正确的，加之社会权力群体与私人政府的存在，这种矛盾无法在法律内部得到解决，他说：

> 人们很容易并且可以正确地说，法律机制能够解决成文法（或合法权威的命令）与宪法之间的冲突，不需要公民自我僭越来取代这种机制。但是这种机制——例如最高法院——不是总能约束社会的或经济的或宗教的权力群体以免对法律上正当的行为附加严惩。①

所以在法律体系内无法确立有效的纠错机制的情况下，公民不服从可以弥补这一缺陷。

然而对于国家而言，社会秩序是其反对公民不服从的理由。法律代表和维护着社会秩序，而公民不服从破坏了社会秩序，因而要求公民必须服从法律，这一点是刚性的，不容讨论，"不能有可以选择服从的法律，以及国家附加一句'如果你愿意'的命令。因此，不能有违反法律的合法权利存在"②。所以公民不服从事实上就是一种反叛行为。而且"要保持秩序就必须依靠权力，以及人们通常乐意遵守权力的命令"③。但是在斯皮兹看来，秩序的要求并不能否定公民不服从，因为秩序本身并非最高价值，而只是实现更高价值

---

①　David Spitz, Democracy and the Problem of Civil Disobedience, *The American Political Science Review*, Vol.48, No.2(Jun., 1954), p.391.

②　David Spitz, Democracy and the Problem of Civil Disobedience, *The American Political Science Review*, Vol.48, No.2(Jun., 1954), p.392.

③　David Spitz, Democracy and the Problem of Civil Disobedience, *The American Political Science Review*, Vol.48, No.2(Jun., 1954), p.393.

的工具。"秩序是善的,但未必是最高的善。我们必须区分正当的和正派的善;我们必须认识到秩序只是实现更高目标的工具。"① 因此,国家对秩序的片面强调最后导致的结果将是"强权即公理"(might makes right)。

基于此,斯皮兹进而指出,国家所代表的政治原则与现实中的国家本身是存在差距的,因此公民对于现实国家及其所代表的政治原则的服从也是存在矛盾的,基于这种差距的公民不服从与上述两种情况下的公民不服从是不同的。在斯皮兹看来,这是处于两种不服从理由下的公民,即"一种公民否认法律本身的价值或合理性;另一种公民挑战被称为民主地颁布法律的特定形式的国家。对于后者而言,民主是善的但国家不是民主的"② 。因此,对于接受民主原则的公民而言,如果一个自称为民主的国家政治系统事实上并不是民主的,那么它将无法为公民提供正常的民主途径去表达诉求,在这种情况下再去否认公民不服从就更加难以让公民接受。而这种理想与现实的差距又能够为前两个理由提供说服力。这种说服力表现在两个方面,一方面,现实中的国家无法提供正规的法律和政治渠道来表达对有违良心或宪法的法律或政策的不满;另一方面,如果法律不是民主制定的产物,即法律本身是不民主的,那么这样的法律是不被接受的,公民也没有政治义务和道德理由去服从它。③

总之,在斯皮兹看来,公民应遵循其良心行事,政治秩序与法律的不完善,以及优良的公民应忠诚于国家所代表的原则,而非具体的国家形式,这三

---

① David Spitz, Democracy and the Problem of Civil Disobedience, *The American Political Science Review*, Vol.48, No.2(Jun., 1954), p.391.

② David Spitz, Democracy and the Problem of Civil Disobedience, *The American Political Science Review*, Vol.48, No.2(Jun., 1954), p.396.

③ David Spitz, Democracy and the Problem of Civil Disobedience, *The American Political Science Review*, Vol.48, No.2(Jun., 1954), pp.396–397.

个方面构成了公民不服从的理由。

(二)基于民主的目的论证成

鲍尔提出了公民不服从的另外一种作用，即功能性反对派(functional opposition)，他所提出的"反对派"或者说"传统的反对派"(conventional oppositions)这一术语主要指的是"政治导向的利益集团、公众集会，以及能够在法律保护下反对行政行为、法令、政策甚或政权的存在的其它专业政治结构"①。在民主制下，这些传统反对派具有的功能具体包括：

> 反对派应当动员和合并围绕特定政治议题的意见。通过公众监督或选举竞争，他们应当使政权对被统治者负责，同时提出替代标准和政策建议。如果必要的话，一个或多个传统反对派应当准备好为政权提供人员或转而支持它。那些在政权的立法机构中有代表的反对派应当参与规则制定。反对团体被期待彼此之间以及与政权讨价还价，以此作为对其支持者的象征性的和有形的回报。反对派也有责任招募和训练领导者，教育在民主机器中的公众，并使政治异议者社会化。②

在鲍尔看来，传统的反对派所扮演的角色是既有政权的反对派，他们通过特定的政治导向集合起来，与政府就特定政治议题讨价还价，不仅代表一定的社会利益，而且还发挥着教育和引导民众的功能。在民主国家中，这种

---

① Paul F. Power, Civil Disobedience as Functional Opposition, *The Journal of Politics*, Vol.34, No.1 (Feb., 1972), p.44.

② Paul F. Power, Civil Disobedience as Functional Opposition, *The Journal of Politics*, Vol.34, No.1 (Feb., 1972), pp.44–45.

所谓的反对派可以被理解为不掌握国家政权的政治组织，但这些政治组织的反对活动是在法律保护之下开展的。而公民不服从指的是"对政治规则的一种审慎、公开和明确表达的违反，目的在于改变政权的法律或政策，无害于自然人（physical person），体谅他人的权利，并在国家的司法管辖内追求扩大和运用民主精神"①。因此，鲍尔认为公民不服从与传统反对派在功能上具有相通之处，并且公民不服从可能从几个方面对传统反对派产生影响：第一，公民不服从可能传达给传统反对派那些没有被他们察觉或被他们忽视的主张或要求；第二，公民不服从可能会深化传统反对派与政权之间的对立；第三，在这种对立情况下，公民不服从可能壮大传统反对派的力量，至少在人数上如此；第四，公民不服从使得反对样式多样化，因而产生对抗政权的一种功能性益处；第五，公民不服从会迫使传统反对派反思他们的选民基础，并确定他们为何未能代表那些超越通常的批评方式而选择破坏规则的异议者，从而迫使他们采取补救行为来重新获得这些异议者的同情的选票。②

不同的是，尽管公民不服从具有这些作用，但是因为公民不服从的违法特征使其难以被归入传统反对派的行列。所以在鲍尔看来，公民不服从作为反对派的作用是潜在的，也就是说公民不服从可能会发挥传统反对派的某种功能，或者通过影响后者来发挥其作用，因此他将公民不服从称为"功能性反对"③。那么作为功能性反对的公民不服从具有哪些功能呢？鲍尔从三个方面进行了阐述。

① Paul F. Power, Civil Disobedience as Functional Opposition, *The Journal of Politics*, Vol.34, No.1(Feb.,1972), p.40.

② Paul F. Power, Civil Disobedience as Functional Opposition, *The Journal of Politics*, Vol.34, No.1(Feb.,1972), p.45.

③ Paul F. Power, Civil Disobedience as Functional Opposition, *The Journal of Politics*, Vol.34, No.1(Feb.,1972), p.46.

第三章　民主视阈下的公民不服从

第一，公民不服从对政权(regime)的作用。鲍尔提出了公民不服从四个方面的功能，第一种功能是使政权非神圣化，他认为这是公民不服从的主导功能。[①]第二种功能是引起政权对其自身不当行为的重视，如权力滥用，并且促使决策者们从外部资源去了解其不当行为。[②]第三种功能建立在第二种功能的基础之上，如果政权对其不当行为有所重视，那么就可能会导致对这些行为的更正，结果可能是政权通过立法、执法和司法来更正权力滥用的现象，也可能是政权本身与政治系统的其它部分之间、中央政权内部，中央政权和下级权威之间的权力重新分配。[③]如果这三种功能都实现的话，那么将可能导致第四种功能，即公民不服从能够有助于政权保持民主特征，用鲍尔的话来说，"防止政权遗失其代表民主价值的头衔"[④]。总之，在鲍尔看来，"公民不服从是一种政治工具，在政权规范来看是违法的，但可能间接地帮助政权保持其权威"[⑤]。

第二，公民不服从对网络政治系统(net political system)的作用。鲍尔指出，公民不服从有助于强化系统的法治，他认为这是公民不服从对于网络政治系统的主导功能。[⑥]网络政治系统在法治方面委托给政权以三项任务，即"制定系统规则以通过规范的颁布来区别许可行为和越轨行为，根据合成的

---

① Paul F. Power, Civil Disobedience as Functional Opposition, *The Journal of Politics*, Vol.34, No. 1(Feb., 1972), p.46.

② Paul F. Power, Civil Disobedience as Functional Opposition, *The Journal of Politics*, Vol.34, No. 1(Feb., 1972), p.47.

③ Paul F. Power, Civil Disobedience as Functional Opposition, *The Journal of Politics*, Vol.34, No. 1(Feb., 1972), p.47.

④ Paul F. Power, Civil Disobedience as Functional Opposition, *The Journal of Politics*, Vol.34, No. 1(Feb., 1972), p.48.

⑤ Paul F. Power, Civil Disobedience as Functional Opposition, *The Journal of Politics*, Vol.34, No. 1(Feb., 1972), p.48.

⑥ Paul F. Power, Civil Disobedience as Functional Opposition, *The Journal of Politics*, Vol.34, No. 1(Feb., 1972), p.48.

(resultant)规范来应用这些规则或者不去这样做,以及裁定关于这些规则、规范及其应用的争端"①。而公民不服从有助于帮助系统保卫其法治,一方面"通过对这些将系统的法治视为一种被律师及其代理人宣传的、用以为已确立的特权和寡头权力辩护的虚构装置的人们进行再教育,公民不服从的支持者有助于保卫系统的法治"②。另一方面,公民不服从有助于增加公民的政治参与。"在功能上,公民不服从可能会增加'参与者'的数量——即那些政治上最自觉的公民,那些关心系统的输入结构和过程还有其输出的公民。"③通过这两方面的作用,公民不服从既能够避免法治成为特权和寡头权力的私有物从而与公民脱节,又能够激发公民对于政治系统的关注和参与,从而达到强化法治的效果。

第三,公民不服从对社会系统(social system)的作用。鲍尔认为这种作用表现在三个方面。首先,公民不服从无害于社会系统的健康。公民不服从由于扩大了政治参与而使得社会关系政治化了,公民不服从作为一种社会角色超越了社会系统中政治系统的边界,实际上起到了拓展政治参与的作用,从而导致许多社会关系的政治化。④而针对米尔布莱斯(Milbrath)认为高水平的政治参与会威胁到知识自由、经济机会和个人发展的观点,鲍尔指出精英规范与系统之外的政治力量之间的隔阂才是威胁社会系统健康的真正危

---

① Paul F. Power, Civil Disobedience as Functional Opposition, *The Journal of Politics*, Vol.34, No.1 (Feb., 1972), p.49.

② Paul F. Power, Civil Disobedience as Functional Opposition, *The Journal of Politics*, Vol.34, No.1 (Feb., 1972), p.49.

③ Paul F. Power, Civil Disobedience as Functional Opposition, *The Journal of Politics*, Vol.34, No.1 (Feb., 1972), p.50.

④ Paul F. Power, Civil Disobedience as Functional Opposition, *The Journal of Politics*, Vol.34, No.1 (Feb., 1972), pp.50–51.

险,而不是公民不服从及其导致的社会关系政治化。[①]

　　其次,公民不服从有助于在技术统治的社会系统中体现民主精神。鲍尔提出了技术统治的社会中存在的一个严重社会问题,即"相比于从政治学来为社会系统辩护这一次要议题, 在复杂的技术统治系统 (technocratic systems)中,一个更为严重的社会问题是因果之间的联系逐渐被隐藏的本质,因而个人渐渐地无法理解他是如何以及为何被一些数据和环境造成的强大的专家所统治"[②]。而这种现象导致了人的异化和对民主精神的背离,因为这种复杂的技术系统和专家统治不仅导致人与人以及人与社会和政治系统的疏离,而且还减少了人们参与社会决策的机会,取而代之的是依赖于金钱投票的代表机制,而公民不服从恰恰可以对此有所补救,公民不服从鼓励人们的直接参与,或者至少也要采取一些直接行动,要求人们去寻求对造成个性衰落和反民主因素提出质疑的策略,从而表达他们对社会目标的追求,并且对社会系统对个人的过度控制施加影响。[③]

　　最后,公民不服从有助于避免社会系统的刚性。鲍尔认为公民不服从对于社会系统来说能够发挥一种"安全阀"的功能,[④]即公民不服从能充当一种社会敌意的排气口,从而避免这种敌意的恶化。而且公民不服从作为一种政治智慧的形式,提供了一种减缓冲突的手段,在目标不变的情况下更大程度上避免了诸如暴力手段的使用。"作为一种煽动性运动,公民不服从不能直

---

　　① Paul F. Power,Civil Disobedience as Functional Opposition,*The Journal of Politics*,Vol.34,No.1 (Feb.,1972),p.51.

　　② Paul F. Power,Civil Disobedience as Functional Opposition,*The Journal of Politics*,Vol.34,No.1 (Feb.,1972),pp.51–52.

　　③ Paul F. Power,Civil Disobedience as Functional Opposition,*The Journal of Politics*,Vol.34,No.1 (Feb.,1972),p.52.

　　④ Paul F. Power,Civil Disobedience as Functional Opposition,*The Journal of Politics*,Vol.34,No.1 (Feb.,1972),p.52.

接帮助建立能够无障碍地容忍冲突的高度整合的系统。然而作为一种斗争形式,公民不服从回避了暴力,这有助于努力减少整个系统中的暴力。"[1]因此,公民不服从更有助于整合,而不是冲突。在鲍尔看来,公民不服从是对其它类型的补救力量的一种功能性替代,与传统的反对派相同的是,他们共享着对于民主精神的承诺,因此是一种正当反对(legitimate opposition)。[2]这也正是公民不服从与革命的本质区别。

三、民主与公民不服从的限度

虽然现实民主的不完美为公民不服从提供了理由,但是这并不能为公民不服从提供证成的充分依据。因为按照前文所指出的证成路径,这种理由属于发生论的证成模式,只能说明公民不服从发生的背景,而并非所有对民主理想的追求最终都会促进民主理想的实现。因此,现实民主中的公民不服从依然需要一系列条件的制约。

马丁的研究富有启发性,他认为公民不服从可以与民主相容的原因在于,民主制中法律也有可能是不道德的、非正义的和不明智的,因而在民主制中不服从这种法律是正确的。他说:

> 我们可以问:对于公民来说,因为在他看来法律本质上相对于某些道德、正义或良好的公共政策的观念而言是有缺陷的,所以不服从这一民主制定的法律是否是正确的——"正确"在这里意味着与民主原则相

---

[1] Paul F. Power, Civil Disobedience as Functional Opposition, *The Journal of Politics*, Vol.34, No.1(Feb.,1972), p.53.

[2] Paul F. Power, Civil Disobedience as Functional Opposition, *The Journal of Politics*, Vol.34, No.1(Feb.,1972), p.53.

一致？我会回答说即使在这里答案也是肯定的。[①]

马丁认为，当不服从法律进入民主的视野之后，公民不服从的问题就从一个道德问题转变为一个政治问题。在政治意义上讲，公民不服从并不必然违背好公民的需求，也不必然破坏民主原则，只要受到一定原则的限制，公民不服从就能与民主原则相一致。他说：

> 一个民主主义者反对一项民主制定的法律的公民不服从，既不是在逻辑上不可能的，也不是不民主的。我的论点是公民不服从在观念上与民主制中好公民的需求不是不一致的——只要公民遵守某种原则。换句话说，在民主制中存在着允许公民不服从的原则。[②]

当马丁提到所谓"允许"，即公民不服从与民主的相容的问题时，他认为应当注意两点，一是不能将公民不服从视为民主的正常渠道业已失败之后的选择（这一点以罗尔斯为代表），二是不能得出公民不服从有利于民主制度本身的结论。他说：

> 还有一些"允许"的其他意义我想让我的观点将它们包括进来。（a）我不是在作出任何种类的程序上的主张，其大意是公民不服从只有在全部或某些"正常的"渠道（例如，请愿、竞选活动、示助于法院和委员会等）业已失败的情况下才是允许的。当我说公民不服从是被允许时，我仅仅是在主张如果被一些原则所限制的话，它基本上是与民主义务和

---

① Rex Martin, Civil Disobedience, *Ethics*, Vol.80, No.2(Jan., 1970), p.129.

② Rex Martin, Civil Disobedience, *Ethics*, Vol.80, No.2(Jan., 1970), pp.129–130.

权威相一致的。（如果它没有被限制，它就完全不被允许。）但我不是说公民不服从在一个程序优先次序的清单中拥有某种特别的排列。(b)我不是在作出任何种类的预示说公民不服从会是有效的（也即有效地使政策或法律得以修改）或者说它将最终有利于民主制度本身（例如，加强一种尊重立法的宪政程序的一般态度）。①

在此基础上，马丁提出其所谓"减弱意义上"(attenuated sense)的证成逻辑，这一逻辑建立在三个假设之上，首先，假定权威原则是民主的（例如，由代议制和确定程序等方式的多数或简单多数统治），有问题的法律是民主制定的，民主制是持续的，以及公民是亲民主的。其次，假定在某些特殊情况下公民不服从对民主政治系统的影响是不可预料的，因而设定为零。最后，公民不服从完全在程序上的优先次序的清单里面是被允许的。因此，公民不服从在民主制中的证成性就取决于公民不服从要符合什么样的原则才能为民主所允许。②对此，马丁提出了六条原则：

1.公民反对法律背后的政府权威，或者否认法律基本的正当性(legitimacy)，即它制定和判决(formulation and decree)的一般过程，在这种背景下，公民并没有违反法律。在这里，公民不服从是必需的旨在反对一项特定的法律，而不是反对整个权威系统或这一系统中法律的制定过程。③

2. 公民认识到有问题的法令是民主地制定出来的。从合法性(le-

---

① Rex Martin, Civil Disobedience, *Ethics*, Vol.80, No.2(Jan., 1970), p.130.

② Rex Martin, Civil Disobedience, *Ethics*, Vol.80, No.2(Jan., 1970), p.131.

③ Rex Martin, Civil Disobedience, *Ethics*, Vol.80, No.2(Jan., 1970), p.131.

gality)的角度看它是没有缺陷的,在这一意义上它是一项法律。法令或命令被视为"国家法律"(law of the land)的一部分。①

3.公民并不想要其行为导致以非民主的政治程序来取代民主的政治程序。他也不想要被认可的现存政府系统和法律制定模式作为挑战法律行为的直接后果在结构上被大幅度改变。而且有理由假设这些意图会被一些事件所维持。我将这一原则简述为非革命的意图和后果的条件。②

4.不服从法律的公民不是仅仅出于私利或个人作为一个道德代理人而应当去做的观念而行动;而是出于一些政治正义、公共善、社会效用或人类权利等观念而采取行动。这并不是说他不能出于私利或良心——道德的或宗教的——的释放而行动。这仅仅表明只有这些是不够的;他必须将一些公民对待(civic-regarding)的原则和一些公民善(civil good)的观念包含进他行动的理由当中。③

5.在不服从法律时,公民并不打算也没有以一种能够被合理预期的方式造成对他人或其财产的有形伤害。这一原则被称为非暴力的条件。④

6.公民应当公开地不服从法律,并且以他愿意承担关于惩罚的后果为条件。⑤

这六条原则实际上构成了民主制下公民不服从的限度,马丁对最后两个原则作了进一步的澄清,他认这两个原则最终都指向一个关键问题,即暴力

---

① Rex Martin,Civil Disobedience,*Ethics*,Vol.80,No.2(Jan.,1970),p.131.
② Rex Martin,Civil Disobedience,*Ethics*,Vol.80,No.2(Jan.,1970),p.131.
③ Rex Martin,Civil Disobedience,*Ethics*,Vol.80,No.2(Jan.,1970),p.131.
④ Rex Martin,Civil Disobedience,*Ethics*,Vol.80,No.2(Jan.,1970),p.132.
⑤ Rex Martin,Civil Disobedience,*Ethics*,Vol.80,No.2(Jan.,1970),p.132.

问题。那么既然允许不服从法律,为什么还要划定一条界线而不能使用暴力呢? 他首先指出一个最为基本的原则,即不能造成对他人及其财产的有形伤害,而暴力往往导致这样的结果。[①] 其次,马丁反对一切暴力,原因在于只有国家才是暴力的合法垄断者,他说:

> (a)现代国家的基本原理的首要特征之一便是暴力的控制;这受教于霍布斯和洛克。(b)国家主权的存在很大程度上取决于其一方面通过法律禁止个人暴力的能力, 另一方面至少在原则上垄断强制性的强力的能力。(c)一个民主国家在这一意义上能够宣称是至高无上的。[②]

在此基础上,马丁区分了三种不同的公民不服从类型,即政治的公民不服从、道德的公民不服从与革命的公民不服从。他认为革命的公民不服从在民主制中无法被证成,因为:

> 对于民主主义者而言,没有反对民主制度或原则的革命被允许。如果政治系统 D 是一个民主系统, 那么革命类型的公民不服从永远无法与民主原则相一致,更不用说革命本身了。从现存民主的视角看,革命的公民不服从不能被证成。然而这一结论仍然使一个反民主的革命反对一个民主制以及一个民主革命反对一个非民主系统的可能的证成性保持开放。[③]

---

① Rex Martin, Civil Disobedience, *Ethics*, Vol.80, No.2(Jan., 1970), p.132.

② Rex Martin, Civil Disobedience, *Ethics*, Vol.80, No.2(Jan., 1970), p.132.

③ Rex Martin, Civil Disobedience, *Ethics*, Vol.80, No.2(Jan., 1970), p.135.

而对公民不服从的政治维度的强调既要求与革命行为区别开来，又要求避免由于单纯强调道德维度而导致的绝对化倾向。如果不把公民不服从视为一种政治行为，正如梭罗那样倾向于使个人及其道德良心绝对化，那么最终的结果必然是无政府和道德盲从（moral fanaticism）。①

最后，马丁认为，对政治的公民不服从的接纳或容忍需要观念或态度上的改变。第一，政府应当继续支持法律的价值以及颁布法律的民主程序，但同时不应将公民不服从与革命、无政府、不道德、坏公民以及民主权威的反对者等同起来，而应尊重公民不服从的原则。第二，应当反思已有的关于民主制中的政治权威和义务的哲学，而必须承认服从民主权威的义务与不服从民主制定的法律之间是一致的，必须承认权威或义务的观念都不需要绝对的服从。第三，人们应当树立这样的观念，即民主制中的政治权威也应当是有限制的，它必须遵循诸如宪政角色、法律程序以及法律本身的限度等原则，从而使民主有能力建立公共政策方面的共识，以及提供法律和政策并将其交给理性的公民来判断。所以有理由认为公民不服从并不必然造成权威的崩溃。②

约翰·罗尔斯的论证向前推进了一步，而且更加精细化。与上述这种基于民主理想与现实之间的差距来证成公民不服从的逻辑不同，他将公民不服从的语境设定为一个接近正义的社会，并且假定这种社会需要一种民主制度。罗尔斯认为接近正义的社会以及与之相适应的一种民主制度满足他的两条正义原则，即平等自由原则和差别原则，而在这种社会或民主制度中，他又假定存在着满足平等自由原则的宪法，即"它确立平等的公民身份（citizen-ship）的一种地位，并且保障人身自由、思想自由和良心自由，保障政治选举

---

① Rex Martin, Civil Disobedience, *Ethics*, Vol.80, No.2（Jan., 1970）, p.135.

② Rex Martin, Civil Disobedience, *Ethics*, Vol.80, No.2（Jan., 1970）, pp.136–137.

中的政治平等和参与政治过程的权利"①。像大多数公民不服从理论家一样，罗尔斯认为在这种社会或民主制度中，仍然存在道德和法律之间或者少数与多数之间的冲突，即个人判断与多数通过的法律仍然存在不一致的情况，但是因为罗尔斯假设宪法或民主程序并未褫夺任何人的平等权利，因此个人只是在两种义务之间进行权衡，即"一种是反对一项不正义法规的义务，另一种是遵守一部正义宪法的义务"②。

在这种条件下，罗尔斯认为对于公民不服从的证成就不能以少数人被民主程序所排斥的理由，但民主制定的法律或政策不一定是最好的这一问题依然存在。对此，他认为对于这样一种宪法程序应当这样理解，即"它是这样一种社会决策过程，这种过程产生的不是一个要得到相信的说法（B 是最好的政策），而是一条要得到遵从的规则"③。这一规则就是多数决定，他指出："至少在一个现代国家的正常条件下，最好的宪政就是认可的平等的政治权利以及使用某些类型的多数决（或其他复数决）规则的民主下体的某种形式。"④ 当然，罗尔斯也承认，"虽然在特定的环境中，被适当地规定并受一定条件限制的多数，具有制定法律的宪法权利被证明为是正当的，但是这并不意味着它所制定的法律就是正义的。"⑤因此，多数原则本身并不能解决上述这种困境。

在这种情况下，罗尔斯引入了"公平游戏原则"，即"假如有一个互利且

①　[美]约翰·罗尔斯：《罗尔斯论文全集》(上卷)，陈肖生等译，吉林出版集团有限责任公司，2013 年，第 136 页。

②　[美]约翰·罗尔斯：《罗尔斯论文全集》(上卷)，陈肖生等译，吉林出版集团有限责任公司，2013 年，第 138 页。

③　[美]约翰·罗尔斯：《罗尔斯论文全集》(上卷)，陈肖生等译，吉林出版集团有限责任公司，2013 年，第 139 页。

④　[美]约翰·罗尔斯：《罗尔斯论文全集》(上卷)，陈肖生等译，吉林出版集团有限责任公司，2013 年，第 203 页。

⑤　[美]约翰·罗尔斯：《正义论》(修订版)，何怀宏、何包钢、廖申白译，中国社会科学出版社，2009 年，第 279 页。

正义的社会合作事业，只有每个人或几乎每个人都参与合作，它才能产生出利益。进一步假设，合作要求每个人都做出某种牺牲，或者至少要求对个人自由施加某种限制"①。如果将宪法看作社会合作事业的一个基本组成部分，而宪法又是正义的，一个人又接受着这一宪法运行所带来的好处，并且由宪法通过的法律又保持在某种限度之内，那么这个人就要对此尽一份力，因而他就有一种基于公平游戏原则而服从这种法律的义务。这里所讲到的正义宪法就是罗尔斯假设的满足两个正义原则尤其是平等自由原则的宪法，这是服从不正义法律的义务所依赖的基本前提。法律保持在某种限度之内意味着要求服从的不正义的法律本身存在某种限制，在正义宪法与公平游戏原则的条件下，罗尔斯认为一个公民在面对一个具体问题时，必须考虑两个问题，即一个问题是如何投票，罗尔斯假定他会投票支持他认为是最好的政策，另一个问题是当他处于少数派的处境时，服从被通过的法律的义务是否会被更强的包括公民不服从的行动的义务所推翻。也就是说，当被通过的法律会侵犯少数人的权利或利益时，一个人诉诸正义观念而考虑是否应当服从该法律时取决于这样几个条件，即"(1)宪法是否正义以及它是否允许被修改；(2)所通过的法律不正义的程度；(3)法律的通过在事实上是不是多数派精心策划的结果，是不是在预告以后会有更多的这种行为；(4)这种情形下的政治社会学(political sociology)是否允许我们可期望该法律会被废止"②。

　　当一项不正义的法律满足这些限制条件而保持在一个可以忍受的限度之内时，人们基于公平游戏原则就具有服从它的义务。也就是说，"当社会基本结构由现状判断是相当正义时，只要不正义法律不超出某种界限，我们就

① ［美］约翰·罗尔斯:《罗尔斯论文全集》(上卷)，陈肖生等译，吉林出版集团有限责任公司，2013年，第140页。

② ［美］约翰·罗尔斯:《罗尔斯论文全集》(上卷)，陈肖生等译，吉林出版集团有限责任公司，2013年，第144页。

要承认它们具有约束性"①。因此,罗尔斯指出,公平游戏规则为服从义务提供了两方面的理由,一方面的理由在于,"第一,这种制度是正义的(它满足了两条正义原则),并且没有任何正义的制度可以保证我们在选举中不处于少数派地位。第二,我们已经接受并打算继续接受这一合作事业的好处。如果我们不服从法律,不根据我们的公民游戏义务去行动,相互冲突的要求之间的平衡(这由正义概念得以规定)就将被打破"②。另一方面的理由在于,对不正义法律或政策的不服从或者对公平游戏规则的推翻不能建立在一种效用原则基础上,即不服从可能产生更大的"利益净结余",而只能借助于更大的"正义结余"。对于第一方面的理由,罗尔斯在《正义论》中有更直接的阐述,即"首先,在有机会被完全接受的数目有限的可行程序中,没有一个程序总是会作出有利于我们的决定。其次,同意其中一个程序比根本达不成协议显然更可取"③。对于第二方面的理由,罗尔斯的意思是,如果不服从可能会带来更大的利益,也一定要保证这种增加的利益被公平地分配。或者从反面来看,像他在《正义论》中所指出的那样,"从长远的角度来看,承受不正义的负担应该或多或少是平均地分配给不同社会群体的,并且在任何特殊情况下,不正义政策所造成的困苦都不应太重"④。

尽管罗尔斯认为在一个接近正义的社会或民主制中,人们基于公平游戏原则而负有哪怕是不正义的法律的义务,但他也强调这种不正义的法律不能

---

① [美]约翰·罗尔斯:《正义论》(修订版),何怀宏、何包钢、廖申白译,中国社会科学出版社,2009年,第275页。

② [美]约翰·罗尔斯:《罗尔斯论文全集》(上卷),陈肖生等译,吉林出版集团有限责任公司,2013年,第146页。

③ [美]约翰·罗尔斯:《正义论》(修订版),何怀宏、何包钢、廖申白译,中国社会科学出版社,2009年,第278页。

④ [美]约翰·罗尔斯:《正义论》(修订版),何怀宏、何包钢、廖申白译,中国社会科学出版社,2009年,第278页。

超越某种限度,而如果公民的判断认为"多数人的行为超越了不正义的特定限度,那么该公民可能会考虑进行公民不服从行动"[1]。这是罗尔斯给出的公民不服从得以实施的基本前提,但是基于这些理由,一个接近正义的社会或民主制中,公民不服从也存在着一定的限度。

首先,罗尔斯认为公民不服从作为一种诉诸多数人正义感的政治行动,必须指向对正义原则造成伤害的不正义法律。在此,他认为对于差别原则的侵害不容易确定,但对于平等自由原则的侵害,如对根本性的平等政治自由权和公民自由权(包括良心自由和思想自由)的侵害却更容易识别。

其次,公民不服从必须是对政治多数的正常呼吁已经真诚地做过了,但没有取得效果。法律纠正手段业已证明无效之后的最终诉诸,并且在这种极端情况下,公民不服从甚至不排除暴力反抗的可能。

再次,公民不服从应当承认遭遇到相似程度的不正义的其他人也拥有以相同方式进行抗议的权利,即公民不服从本身也应当为所有异议者共享。

最后,公民不服从的结果必须保持在一个可被接受的范围内。因为如果所有异议者都采取公民不服从来抗议的话,会产生破坏正义宪法的后果,那么这就产生一个衍生的问题,即当公民不服从的诉求数目巨大且抗议对象不可分割时,谁有权利来实施公民不服从。对于这一难题,罗尔斯认为通过抽签或轮流的方式是不可行的,只有在遭受不正义的少数中达成一种政治协议,以便协调他们的行为,从而当每一方都有机会行使其权利时,彼此的公民不服从范围才会受到限制而不被逾越。[2]

---

① [美]约翰·罗尔斯:《罗尔斯论文全集》(上卷),陈肖生等译,吉林出版集团有限责任公司,2013年,第146页。

② 罗尔斯对于这一问题的论述在《对公民不服从的辩护》与《正义论》中几乎是重复的,参见[美]约翰·罗尔斯:《罗尔斯论文全集》(上卷),陈肖生等译,吉林出版集团有限责任公司,2013年,第207~210页;[美]约翰·罗尔斯:《正义论》(修订版),何怀宏、何包钢、廖申白译,中国社会科学出版社,2009年,第291~294页。

美国公民不服从理论研究

戴维·H. 纽霍尔(David H. Newhall)对民主之下公民不服从的正当性作过非常简洁的总结。他认为公民不服从是民主制中的正当功能,因为民主本身存在缺陷,当其它方式无法有效地改进这些缺陷时,就需要引入公民不服从,从而避免暴力或绝望。但是民主制中的公民不服从的正当性取决于四个方面的考量,即①主题是否清晰? ②是否将公民不服从作为最终诉诸? ③是否对理由进行足够的鉴别? ④其时机和场合是否适于对公众产生建设性的影响? 尽管纽霍尔认为这四条并非公民不服从的公式,但至少可能有助于在决定是否采取公民不服从行为时避免冲动和专断。此外,他认为公民不服从还有助于使社会保留对个人的尊重,并鼓励个人责任。①

津恩的观点相对更为激进,但也认为公民不服从在实践中应当存在一定的限度。他认为,第一,公民不服从是出于一个至关重要的社会目标而故意地和有区别地违法。当一项基本人权处于险境而合法途径不足以保护那种权利时,它就变得不仅是可证明为正当的,而且是必要的。它可能采取违反一项可憎的法律,抗议一种非正义的状况或者象征性地制定一项可欲的法律。由于宪法或国际法的原因最终可以或不可以被合法地主张,但作为民主发展中的一个无限过程,其目标始终是缩小法律与正义之间的差距。

第二,不存在对法律的一般服从的社会价值,至多存在对法律的一般不服从的价值。作为一种灌输一些对"法治"的抽象谄媚的方式,服从恶法只能鼓励公民顺从权威的力量,以及停止挑战现状。将法制拔高为一种绝对事物是极权主义的标志,并且在一个拥有许多民主定语的社会中具有极权主义气氛是可能的。推进不服从非正义之法的公民权利以及不服从危险之法的公民义务,是民主的特有本质,它假定政府及其法律不是神圣的,而是一种

---

① David H. Newhall,Civil Disobedience and Democracy,*The Social Studies*,Vol.LXIV,No.7（Dec.,1,1973）,pp.307–312.

工具,服务于某些目的:生命、自由、幸福。工具是可有可无的,而目的不然。

第三,公民不服从可能还包括违背本身并非可憎的法律,以抗议一个非常重要的问题。在各种不同的情况下,被违反的法律的重要性需要对比问题的重要性进行评价。一项临时被违背的交通法远非与一个被汽车碾压的小孩的生命同等重要;非法侵入办公场所在任何地方都不像战争中的杀戮那样严重;非法占领一个建筑物也不像教育中的种族主义那样罪恶。既然不仅特定的法律而且一般状况都可能是难以忍受的,那么本身并不通常负有义务的法律就可能需要随着抗议而被违背。

第四,如果一种特定的公民不服从行为是一种道德上可被证明为正当的抗议行为,那么将实施行为的人们送进监狱就是不道德的,并且应当被反对和质疑到底。抗议者不必比接受他所打破的规则更为自愿地接受惩罚的规则。可能有很多时候抗议者选择入狱,作为一种继续抗议的方式,一种提醒其同胞关注非正义的方式。但那不同于认为他们必须入狱的作为与公民不服从相关联的一种规则的观念。要点在于抗议精神应当自始至终被维护,不论是通过留在监狱还是通过逃避来实现。作为对"规则"的加入而忏悔着接受牢狱之灾不是突然转变为一种谄媚精神,就是贬低了抗议的严肃性。

第五,从事公民不服从的人们应当选择尽可能非暴力的策略,这与其抗议的有效性和问题的重要性相一致。无序的程度与处于险境的问题的意义之间一定存在一种合理的关系。对人们的伤害与对财产的伤害之间的区分应当是一个最重要的考量。指向财产的策略可能包括:折旧(就像在联合抵制中那样)、破坏、临时占领以及永久挪用。无论如何,任何公民不服从行为的强力都必须清楚地和有差别地集中在抗议目标上。

第六,公民不服从中的无序程度不应当与假定存在于现状中的虚伪的"和平"对照评价,而应当与作为日常生活的一部分的真实无序和暴力对照评价,后者在战争中的国际间被公然表达,但又局部隐藏在"秩序"外观下,掩盖了当代社会的非正义。

第七,在我们关于公民不服从的理由中,我们一定不能忘记我们与国家在利益上是分离的,而且我们一定不能被国家的代理人诱骗而忘记这一点。国家以寻求权力、影响和财富作为它们的目的。个人则寻求健康、和平、创造性活动和爱。国家则由于其权力和财富拥有无数人为其利益代言。这意味着公民必须理解独立或与其同胞一致进行思考和行动的必要性。①

从这些观点来看,他们都认为民主下的公民不服从是有限度的,或者说其正当性是有条件的。这些条件归纳起来大致包括以下内容,第一,他们都主张在民主制下,公民负有对民主及其法律的基本义务,因此公民不服从既不能试图以非民主来取代民主,也不能试图颠覆整个民主的法律体系,尤其是宪法所代表的某种正义原则,而只能作为合法救济途径无效之后的最终诉诸。第二,尽管不能排除出于个人私利或良心的行动,但公民不服从依然必需诉诸一种公共理由,因此公民不服从应当是一种政治行为。第三,公民不服从不能造成对他人权利或利益的侵害,因此应当是非暴力的,而非暴力又隐含着自愿接受惩罚的要求。

四、民主与公民不服从限度的限度

与否定公民不服从的民主理由不同,民主施加给公民不服从的限制条件还是以二者的相容性为前提的,但是这些限制条件本身也并非无可挑剔,还有一些观点对此表示怀疑,甚至对民主之下基本的公民义务也表示质疑,

---

① Howard Zinn, *Disobedience and Democracy*, *Nine Fallacies on Law and Order*, Random House/Vintage, 1968, pp.119–122.

也就是说这些限制条件本身也存在一定的限度。

范德伯格将以罗尔斯为代表的公民不服从理论称为主导理论(ruling theory),而这种理论以社会契约论为基础,这一点使得主导理论具有根本的局限性。伯格指出公民不服从的主导理论有六个方面的特征,包括:①公民不服从的定义太过狭窄。②根据主导理论,公民不服从的道德正当性证明必须立足共同价值,即一种共同的正义感(罗尔斯)或民主社会原则。③关键的道德问题不是我们是否以及何时拥有一种公民不服从的道德责任(duty),而是是否以及何时存在一种公民不服从的道德权利。④政府对不服从的公民的态度应当是相对仁慈的和有所回应的。⑤作为第1、2、4点总体的含义,政府与公民之间的冲突要保持限度。⑥最后的也是最基本的特征是某些社会契约的形式是被假设出来的。①范德伯格认为,在上述六个特征中,第六个是前五个的基础,也即前五个特征的论证依赖于社会契约的问题。

第一,范德伯格指出罗尔斯实际上承认传统的公民不服从概念是包含良心拒绝的,但他把二者区别开来,而区别的根据是良心拒绝并未诉诸社会契约中的共同的正义原则,而公民不服从却是如此。在范德伯格看来,如果社会契约本身是一种虚构的话,那么罗尔斯区分公民不服从与良心拒绝的依据也就不复存在。

第二,范德伯格认为罗尔斯的道德正当性证明也与社会契约有着紧密的联系,即只有诉诸社会契约下的共同价值来证明违法行为的正当性,来自同样契约的服从责任才会失效。

第三,范德伯格认为契约论将人们的权利与义务都让渡给契约,因此人们要想证明服从的义务不适用于具体的行为案例,最好的办法就是指出契约

---

① Wibren van der Burg, The Myth of Civil Disobedience, *Praxis International*, Vol.9, No.3(1989), pp.288-289.

赋予其不服从的权利,比如言论自由或结社自由等。此外,契约论证明人们的道德权利的另一种方法是,表明一个人的行为是根据其对契约的义务,这一义务超过服从法律的义务。在范德伯格看来,大部分公民不服从的案例都很难给出这样的证据。

第四,范德伯格认为政府应当给予不服从者以温和的回应原因在于,由公民不服从的定义可知,不服从者所诉诸的价值与决定政府行为的价值是相同的,都是来自契约。最后,由于上述四点都依赖于社会契约,所以第五个特征也自然依赖于社会契约。

既然公民不服从的主导理论依赖于社会契约观念,那么如果社会契约本身存在问题的话,这种主导理论就不能成立。基于此,范德伯格对社会契约观念进行了批判。他认为,第一,社会契约是纯粹虚构的。伯格引证德沃金对社会契约的批评指出,虚构的契约不是一种特殊的契约,它根本不是一种契约。一种假想的契约,永远无法作为一种国家或政治义务的直接基础。它只具有启发价值,而与现实的公民不服从问题是无关的。他说:

> 一个纯粹假想的契约作为一个我们从中可以推导和批评一般道德原则的观点可能是有用的和有道德的,但对现实而言,对实在的公民不服从问题而言,它是无关的。①

第二,公平游戏原则对公民不服从的限制是有限的。范德伯格指出,罗尔斯的公平游戏(fair play)原则对于私法(individual law)来说可能是一个相关的原则,因为在私法那里,个人如果接受了法律带给他的好处,他就有了

---

① Wibren van der Burg,The Myth of Civil Disobedience,*Praxis International*,Vol.9,No.3(1989),p.291.

服从法律的好的理由,但这一理由也是建立在自利基础上的。公民不服从对法律的拒绝往往是建立在理想主义基础上的,因此公平游戏原则无法否定公民不服从。他说:

> 公平原则对自利动机基础上的逃税通常是一种障碍,但对理想主义动机基础上的公开拒绝纳税却不是。①

第三,真实同意的限度。范德伯格指出有人认为像美国在建国时刻即是对一种社会契约的真实同意,但他认为不论在当时是否是国内公民的大多数的同意,其后代和移民肯定没有作出这种同意。因此,对于一个现代国家,它无法提供服从义务的任何基础。

第四,默许同意也无法支持社会契约。范德伯格认为洛克提出的默许同意中,自由选择在当代社会中并不存在,移民不是解决问题的最终办法,而且有些问题比如核战争和核污染是全球问题,并不存在自由选择的可能。此外,那种认为人们参与到民主过程当中就暗含了同意的观点是有问题的,范德伯格认为参与到民主当中并不能消除根据议会体系治理和根据个人理想治理之间的差异,而且民主体制给予公民的选择也是有限的。所以范德伯格认为默许同意无法得出对国家的承诺。

第五,准同意(quasi-consent)的问题。彼特·辛格(Peter Singer)认为人们参与到民主过程中并不因此而产生同意,而是因为其他参与者期望投票蕴含同意。但伯格认为这种期望是不理性的,而且需要注意的是,对于反民主主义者而言,有时投票可能是最为理性的选择,但他并不认同民主体制。

---

① Wibren van der Burg, The Myth of Civil Disobedience, *Praxis International*, Vol.9, No.3(1989), p.291.

总之,范德伯格认为社会契约不能为服从义务提供任何基础,从而也无法否定公民不服从。因此,公民不服从需要摆脱社会契约观念而寻求新的理论视角。他认为既然公民不服从通常被用来指称政府与公民之间的冲突,那么就应当考虑到个体公民的道德立场、政府的政治立场以及法官的法律立场。[①]在这三种立场基础上,公民不服从的定义应当是:

> 公民不服从是有意地不遵守法律义务,这在行为者看来在道德上是可证明为正当的,即使他或她并不完全拒绝法律秩序的正当性(legitimacy)。[②]

范德伯格所说的新视角实际上是与社会契约这种抽象假设相对的现实主义取向,他主张将公民不服从置于实践当中去进行观察,而且大大拓展了公民不服从的主体外延,而将政府人员以及法官都视为可能的公民不服从者。这种现实主义取向的新视角对契约论下的公民不服从问题有着另外一番解释。

首先是对民主之下服从的道德理由的批评与重新阐释。第一,承诺。范德伯格认为,承诺作为服从的道德理由有两个问题,一个是承诺作为对国家宪法和法律的忠诚必须是自由作出的,然而像征兵所要求的宣誓效忠既不是真正的自由,也不是自由的同意,因此自由选择受到限制,承诺的道德力量也受到限制。另一个问题是,相对于普通公民而言,政治家和官员具有更高的

---

① Wibren van der Burg,The Myth of Civil Disobedience,*Praxis International*,Vol.9,No.3(1989),p.293.

② Wibren van der Burg,The Myth of Civil Disobedience,*Praxis International*,Vol.9,No.3(1989),p.294.

自愿性,因而其承诺的道德力量也更高,所以他们的不服从行为更难被证明为正当。他说:

> 自由选择完全受到限制,因此承诺的道德力量也受到限制。许多政治官员的自愿性很高,因而这样的结果便是承诺的道德力量。这就是为何政治家和官员的不服从比普通公民的不服从更难以被证明为正当的理由之一。①

第二,公平游戏。尽管自利的理由不能完全排斥公平游戏对服从理由的论证,但如果违法并未导致他人受到伤害的话,公平游戏就不适用了,因此公平游戏原则的重要性也是有限的。

第三,民主程序。民主程序作为服从的理由也是有限的,因为并不存在真正的民主,即完全按照正式的民主程序原则来作出决定。真正的民主程序需要多数与少数讨论议题的意愿,如果无视少数人的意见,民主的正当性就会被弱化。

第四,良法与良善的法律秩序。对于良法,范德伯格认为人们有义务服从良法是没有问题的,但什么样的法律是良法却很难清楚说明,很难有一种共识来评估具体的法律是否是良法。对于良善的法律秩序作为服从的理由,即人们有选择地服从法律会对整个法律秩序造成破坏,他认为,法律秩序并非不可分割,在法律秩序内完全可以存在这样的情形,即有的法律具有更大的价值,而有的法律其价值很小或者完全没有。而且也无法清楚地说明不服从某种恶法会对整个法律秩序造成怎样的破坏。因此,范德伯格认为这种服

---

① Wibren van der Burg, The Myth of Civil Disobedience, *Praxis International*, Vol.9, No.3(1989), p.294.

从理由也是有限的。

第五，正当预期(legitimate expectations)。这一服从理由认为如果他人有很好的理由对我的服从表示信任，并在此基础上行动，而且如果我的不服从会对他们造成损失，那么我就不应当背叛这种信任。但范德伯格认为这一理由的真实性必须建立在两个条件之上，一是这种信任必须本身是被证明为正当的，比如白人只想在餐厅看到白人的预期就不符合这一要求；二是他人的确遭受了损失。而且就算这些条件都符合，不服从行为预先的公开性，以及尽可能地补偿受害者也可能使这一理由变得无效。

第六，尊重法律。范德伯格认为尊重法律可以产生一种表面上的服从义务，但这一理由并未考虑不服从的道德理由，而这一行为可能在长期和充分的协商之后被证明在道德上是义不容辞的。因此，尊重法律所产生的服从义务并不是结论性的。①

范德伯格在列举了六条服从理由之后，对这些理由进行了进一步的分析。他首先指出服从理由可以分为表面上的理由(prima facie reason)和排他性的理由(exclusive reason)，后者是约瑟夫·拉兹(Joseph Raz)提出的，拉兹还将同时包含这两种理由的理由称为保护性理由(protected reason)。表面上的理由如承诺所产生的服从义务，如一个人对他人承诺在一个特定时间去做一件事，那么他就应当遵守这一承诺，这里所产生的义务就是表面上的。这种义务可以被具有更为重要价值的理由所推翻，比如为了帮助他人而没有准时赴约。这里便产生了排他性理由，即第二秩序理由，这一理由不能与其他理由简单权衡比较，比如在赴约的路上救助交通事故的受害者。保护性理由则同时具备上述两种理由的特征。

---

① Wibren van der Burg, The Myth of Civil Disobedience, *Praxis International*, Vol.9, No.3(1989), pp.295–296.

在这一基础上,范德伯格对上述六条理由进行了归类和分析。承诺理由是一种排他性理由。当它同时作为服从的表面理由时,它就是保护性理由,对于那些发誓忠诚的人们来说,公民不服从很难被证明为正当。同理,公平游戏也导致了保护性理由,但它只是排除了自利理由下的不服从行为,而永远无法排除竞争性的道德理由。民主程序理由是最为重要的排他性理由,也就是说这是一个绝对的理由,但是他认为民主程序要成为排他性理由它本身须是一个真正的民主程序,而真正的民主程序绝不会使一个不可取消的决定正当化。①而且民主程序应当在多数与少数之间提供一种妥协机制,以及公开公平讨论的机制。他说:

> 对于一个民主程序来说,更进一步的条件是没有永远的少数存在,多数试图全面考虑少数,以及当必要和可能时多数试图通过作出让步来满足少数。此外,讨论应当是真正公开、公平的,并且不被个人利益与权力所控制。②

当然,范德伯格也承认民主程序理由并非没有意义,如果民主程序达到一个合理的程度,那么它至少可以提供部分的理由。对于直接的公民不服从而言,如果其正当性证明仅仅是建立在公民反对法律的基础上,那么保持一个真正民主的法律就是一个保护性理由。对于间接的公民不服从而言,违反有效的法律来反对有争议的法律或政策就分别提供了表面上的理由和排他性理由,而不能提供保护性理由。社会契约所提供的服从理由在范德伯格看

① Wibren van der Burg, The Myth of Civil Disobedience, *Praxis International*, Vol.9, No.3(1989), p.297.

② Wibren van der Burg, The Myth of Civil Disobedience, *Praxis International*, Vol.9, No.3(1989), p.297.

美国公民不服从理论研究

来绝不是保护性理由，因为如果社会契约想要成为一种保护性理由，就必须依赖于同意，如上所述，同意并不能产生绝对的服从理由。一旦确认这一点，公民不服从的主导理论就丧失了理论基础。他说：

> 当我们拿掉契约论基础时，公民不服从就变成不是那么特别的事情。而且当我们观察现代西方社会时，我们注意到本着良心的非法行为的确要被经常接受。是时候去除国家的神秘性并将"政治义务"还原为普通的道德责任了。国王拥有神圣权利的时代一去不复返了。政府应当由于法律的质量和民主程序的质量而被服从。这两个主题必须成为当代讨论公民不服从的中心。①

范德伯格认为，摆脱了社会契约论之后，政府要求服从的理由就应当建立在新的原则基础上。这一原则便是政府必须是民主的，并且能够保证法治。他说：

> 政府行为的主要典范必须是，政府是民主的，而且它应当保证法治（rule of law）。②

而这一理想首先要求一个成熟的民主政府应当容纳公民不服从。他说：

> 这一民主理想要求政府尽量满足公民：其政策应当建立在高度可能

---

① Wibren van der Burg, The Myth of Civil Disobedience, *Praxis International*, Vol.9, No.3(1989), p.299.

② Wibren van der Burg, The Myth of Civil Disobedience, *Praxis International*, Vol.9, No.3(1989), p.300.

的共识之上。公民不服从才能被视为——至少关于那些具有政治目的的行为——一种抗议的重要手段,或者像尤尔根·哈贝马斯所言:公民不服从必须被视为一个成熟民主的常规部分。①

其次,政府行为应当是为善,政府应当经常与公民就有争议的法律或政策进行讨论,而不应当视公民为敌人。

再次,政府行为应当受到法律制约,这也是民主理想的一个方面,同时这就要求司法独立。

最后,范德伯格对政府官员与政治家的不服从进行了补充说明。他认为他们的不服从是一种值得钦佩的自我牺牲行为,但这种行为并不能产生有效的作用,因为一来不服从的官员可以被取代从而不会影响到有争议的政策继续运行,二来在战争或专制的极端情形下,这种行为不能被正常地预期。而且官员对其职业的确给予了明确的承诺,并且这种承诺出于其自由的选择,因而其不服从无法被证明为正当。但是范德伯格认为这种角色道德(role morality)并不适用于所有的政府职位,对于法官而言,他具有其他官员所不具有的责任;而选举产生的官员则对其选民有着特殊的责任。因此,他们的不服从行为完全可能符合上述的全部分析。

总之,范德伯格对以罗尔斯为代表的所谓公民不服从的主导理论的社会契约论基础进行了批判。他认为基于社会契约论指导得出的服从理由是不成立的,真正的服从理由是民主与法治,但他对民主与法治并未有具体的阐述,其理论的批判色彩大于建构色彩。他提出所谓的新路径实质上并未体现出多少新意,唯一确定的与公民不服从相关的原则是,政府本身需要被证成,

① ibren van der Burg, The Myth of Civil Disobedience, *Praxis International*, Vol.9, No.3 (1989), p.300.

美国公民不服从理论研究

即政府必须说明其政策或法律具有程序和实质上的正当性。[①]

当转向马丁和罗尔斯等人给民主中的公民不服从所作的限制条件时,一个问题便是公民不服从是否是合法救济途径业已穷尽且失败之后最终诉诸的策略。迈克尔·贝尔斯(Michael Bayles)则对公民不服从应当被视为合法途径穷尽之后的最终诉诸这一观点进行了反驳。他认为在考察公民不服从而非公民不服从的权利时需要注意不服从行为所指向的是法律、规定或政策的实质不道德性。当考察法律、规定或政策的不道德性时,人们可能会遭遇到两个方面的困惑或难题,即不道德性或罪恶的数量或程度,以及人们对于罪恶的心理感觉。因此,对法律的道德拒绝必须建立在要求一种"怀疑主义的发酵的理性"基础之上,而非情感。[②]

对于公民不服从是否作为穷尽了所有合法资源的最终诉诸的问题,他指出应当区分没有合法资源和具有并且使用了这种合法资源但业已失败两种情形,通常认为前一种情形涉及了对基本权利的否定,"但如果合法资源业已失败,那么人们的程序上的权利就得到保证和实践。当后一种情形发生时,可证明为正当的公民不服从暗示了竞争性事物就处于当前政府决策程序是正当的这一区域之外了"[③]。而且对于个人的公民不服从而言,不论处于这些情形中的哪一个,只要法律是不道德的,都不应当服从它。对于社会的公民不服从而言,在穷尽合法资源之前,公民不服从没有存在的理由。对于这种观点,贝尔斯提出了三点异议:

---

① Wibren van der Burg,The Myth of Civil Disobedience,*Praxis International*,Vol.9,No.3(1989),p.302.

② Michael Bayles,The Justifiability of Civil Disobedience,*The Review of Metaphysics*,Vol.24,No.1(Sep.,1970),pp.11–12.

③ Michael Bayles,The Justifiability of Civil Disobedience,*The Review of Metaphysics*,Vol.24,No.1(Sep.,1970),p.13.

第一,按照他关于公民不服从的定义,公民不服从不仅指向不道德的法律,还指向应当存在的法律的缺失,或者通过违反并不是不道德的法律以抗议其它法律、规定或政策。而那种认为后一种情形的公民不服从是一种反叛而不是不服从的观点,贝尔斯认为它忽视了一些重要情形,即有些法律或政策在现实中可能无法被直接违反, 比如选举资格测试(voter qualification tests)。[①]第二,在某种情形下很难去确定所有的合法资源是否被穷尽。他说:

> 人们也可能从事于社会的不服从以抗议法律、规定或政策的缺失,在这种情形中也不可能直接违反被抗议的条件。在这种情形中,很难去确定是否所有的合法资源业已被穷尽,因为法律包括选举同意人们观点的代表、游说、提交请愿书等。[②]

第三,将合法途径的穷尽作为证成公民不服从的依据,还有一个附加条件,即法律和善存在一个相对价值的问题,通过权衡被抗议的法律和被违反的法律的相对价值来确定公民不服从的正当性。贝尔斯指出了社会善和法律的三个层次或顺序,第一个也是最有价值的一组善包含传统的国家目的,也就是安全、自由、福利和些许正义。善和法律的第二顺序涉及国家运行的程序和政府的初级结构(primary structure)。善和法律的第三种类型旨在保存和促进它们包含附属的善,如公园、水资源、邮政服务、杜绝公共骚扰、商业、

---

① Michael Bayles,The Justifiability of Civil Disobedience,*The Review of Metaphysics*,Vol.24,No.1(Sep.,1970),p.15.

② Michael Bayles,The Justifiability of Civil Disobedience,*The Review of Metaphysics*,Vol.24,No.1(Sep.,1970),p.15.

通信业和银行业的规制,以及实现这些的程序。①但他认为这种分类太过粗糙和主观,因为很多法律无法归入这些类型,而是落在这些分类的边界上,从而无法确定两种法律的相对价值。而且即使假定合法资源业已穷尽,被抗议的法律比被违反的法律更为重要,也无法说明公民不服从是正当的。他说:

> 甚至假定合法资源业已被穷尽,而且被抗议的一项法律、规定或政策比被违背的那个更为重要,也不会自动地导致公民不服从是正当的。②

对于贝尔斯的第三点质疑,卡尔·科恩也认为不能将是否穷尽合法救济途径作为证成公民不服从的依据,原因在于,不能简单地将实现同一目标的方式分成两种,即合法的和不合法的,并简单地认为后者是不正当的。真正的问题并不是在具有相同效力的合法和不合法途径之间进行选择,因为合法途径有可能只是书面上的而非事实存在的,或者在一些具体情况下根本是无用的。即便能够指出合法途径的存在,但公民不服从依然具有合法抗议所无法匹敌的道德力量和公共效力。而且对于遭受严重不正义的那部分共同体成员来说,他们可能事先就对合法抗议失去了信心,在他们看来,尽管诉诸公民不服从会使个人或社会付出代价,但比起长远的社会正义而言,这些都更为次要。因此,公民不服从的正当性不能取决于合法救济途径的穷尽,而应当取决于公民不服从是否指向社会正义这一中心问题。③

---

① Michael Bayles, The Justifiability of Civil Disobedience, *The Review of Metaphysics*, Vol.24, No. 1(Sep., 1970), pp.16–17.

② Michael Bayles, The Justifiability of Civil Disobedience, *The Review of Metaphysics*, Vol.24, No. 1(Sep., 1970), p.18.

③ Carl Cohen, *Civil Disobedience: Conscience, Tactics, and the Law*, Columbia University Press, 1971, pp.163–167.

第三章　民主视阈下的公民不服从

对于公民不服从的最后诉诸策略的限制似乎是不成功的，理由大多集中在这一限制在实践中无法辨认也很难满足。然而不论不同的理论家对公民不服从的理论基础有怎样的认识，或者不论这些理论家的立场是温和的还是激进的，非暴力往往被认为是民主中公民不服从应当遵循的原则。但是除去第二章中所作的公民不服从与哲学上的非暴力的区别之外，在这些强调非暴力的文本中隐藏着一个细节，即公民不服从理论家似乎并未完全排斥暴力手段，毋宁说他们不过是确立了非暴力手段相对于暴力手段的优先地位。例如，罗尔斯一方面指出公民不服从是公开的非暴力的，这意味着公民通过自愿接受惩罚而表达对法律的尊重，但另一方面又指出公民不服从并未完全排斥暴力手段，他说：

> 通过采取公民不服从行动，人们也没有无期限地排除暴力抵抗的理念；因为如果反抗不正义的诉求遭到反复否定，那么多数人其实就表明了其意图：要求投降或抵抗；而抵抗，即使在民主体系里也可能是有辩护的。如果民主的多数已经表明他们无视作为宪法的基础的正义原则，我们也不能对他们压制基本自由权的行为忍气吞声。①

可见，罗尔斯认为，非暴力在民主违背了正义原则和诉诸被反复否定的情况下并不是一个绝对的行动准则，但公民不服从的暴力行为与伤害和侮辱他人的暴力行为还是有区别的，因为前者"是在表达真诚的和深刻执着的信念，虽然它可能警告和劝喻，但它自身不是一种威胁"②。

---

① ［美］约翰·罗尔斯：《罗尔斯论文全集》（上卷），陈肖生等译，吉林出版集团有限责任公司，2013 年，第 207 页。

② ［美］约翰·罗尔斯：，《正义论》（修订版），何怀宏、何包钢、廖申白译，中国社会科学出版社，2009 年，第 287 页。

的确，暴力对于任何政治行为而言都不是一种可欲的或者值得赞赏和鼓励的策略。哈里斯·L.沃弗德(Harris L. Wofford, Jr.)认为暴力与非暴力是区分公民不服从的滥用和使用的关键，左派与右派、革命者(revolutionaries)和建构者(Establishment)、年轻人与老年人对于公民不服从的不同立场都指向暴力与非暴力的问题，他将公民不服从的非暴力手段称为"牛虻"，反对非暴力的两种极端情形是，一种认为非暴力太过软弱而不足以改变现状，另一种认为非暴力太过强大而可能破坏社会。他说：

> 反对它(公民不服从——译者注)的情形是一把双刃剑：它做得不够，或者它做得太过——它的刺太过软弱而无法改变或颠覆我们任何伟大的官僚制或体系；它的刺是如此强大以至那伟大的战马本身，即我们的社会不可能幸存。①

在他看来，对于非暴力的公民不服从的态度应当避免这两种极端，公民不服从反对无序和混乱，又要求对非暴力和接受法律后果的承诺，因此他告诫人们：

> 如果自由是潘多拉魔盒，那么公民不服从可能是盒子底部最后的那部分东西，根据这一神话，它的结果是希望。②

总之，理想与现实之间、程序正义与实质正义之间的差距为民主与公民

---

① Harris L. Wofford, Jr. Law as a Question, The Uses and Abuse of Civil Disobedience: In Robert A. Goldwin(ed.), *Disobediecne: Old and New*, Rand Mcnally & Company, 1968, p.89.

② Harris L. Wofford, Jr. Law as a Question, The Uses and Abuse of Civil Disobedience: In Robert A. Goldwin(ed.), *Disobediecne: Old and New*, Rand Mcnally & Company, 1968, p.93.

不服从的相容性提供了理由，基于对一种理想民主及其所代表的诸如正义之类的理念，既能够成为对民主的服从依据，也能够作为民主之下公民不服从的逻辑起点。在这种基于民主理想的服从与不服从的纠结之中，民主下的公民不服从应当能够与革命或无政府主义区别开来，因为公民不服从仍然接受民主的价值及其制度安排，对基本的法律体系也表示认同。因此，民主下的公民不服从行为在实践中应当有所节制。反对的观点则认为契约论式的服从理由是无效的，民主本身并没有要求人们服从的道德理由，而实践的复杂性使得公民不服从不能局限为合法途径之后的最终诉诸，也不能将非暴力作为一种绝对律令，民主下的公民不服从的证成依然无法跳出前文关于公民不服从证成的结论之外，即没有一种确切的原则能够证成公民不服从。所有对公民不服从的证成理由，包括民主之下公民不服从的限度，只能表明在特定情况下证成逻辑或行为策略的优先次序，这仍然是贝多之前就已经指出的那种证成困境，即要么说明原则来解释行为，要么裁剪行为来说明原则。①

---

① Hugo A. Bedau, On Civil Disobedience, *The Journal of Philosophy*, Vol.58, No.21, American Philosophical Association Eastern Division Symposium Papers to be Presented at the Fifty–Eighth Annual Meeting, Atlantic City, N.J., December 27–29, 1961(Oct., 12, 1961), p.664.

第四章
当代公民不服从理论的议题拓展与现实挑战

一、信息化时代的公民不服从

(一)黑客主义:公民不服从的2.0时代

信息化时代的来临使政治行为和政治理论发生了巨大变化,信息资本和大型公司对信息技术和信息资源的垄断,以及一些国家的信息政策导致的对信息自由的侵犯,一些非国家的技术精英开始通过网络活动实施抗议行为。黑客主义(Hacktivism)正是在这种背景下逐渐成为一个时髦话语进入公共领域,作为一种激进的行动主义,黑客主义因其强烈的政治倾向和抗议色彩与公民不服从产生了理论上的交织,诸如"电子公民不服从"[①](Electronic Civil Disobedience,简称 ECD)、"网络公民不服从"[②](Cyber Civil Disobedi-

---

① Critical Art Ensemble, *Electronic Civil Disobedience and Other Unpopular Ideas*, Autonomedia, 1996.

② Brian J. Huschle, Cyber Disobedience: When is Hacktivism Civil Disobedience?, *International Journal of Applied Philosophy*, Vol.16, No.1, 2002, pp.69–83.

ence）、"数字不服从"①（Digital Disobedience）等概念成为信息时代公民不服从概念的衍生词汇，试图借用公民不服从的经典理论来为具有政治动机的网络违法行为进行正当性论证，由此也促使公民不服从理论开始反思经典理论是否适用于网络信息时代的问题。正如坎迪斯·迪尔玛斯（Candice Delmas）所言，公民不服从进入了"2.0时代"。

1999年12月，桃尔茜·E.丹宁（Dorothy E. Denning）在"互联网和国际系统：信息技术和美国的外交政策决策"（The Internet and International Systems：Information Technology and American Foreign Policy Decisionmaking）学术会议上宣读的一篇《行动主义、黑客主义和网络恐怖主义：互联网作为影响外交政策的工具》的文章中将黑客主义定义为"黑客和行动主义的结合。它涵盖了使用黑客技术攻击目标网站的操作，旨在破坏正常操作，但不会造成严重伤害"②。蒂姆·乔丹和保罗·泰勒则认为：

> 黑客主义是指在网络空间中出现的大众政治行动和人群的自我活动。这是草根政治抗议和电脑黑客攻击的结合。黑客主义者在网络空间结构内运作，为技术上虚拟生活的可能性而努力，并利用虚拟力量在网络空间之外塑造线下生活。社会运动和民众抗议是21世纪社会的重要组成部分。黑客主义是一种被电子化的行动主义。……黑客主义出现在20世纪末，是一种特殊的社会和文化现象，其中直接行动的大众政治已被转化为虚拟领域。"①

---

① William E. Scheuerman, Digital Disobedience and The Law, *New Political Science*, Vol.38, No. 3, 2016, pp.299‑314.

② Dorothy E. Denning, Activism, Hacktivism, and Cyberterrorism：The Internet as a Tool for Influencing Foreign Policy, *Journal of Computer Security*, Vol.16, No.3, 2000, pp.15–35.

① Tim Jordan, Paul A. Taylor, *Hacktivism and Cyberwars：Rebels with a cause？* Routledge, 2004, p.1.

美国公民不服从理论研究

在这些开创性研究的概念基础上,真正具有系统性的研究来自亚历山德拉·惠特尼·萨缪尔(Alexandra Whitney Samuel),他更加明确了黑客主义的概念,即"黑客主义是指对追求政治目标的非法或法律上模糊的数字工具的非暴力使用"[1],并指出了黑客主义具有的四个基本特征,首先,与传统的公民不服从不同,黑客主义是线上(Online)行为;其次,与网络恐怖主义(Cyberterrorism)相区别,黑客主义是非暴力行为;再次,与并不违法的网络行动主义(Online Activism)相区别,黑客主义是违法行为;最后,与普通的黑客攻击不同,黑客主义具有明确的政治目标和意图。在此基础上,萨缪尔列举了几种黑客主义的常见形式,如网站破坏(Site Defacements)、网站重定向(Site Redirects)、拒绝服务攻击(Denial-of-Service Attacks)、信息盗窃(Information Theft)、信息盗窃和分发(Information Theft and Distribution)、网站模仿(Site Parodies)、虚拟破坏(Virtual Sabotage)、虚拟静坐(Virtual Sit-ins)和软件开发(Software Development)等,[2]并将这些常见形式归结为政治性破解(Political Cracking)、表演性黑客主义(Performative Hacktivism)和政治性编码(Political Coding)三种类型。

他进一步从文化起源和行为取向两个方面对上述三种类型的黑客主义进行了区分。从文化起源上来看,政治破解和政治编码源于黑客—程序员文

---

[1]   Alexandra Whitney Samuel, *Hacktivism and the Future of Political Participation*, Harvard University, 2004, p.2.

[2]   网站破坏是指黑客侵入一个网页服务器,并用一个带有某种消息的新网页替换一个网页。网站重定向是指黑客黑入 web 服务器并更改其寻址,以便潜在的访问者被重定向到另一个网站。拒绝服务攻击是对计算机系统或网络的攻击,导致用户的服务损失,通常是网络连接和服务的损失。信息盗窃包括侵入私人网络和窃取信息。虚拟破坏包括旨在操纵或破坏目标信息技术的在线活动。虚拟静坐通过让成百上千甚至数十万的抗议者快速地在目标服务器上重新加载网页,使它们的流量过载直到减速或崩溃。网站模仿是对目标组织的恶搞,通常通过模仿其网站的外观,用一个链接网址混淆原有网址。作为黑客主义的软件开发是指服务于特定政治目的软件工具开发。参见 *Hacktivism and the Future of Political Participation*, pp.8-14.

化，而后现代的左派文化则产生了表演性黑客主义，两种文化之间存在鲜明的对立，前者认为后者由于技术上的无能导致了行为者对互联网基础设施的无知，而后者认为前者作为技术精英更关心计算机而不是人。在萨缪尔看来，黑客—程序员文化基于由史蒂文·莱维（Steven Levy）提出的一系列"黑客伦理"而将对知识的追求转化成一系列政治主张，如言论自由、隐私权、知识产权自由、开放标准以及免费或开源软件等，从而使得黑客政治成为互联网政治的开始。

随着互联网用户的爆发式增长，这种对于信息自由的传统黑客政治逐渐为互联网的工具价值所取代，用户的线下身份和兴趣偏好而非互联网本身的文化和价值成为黑客主义的定义标准，因此后现代的左派文化不像黑客—程序员文化那样有着强烈的黑客文化认同和共享价值，而是将黑客主义作为政治信仰和战术创新的结合。从行为取向上来看，政治破解是由来自黑客—程序员背景的黑客主义者进行的，他们有法外（outlaw）倾向。表演性黑客主义是由来自艺术家和活动家背景的黑客主义者进行的，他们有一种违法取向。而政治编码是由具有黑客背景的黑客主义者进行的，他们具有与表演性黑客主义者相同的违法取向。具体而言，两种行为取向在对法律风险的容忍度、命名实践（Naming Practices）、集体行动规模和多国合作倾向等方面截然不同，法外取向缺乏承担法律后果的强烈意愿，因而其行为也往往是匿名的，而且倾向于单独行动，相比之下违法取向则体现了责任、公开、规模和跨国合作的倾向，[①]尤其是表演性黑客主义通常集中于全球化和人权等议题，更倾向于参与一个由活动人士组成的跨国联盟。[②]

---

① Alexardra Whitney Samuel, *Hacktivism and the Future of Political Participation*, Harvard University, 2004, pp.47–49.

② Alexardra Whitney Samuel, *Hacktivism and the Future of Political Participation*, Harvard University, 2004, p.70.

最后,萨缪尔认为,尽管将黑客主义划入公民不服从而非网络威胁更加中肯,然而黑客主义的公民不服从理论证成仍然缺乏有力的直接证据,这也是以电子干扰剧场[①](The Electronic Disturbance Theater,简称 EDT)为代表的表演性黑客主义回避黑客主义的标签而提出"电子公民不服从"概念的直接原因。但无论如何,"黑客主义的战术创新确实成为一个探索数字时代公民不服从的意义和途径的过程"[②]。

(二)电子公民不服从及其正当性

不论是将计算机、互联网或者数字作为价值理性还是工具理性,黑客主义的正当性问题一直是其所面临的核心问题。网络空间的特殊性、高度的技术门槛,以及黑客行为蕴藏的高风险等诸多要素决定了黑客主义的证成似乎是一项不可能完成的任务,加之世界范围内对于信息安全的立法实践,尤其是在"9·11"事件之后人们对网络恐怖主义的担忧和警惕,加剧了黑客主义的

---

① EDT 是由 Ricardo Dominguez、Carmin Karasic、Brett Stalbaum 和 Stefan Wray 四名网络艺术家和网络活动家于 1997 年创立的,致力于发展电子公民不服从(ECD)理论和实践的组织。该组织集中对墨西哥和美国政府采取电子行动,以提请人们注意自 1998 年初以来对墨西哥的萨帕塔主义者(Zapatistas)和其他人发动的战争。EDT 一直在激进政治、重组的行动主义、表演艺术和软件设计的交叉点工作。1995 年,EDT 生产了一种名为洪水网(FloodNet)的 ECD 软件包,可以自动向目标网页发出请求,从而干扰一个网站。1998 年 1 月 1 日,EDT 发布了干扰开发人员的工具包,这导致了"国际黑客主义"在世界各地的出现。2002 年底,黑客主义组织继续发展 ECD 作为对抗自上而下全球化的数字化实践。自成立以来,EDT 共上演了 9 场所谓的 ECD"表演"。每一次行动均发生在墨西哥当地时间的上午 10 点到 12 点,并于指定日期的下午 4 点到 6 点结束。这些行动的时间结点选在包括埃米利亚诺·萨帕塔死亡纪念日、母亲节、拉坎多丛林第二次宣布四周年、阿加斯布兰卡斯大屠杀三周年、墨西哥近代历史上最大的选举欺诈十周年、墨西哥独立日、特拉特洛尔科大屠杀三十周年、殖民 506 年、埃兹恩诞生十五周年、恰帕斯大屠杀一周年以及萨帕塔革命五周年等历史日期,最后一次行动发生在 2008 年。参见 Stefan Wray,The Electronic Disturbance Theater and Electronic Civil Disobedience,June 17,1998,http://www.thing.net/~rdom/ecd/EDTECD.html.;Ricardo Dominguez,Electronic Disturbance Theater:Timeline 1994—2002,*The Drama Review*,Vol.47,No.2,2003,pp.132–134.

② *Hacktivism and the Future of Political Participation*,p.237.

证成难度。在这种背景下,理论界试图通过两个步骤对黑客主义进行证成,第一步是用"电子公民不服从"这样的概念来将黑客主义中的一部分剥离出来,并与其他形式的黑客主义以及网络违法行为等区别开来;第二步是对传统公民不服从理论的反思,并试图发展一种网络时代(或信息时代、数字时代、互联网时代)的公民不服从理论。

从概念史的角度来看,"电子公民不服从"一词最早由批判艺术团体①(Critical Art Ensemble,简称 CAE)于 1996 年出版的《电子公民不服从与其他不受欢迎的想法》一书中正式提出。在该书中,CAE 认为,尽管传统的公民不服从在一些地方层面仍然有效,然而封锁建筑物或在物理空间内进行的抗议行为无法对信息和资本的分散及流动所导致的权力流动造成有效影响,因此传统的街头抗议应当为电子化的抗议形式所取代。电子公民不服从正是对公民不服从的一种复兴,它与试图从损害个人的行动中获利的计算机犯罪不同,旨在通过非法侵入和堵塞关键网络通道和空间来对从事不道德或刑事行为的合法化机构施加压力。② 在 2001 年出版的《数字反抗》一书中,CAE 进一步指出,电子公民不服从是"一种应该保持在公众/大众领域(如黑客传统)和媒体视线之外的地下活动"③。

电子公民不服从的概念后来在 EDT 那里得到了进一步发展, 同为 CAE 和 EDT 创始人之一的里卡多·多明格斯(Ricardo Dominguez)就曾明确指出,

---

① CAE 成立于 1987 年,是一个由 5 种不同专业的媒体从业者组成的团体,包括计算机图形和网页设计、电影/视频、摄影、文本艺术、书籍艺术和表演。该团体的宗旨在于探索艺术、批判性理论、技术和政治行动主义之间的交集,并在国际上的不同场所进行展览和表演,包括街道、博物馆和互联网等。在 1994—2018 年间,该团体共出版了 8 本著作,并被翻译成 18 种语言。参见 CAE 的网站简介,http://critical-art.net/。

② Critical Art Ensemble, *Electronic Civil Disobedience and Other Unpopular Ideas*, Autonomedia, 1996, pp.7–18.

③ Critical Art Ensemble, Digital Resistance: *Explorations in Tactical Media*, Autonomedia, 2001, p.14.

美国公民不服从理论研究

"电子公民不服从是而且应当被视为一种与公民不服从的悠久传统紧密联系在一起的数字实践"[①]。同样作为 EDT 的创始人之一,斯蒂芬·雷(Stefan Wray)也认同 CAE 关于电子公民不服从采取虚拟封锁与虚拟静坐的策略,但与CAE 不同的是,首先,电子公民不服从应当从秘密运用精英黑客技术转向更为透明的公众景象,从而吸引尽可能多的参与者。其次,街头抗议不会消失,未来的行动既不是纯粹的电子公民不服从,也不是纯粹的有形不服从,而是二者的混合使用。[②]

在此基础上,雷描述了一个黑客主义的谱系,这个谱系的一端是纯粹的言语,而另一端是纯粹的行为,归入这一谱系的网络行为包括计算机化的行动主义(Computerized Activism)、草根信息战(Grassroots Infowar)、电子公民不服从、政治化黑客(Politicized Hacking)和反抗未来战争(Resistance to Future War),计算机化的行动主义更接近纯粹的言语一端,最早可追溯到 1986 年的和平网(PeaceNet),由从事反核运动和致力于中美洲团结运动的活动分子通过跨国电子邮件实现计算机中介式交流(Computer-mediated Communication,简称 CMC),草根信息战是对计算化的行动主义的一种强化,通过跨境信息传播和交流煽动全球行动,而不只是将互联网媒介作为一种报道和宣传手段。

电子公民不服从比草根信息战在推进行动方面更进一步,作为一种大规模且分散的直接行动方式,通过虚拟静坐和虚拟封锁的方式将互联网本身作为一种行动对象,从而使其自身成为黑客主义的第一次违法行为。政治化黑客与电子公民不服从相一致的是二者均带有强烈的政治动机,并且都涉及违法,二者的不同之处在于前者通常是一种匿名的,而且主要是由个人完成的

[①] Ricardo Dominguez, Electronic Civil Disobedience: Inventing the Future of Online Agitprop Theater, *PMLA*, Special Topic: War, Vol.124, No.5(Oct., 2009), pp.1806–1812.

[②] Stefan Wray, On Electronic Civil Disobedience, *Peace Review*, Vol.11, No.1, 1999, pp.107–111.

行为。反抗未来战争是针对高度依赖信息技术的未来战争中的军事系统和通信系统，并结合大规模街头行动的反战抗议行为。在雷看来，从纯粹言语到纯粹行为的流动是黑客主义发展的趋势，这一方面会直接导致对黑客主义的批评声音的增加，另一方面由于跨越政治边界的网络空间具有治外法权的特征，从而给网络违法行为的可执行性和可诉性带来困难，进而影响到黑客主义作为公民不服从的正当性。①

从雷的谱系学分析来看，电子公民不服从是一种将互联网作为信息交流和行动场域的组织工具。与纯粹的黑客主义不同，它并非致力于黑客伦理及其政治主张的实现，而是将互联网作为实现其特定现实政治目标的工具，因此更强调与线下抗议行为的结合和大规模的公众参与。格雷厄姆·米克尔（Graham Meikle）认为，电子公民不服从具备了更接近传统公民不服从的要素，包括将行动提前公开，以吸引尽可能多的参与者；行动不会对目标地点造成损害，而只是模拟静坐；参与者对他们的目标和身份持开放态度等，它本质上是一种旨在"命名、定义、认可和说服"的象征性权力（Symbolic Power），是一种媒体、政治和教育（Pedagogy）相互融合的做法。因此，米克尔主张电子公民不服从与黑客主义、网络战争和恐怖主义保持距离或划清界限，黑客主义这个术语可能会让电子公民不服从很容易被边缘化和妖魔化，而网络战争意味着国家或社会之间的大规模信息冲突，即便是人道主义的军事化行动也不可避免地与电子公民不服从所主张的非暴力产生龃龉，恐怖主义的强制性特征则与电子公民不服从的象征性特征存在鲜明的区别。②马克·马尼恩（Mark Manion）和艾比·古德勒姆（Abby Goodrum）也指出，为了使黑客符合公民不服

---

①　Stefan Wray, *Electronic Civil Disobedience and the World Wide Web of Hactivism*, 1998, https://www.arifyildirim.com/ilt510/stefan.wray.pdf.

②　Graham Meikle, *Electronic Civil Disobedience and Symbolic Power*, 2008, pp.1-30, https://dspace.stir.ac.uk/bitstream/1893/6577/1/Electronic%20Civil%20Disobedience%20and%20Symbolic%20Power.pdf.

从行为,黑客必须出于道德问题的强烈动机,并准备接受其行为的后果,而由于一系列针对政府网站的黑客主义行为以及由此导致的立法实践,使得黑客主义往往与信息战争和恐怖主义纠缠不清。这就要求黑客主义必须与网络犯罪和网络恐怖主义区别开来,在此基础上,黑客主义必须提供其行为的道德正当性,而这必然要求扩展公民不服从的道德正当性。[①]

雷的分析中实际上还引出了电子公民不服从正当性证明的第二个问题,即网络和网络行为的特征与传统公民不服从行为之间的差异,而这也直接引出了电子公民不服从证成的第二步尝试,即努力使电子公民不服从符合传统公民不服从的正当性标准。布莱恩·J.胡施勒(Brian J. Huschle)指出,网络空间具有四个方面的特征:第一,网络空间具有全球化影响。第二,全球化影响也发生在国界之内。第三,一个人可以进行直接或即时的行动,同时保持匿名或安全的物理距离。第四,一个人在网络空间单独工作可以比其他的个人单独工作更容易产生大的影响。这些特征不可避免地挑战或改变了网络时代的公民不服从。

首先,传统的公民不服从理论所遵循的非暴力原则是指不对某人或某物造成物理伤害,并且行为本身没有恶意,网络不服从并不造成身体上的伤害,而只是造成对象所能够承受的商业和时间上的损失。

其次,由于网络不服从具有全球效应,并同时发生在国家边界之内,因此世界领域和非民主国家内发生的不服从行为就无法用穷尽合法的民主途径这一标准来证成。

最后,尽管网络不服从行为是公开的,以及并不逃避其行为的法律后果,然而网络行为的跨国特征加之网络空间的私人性和私密性,导致惩罚和追责

---

① Mark Manion, Abby Goodrum, Terrorism or Civil Disobedience: Toward a Hacktivist Ethic, *ACM SIGCAS Computers and Society*, Vol.30, No.2, 2000, pp.14–19.

的困难,但这并不能否定不服从者对法治的尊重态度。①菲利普·麦克雷诺兹(Phillip McReynolds)则认为,不论网络公民不服从行为是否造成了对财产或财产权的有形破坏或抵制特定法律的象征性破坏,只要其并未采取强制手段,并且出于某种道德目的,那么该行为就具有道德上的正当性。此外,网络行为具有不对称性,行为者能够对目标造成重大伤害而自己的风险却很小,因此个人或特定群体的成员感受到的威胁程度应当成为判断行为道德性的标准。所以,只要不服从行为没有破坏、伤害或威胁到社交性(Sociability),即行为仍然保持在沟通交流的非强制范围内,那么该行为就具有道德上的正当性。②

总之,网络空间的特征的确成为电子公民不服从与传统公民不服从之间很难逾越的障碍。将电子公民不服从从黑客主义中分离出来,至少从术语和话语的层面做到这一点,并与其它形式的黑客行为保持距离,是电子公民不服从获得正当性证明的第一步尝试,但这种谱系学或类型学分析并未有效打通电子公民不服从和传统公民不服从之间的隔阂。将电子公民不服从置于传统公民不服从理论的既有框架和标准并逐条对照的证成策略似乎太过机械,并未真正考虑到网络特征对公民不服从理论的挑战,而只能表明二者之间存在着某种精神气质和行为动机的接近,但这种策略并不能有效提供信息时代的公民不服从的正当性证明。因此,一些理论家开始思考传统的公民不服从理论在网络时代的适用性问题,并主张探索和发现一种新的公民不服从理论。

威廉·E.舒尔曼(William E. Scheuerman)认为,将数字不服从归入传统的公民不服从概念范畴无异于被迫给其穿上了一件紧身衣,因此他转而从法治

① Brian J. Huschle, Cyber Disobedience: When is Hacktivism Civil Disobedience?, *International Journal of Applied Philosophy*, Vol.16, No.1, 2002, pp.69–83.

② Phillip McReynolds, How to Think About Cyber Conflicts Involving Non-state Actors, *Philosophy & Technology*, Vol.28, No.3, 2015, pp.427–448.

的角度为数字不服从提供一种证成路径。他认为，传统公民不服从的焦点讨论在于罗尔斯所指出的在忠于法律的限度内不服从法律，即公民不服从者有义务展示其对法律和法律体系的忠诚。这一点体现在传统公民不服从理论的正当性标准之中就变成法治应当要求对不服从者进行积极诉讼，并要求不服从者自愿接受法律惩罚，但法治的理念所要求的对法律本身的忠诚也要求国家能够提供基本的个人安全与自由，而这就要求国家本身也应当受到法律的约束。因此，法治发挥着基本的保护功能，超越了人们熟悉的支持政治和社会现状的方式。它不仅仅是自由意识形态或不公正的政治和社会秩序的门面功夫，它还为政治和社会弱势群体提供了不可或缺的最低保护。

基于此，舒尔曼指出，美国的《间谍法》(*Espionage Act*)和《计算机欺诈与滥用法》(*Computer Fraud and Abuse Act*)两项法案充满了模糊的法律标准，赋予了特别是检察官过大的自由裁量权。因此，数字不服从的行为背景是一些高度可疑的政府行为绕过了法律的界限，这就要求比以往更多的公众监督。在这种背景下，数字不服从者认为法治存在不自由甚至独裁的倾向，从而不愿意接受他们所违背的法律的惩罚。这一点在舒尔曼对斯诺登的辩护中可以看出，"屈从于《间谍法》的法律违规行为并不代表尊重，而是对法治的蔑视。在斯诺登看来，规避不符合基本法治承诺的虚假司法程序可能带来的严厉惩罚，更能体现对法律的忠诚"。由此，"数字不服从者正在为民主政治和法治作出建设性贡献"。①

此外，舒尔曼认为，斯诺登的网络检举行为不仅引发了一场关于美国监控的大规模全球辩论，而且还引发了一场关于在一个国家监控的技术可能性前所未有的时代中个人道德责任的辩论，斯诺登并不是为了私利或援助外国

---

① William E. Scheuerman, Digital Disobedience and the Law, *New Political Science*, Vol.38, No. 3, 2016, pp.299–314.

恐怖分子，而是为了引起人们对严重违法行为的注意，并提出了在全球化时代人类安全优先于国家安全，以及个人负有超越国家服从义务的国际责任的世界性道德。[①]由此可见，舒尔曼从更为宽泛的法治理念拓宽了传统公民不服从的正当性理由，将接受行为后果与法律惩罚的正当性标准转化为国家对不服从者保护与对更高法治精神的义务，从而赋予数字不服从以正当性。对此，布朗利认为，舒尔曼所提及的不接受秘密的、不规则的、任意的、武断的或过度残忍的刑事诉讼的正当性，更接近正义原则而非法治原则，而且对斯诺登式检举行为的辩护最终仍然应当回到其道德规范上来，而且舒尔曼所遵循的罗尔斯式的正当性辩护无法解释网络的、国际的和跨国的公民不服从这些新的形式。[②]

坎蒂丝·德尔马斯（Candice Delmas）认同舒尔曼的前提，认为黑客主义不属于公民不服从的范畴，而且运用传统公民不服从的正当性标准来检视黑客主义是不公平的。其主要原因在于将网络世界与线下世界进行了简单类比，而现实情况是，网络世界"没有街道；没有可以听到的公共论坛；没有民主权威；虽然有很多机会在网上表达意见，但演讲总是由互联网提供商调解，以及潜在地监管和审查"，并且缺乏传统公民不服从所展开的接近正义的背景条件，这本身就构成了黑客主义抗议的对象。

因此，德尔马斯将黑客主义定义为有原则的数字反抗行为，并将其分为五种类型，包括数字治安维持主义（Digital Vigilantism）、检举（Whistleblowing）、游击交流（Guerrilla Communication）、电子人道主义（Electronic Humani-

---

① William E. Scheuerman, Whistleblowing as Civil Disobedience: The Case of Edward Snowden, *Philosophy and Social Criticism*, Vol.40, No.7, 2014, pp.609-628.

② Kimberley Brownlee, The Civil Disobedience of Edward Snowden: A Reply to William Scheuerman, *Philosophy and Social Criticism*, Vol.42, No.10, 2016, pp.965-970.

tarianism)以及电子公民不服从。其中,数字治安维持主义涉及出于关心正义或(线上或线下)社区利益而对计算机和计算机网络的非法使用行为,由并非自愿对国家负责的代理人承担,并以达到对所谓的不法行为者(个人、公司、机构、州)进行报复的目的。这类行为由于构成了对国家权力的不被允许的剥夺,只针对实施不当行为,而且在国家不愿意或无法起诉的情况下才具有一定的正当性。检举主要是指故意披露有关代理人或实体涉嫌非法或不道德行为的信息,但是涉及国家机密和信息安全的检举行为不同于公民不服从,只有当检举揭露了严重的政府不当行为,并且检举人在披露时谨慎地减少潜在的危害,以及在检举之前试图合法地公开这些信息时,检举才是正当的。游击交流是媒体行动主义的一种形式,旨在颠覆或破坏占据主导地位的意义系统,包括语言和非语言、视觉和其他传播方式,如主流文化媒体。大多数所谓的游击交流行为是合法的,但如果能够彰显特定的政治价值,那么非法的游击交流行为也可以是正当的。电子人道主义遵循线下人道主义有组织地帮助有需要的人这一宗旨,通过提供免费社交媒体工具来维护公民自由,并监控官员的违规行为。一般情况下,电子人道主义具有一定的公共和民主价值,但由于加密工具也会成为黑客恐怖主义发展的武器,而且即使在发达国家,数据加密和规避审查工具的制造和分发不会受到法律保护的情形,导致电子人道主义的正当性受到直接的影响。

在对这些黑客主义形式及其正当性进行梳理的基础上,德尔马斯认为黑客主义不是也不应当被认为是公民不服从,尽管这些行为具有公民不服从的某种特征。她认为应当发展一种新的电子公民不服从的概念,同时应与标准的电子公民不服从概念相区别,这种概念"需要适应新形式的数字抵抗,既不是对不适合和太狭窄的公民不服从概念的非反思性应用,也不是对后一种概念无法承认的扩展"，但遗憾的是，德尔马斯最终未能提供这样的概念。[1]

回顾整个黑客主义和电子公民不服从的理论脉络可知，网络时代的公民不服从的确给公民不服从理论带来了一系列挑战。作为一种现实存在，公民不服从理论无法回避黑客主义对传统的概念内涵和正当性标准的冲击，其理论的适用性和理论拓展的适当性在很大程度上都缺乏有效的解决方案。黑客主义者不论是对传统公民不服从理论的程式化继承还是反思性发展似乎都不太成功，电子公民不服从的概念突出了计算机和互联网作为工具理性在公民不服从中的运用，但无法回应和彰显公民不服从本身在法治、民主和道德层面的一系列价值理性要求，加之现实政治中对国家安全和信息安全领域的立法实践、网络恐怖主义和信息战争的风险等因素，黑客主义的正当性证明所诉诸的黑客伦理以及法治和道德原则也似乎无法与传统的公民不服从理论相兼容。因此，从公民不服从理论发展的层面来看，黑客主义以及试图与黑客主义保持距离的电子公民不服从，更多地是提出问题而不是解决问题，而且由于网络空间对国家边界的跨越导致网络时代的公民不服从行为具有国际或跨国特征，试图用适用于民族国家边界内的公民不服从理论来提供解释和证成难免力不从心，从而最终未能真正对公民不服从理论的发展产生实质性贡献。

二、全球化时代的公民不服从

全球化对人类社会的影响极其深远，它不仅深刻地改变了人类的经济、政治、社会和文化交往，促进了全球化和区域化的对话交流和合作机制的发

---

① Candice Delmas, Is Hacktivismthe New Civil Disobedience?, *Raisons Politiques*, No.69, 2018, pp.63–81.

展,同时也加剧了全球不平等的实践与认知,释放出强大的冲突和对抗的破坏性力量,这种双刃剑的特征顺理成章地使其自身成为多学科研究的热点议题。正如贝克所言:"全球化不仅意味着(经济的)国际化、集约化、跨国交融和网络化,它也在更大的程度上开辟了一种社会空间的所谓'三维的'社会图景,这种社会图景不以地区、民族国家和领土来界定。"[①]这种社会图景在经济上产生了超越国家组织的"跨国逃避力量",在政治上导致了通过放弃国家主权而实现国家主权的所谓主权困境,缺乏民主合法性的跨国政治力量增长的所谓民主困境,以及超越民族国家的跨国治理空间的形成;在文化上则催生了作为强权政治的世界主义伦理,多元与统一的文化全球化的辩证法,以及作为未来前景的世界公民宣言。[②]

总之,"全球化意味着非民族国家化"[③]。当然,这种非民族国家化并非是说全球化必然导致民族国家权力、制度和认同的弱化,相反,在治理理论看来,国家与地方层面、国际层面和社会层面的主体分享其权力,实际上并不会导致其权力的弱化或能力的衰落,而是将这些力量转化为可资利用的治理资源,所以全球化并不必然破坏国家的治理能力。[④]但无论如何,全球化背景下的国家必须对其观念与行为进行调整甚至重塑,随着这一或主动或被动的变革过程逐渐深入,人们的政治交往也发生了重大改变,而基于民族国家的经典政治理论也不可避免地遭遇了重大挑战。

---

① [德]乌尔里希·贝克:《全球化时代民主怎样才是可行的?》,载[德]乌·贝克、哈贝马斯等:《全球化与政治》,王学东、柴方国等译,中央编译出版社,2000 年,第 14 页。

② [德]乌尔里希·贝克:《全球化时代民主怎样才是可行的?》,载[德]乌·贝克、哈贝马斯等:《全球化与政治》,王学东、柴方国等译,中央编译出版社,2000 年,第 14~15 页。

③ [德]乌尔里希·贝克:《全球化时代民主怎样才是可行的?》,载[德]乌·贝克、哈贝马斯等:《全球化与政治》,王学东、柴方国等译,中央编译出版社,2000 年,第 25 页。

④ [瑞典]乔恩·皮埃尔、[美]B.盖伊·彼得斯:《治理、政治与国家》,唐贤兴、马婷译,唐贤兴校,格致出版社、上海人民出版社,2019 年。

第四章　当代公民不服从理论的议题拓展与现实挑战

自 20 世纪 90 年代以来,随着全球化进程的加快,抗议活动的议题和行为的全球化也随之而来,抗议的对象也涵盖了国际组织、跨国资本和民族国家。以 1995 年美国的"西雅图风暴"为代表的反全球化运动,本身就将全球化作为跨国抗议的重要议题,而像生态危机、动物权利、非法移民甚至人道主义干预等一系列议题均引发了大量的跨国抗议行为,加上互联网技术的加持,全球抗议行为业已成为当代国际政治的重要组成部分,甚至在很大程度上影响着国际、国内政策的制定与实施。

在这种背景下,与网络化、信息化、电子化一样,全球化如何改变着传统的公民不服从理论?这一理论能否仍然适用于全球化时代?当然,这种理论反思可以直接转化为一国公民不服从理论与实践的国际扩散,进而从公民不服从理论与实践的跨国比较中得出结论,比如迈克尔·L.休斯(Michael L.Hughes)通过比较美国和西德的反对核权力抗议者的差异,提出了公民不服从的跨国转移所带来的理论问题,即两国政治文化和制度安排之间的差异使得德国无法完全照搬美国的公民不服从思想与实践。①但是全球化对公民不服从理论的挑战与拓展绝不只是存在于跨国适用性的简单讨论当中,而是要求对全球化背景下经典政治学的一系列研究范式作转换,罗尔斯式的公民不服从理论所设置的一个接近正义的社会理论场景,以及在此场景下行为正当性的一系列标准,都将随着全球化背景下新的主体和对象的出现而被重新审视,"国家公民不服从"(State Civil Disobedience)、"国际公民不服从"(International Civil Disobedience)和"跨国公民不服从"(Transnational Civil Disobedience)等概念及其证成正是这种反思的产物。

---

① Nathan J. Miller,Civil Disobedience in Transnational Perspective:American and West German Nti-nuclear-power Protesters,1975—1982,*Historical Social Research*,Vol.39,No.1,2014,pp.236-253.

（一）全球化时代的公民不服从概念厘定

正如威廉·史密斯（William Smith）所指出的那样，罗尔斯的传统公民不服从理论的前提是国家，尤其是民主国家，但他并未将公民不服从扩展至国际问题的处理上，例如"围绕经济全球化、军事冲突和战争、全球气候变化和自然栖息地破坏、全球或跨国层面的不透明监管结构、移民、难民和寻求庇护者的待遇，以及拘留和折磨非国民等问题采取的广泛抗议行动"①。这制约了罗尔斯公民不服从理论的规范影响力。因此，传统公民不服从理论应当对发生在超越民族国家边界的国际领域中的抗议行为进行解释，同时，这意味着必须对理论本身的解释力和规范性进行反思。迈克尔·艾伦（Michael Allen）从抗议主体的角度出发区分了两种全球领域的公民不服从概念，即国际公民不服从和跨国公民不服从，前者是指国家对全球非正义的抗议行为，本质上是对全球的个人基本权利的保护和对国际法的挑战。后者是指全球公民和全球公众（Globe Public）所从事的非暴力、象征性和非法的抗议行为，与国内和国际的公民不服从不同，跨国公民不服从并不追求促进正式法律的变革，而是致力于通过绕过正式法律机构的非法行为来实现正义。在这里，绕过正式的法律机构意味着绕过通过有关确保全球公民平等人权的国际法改革来寻求确立人人平等理想的机会。②按照艾伦的这种概念区分，一些学者所使用的"国家公民不服从"概念则类似于"国际公民不服从"。例如，丹尼·米歇尔森（Danny Michelsen）认为国家公民不服从是指"国家出于改革国际法的目的而

---

① William Smith, Civil Disobedience As Transnational Disruption, *Global Constitutionalism*, Vol.6, No.3, 2017, p.479.

② Michael Allen, Civil Disobedience, International; Civil Disobedience, Transnational, In Deen K. Chatterjee ed., *Encyclopedia of Global Justice, Dordrecht, Heidelberg*, Springer, 2011, pp.133–137.

采取的违反国际法的行动,从而挑战全球的不公正"①。罗尼·约尔特(Ronnie Hjorth)则认为国家间的不服从涉及一系列不同的行动,如违反规则、拒绝遵守国际承诺、非法战争、干涉等行为,如1999年北约对科索沃的轰炸,虽然违背国际法但却具有正当性(Legitimacy),对利比亚和叙利亚的干涉和保护责任却饱受争议,而2014年俄罗斯吞并克里米亚遭到联合国大会上绝大多数的反对。

此外,国家间的不服从还可以包括干预以外的其他行动,如不遵守联合国安理会决议。2015年的欧洲难民危机中,由于几个国家忽视遵守既定规则而引起不服从行为。这些国家间的不服从行为至少说明了国际社会的两个方面,一方面是类似施密特的"例外论",即作为政治自由裁量权和事实主权的证明;另一方面"不服从被认为是国际社会内部一种悖论的结果,即遵守行为规则与为维护更高秩序而偶尔违反特定规则之间的矛盾"②。

当然,也有一些学者在具体的讨论中往往没有按照艾伦的主体和对象标准来进行严格的概念区分,而是将国际、跨国和全球的公民不服从概念混合使用。例如,史密斯提出的作为跨国破坏的公民不服从这一概念,即"如果公民不服从呼吁国家、国际或全球公众的正义感或理性,公开未能遵守作为全球规范权威适当来源的道德、政治或法律价值观,那么它便是'跨国的'"③。南森·J.米勒(Nathan J. Miller)则用国际公民不服从来特指"一国进行非法军事干预,以制止大规模侵犯人权的行为,而不牺牲其对国际法规则的尊重",

① Danny Michelsen, State Civil Disobedience: A Republican Perspective, *Journal of International Political Theory*, Vol.14, No.3, 2018, p.1.

② Ronnie Hjorth, State Civil Disobedience and International Society, *Review of International Studies*, Vol.43, No.3, 2016, p.332.

③ William Smith, Civil Disobedience As Transnational Disruption, *Global Constitutionalism*, Vol.6, No.3, 2017, p.479.

美国公民不服从理论研究

这一概念主要涉及两个相关主题,一是跨国民主化和国际人权保护,一是人道主义干预。他认为,国家公民不服从至少跟全球正义与国际人权保护有关,而且从共和主义理论来看,其规范观点是非支配(non-domination)的理想和积极参与的基本权利等。①

泰米·奥贡耶(Temi Ogunye)对这种概念区分提出了异议。他指出,艾伦从公民不服从的主体角度对国际公民不服从和跨国公民不服从进行了有益的区分,但是国际公民不服从概念出发,一方面赋予了公民以简化的和间接的角色,另一方面太过严格地遵循了国家范式,而忽略了跨国和超国家行为体的作用。作为跨国公民不服从主体的全球公民,他们抗议的对象不是国家法律和国际法的正式机构,而是涉及全球金融机构和跨国公司等能够形塑全球化背景的合作进程中,非正式监管体制的多元主义特征的强大而有影响力的行为者。因此,与国际公民不服从基于国际共同体由法治社会构成的假设不同,跨国公民不服从基于各国公民对全球化背景下共同风险的共同认知的假设。但是跨国公民不服从绕过正式的法律机构而关注非正式体制,从而忽视了获得法律保障的可能性。

对此,奥贡耶从对象和主体角度出发对概念进行了修正。首先,跨国公民不服从并非基于其主要特征是以非正式体制为对象才和其他形式的公民不服从区别开来,而是因为在全球层面缺乏权威的立法者能够被作为公民不服从的对象。正如世界主义者和国家主义者所强调的那样,实现全球正义的基本途径是改革当前的和建立全新的权威性全球机构,因此缺乏全球层面的正式的权威机构并不能构成反对跨国公民不服从的理由,相反这一点恰恰应当成为跨国公民不服从的理由。此外,国家和超国家机构的权威性权力的存在

---

① Nathan J. Miller, International Civil Disobedience: Unauthorized Intervention and the Conscience of the International Community, *Maryland Law Review*, Vol.74, No.2, 2014, pp.315–375.

应当成为考察跨国公民不服从的因素,但是拥有国内层面权威性权力的国家无法通过单独行动来实现更多的全球正义,诸如国际刑事法院、国际货币基金组织、世贸组织和联合国等超国家机构,往往是当前存在功能障碍且不发达和不民主的机构类型的代表,追求全球正义意味着需要改革和建立更多这样的机构。

其次,针对艾伦所指出的作为跨国公民不服从主体是全球公民的观点,奥贡耶认为,并非所有的全球公民都具有从事跨国公民不服从的责任,而是按照"应当蕴含能够"(Ought Implies Can)的原则将主体"仅限于那些有能力进行有效抗议的人",也即"发达国家的大多数公民和发展中国家的富裕精英",这是因为穷人的抗议"不仅在改革国际法和追求全球正义方面可能在很大程度上无效,而且接受惩罚会使这些代理人在履行其他基本职责的同时无法承担的太多责任"。[①] 由此可见,在奥贡耶看来,全球公民不服从的对象不是国际法及其正式组织,而且主体应当由有能力的全球公民构成,而并非所有全球公民。

事实上,艾伦后来也对全球公民不服从进行了重新定义,突出了全球公民不服从概念的普遍性内涵,具体包括十项内容:

1.一种良心驱使的违法的公开表达形式;

2.旨在改变法律或政策,无论是国内的还是国际的;

3.不服从者可以是(a)同一共同国家机构的成员,(b)坚持共同承诺的国际公民,或(c)自由或等级制度的民族国家和人民。

4. 受政治原则的指导和证明,这些原则可能是自由原则或等级原

---

① Temi Ogunye, Global Justice and Transnational Civil Disobedience, *Ethics & Global Politics*, Vol.8, No.1, 2015, p.13.

则，因为这些原则符合《万民法》对体面（Decency）和人权（Human Right)的共同承诺。

5.不服从的世界公民呼吁体面，旨在强调分段公正性质和全球合作的不公正条款，呼吁全球公众在非法化的和全球经济不良关系的情况下接受和重新考虑，或者；

6.在不服从披露政府秘密的情况下，披露者的目的是通过反对政府高官秘密使用特权的体面行为，来维护人民的道德品质和正直以及政府的目的。

7.事实上，不服从的国际公民向不同的全球公众发表讲话，除了人民和国家（IGOs、IFOs、INGOs 等之外，还由许多不同的参与者组成），后者仍然是主要的听众，因为他们是全球系统的主要责任来源。

8.这种不同国际公民的公民不服从确实是合理的，因为体面是一种道德考虑，能够击败全球合作参与者遵守国内或国际法的义务；

9.特别是由于能够击败服从义务，体面与非支配（Non-domination）的广泛理解相一致，规定了所有人和所有人通过证明和异议有效获得法治的权利。

10.最后，在全球视野下世界主义公民的公民不服从目标在于在一个仅仅是分段正义或不公平的全球体系，或易受基本存在威胁的一个稳定而体面的国际秩序中，与所有那些易受统治的人和人民创造全球团结关系。①

艾伦认为这种对公民不服从的重新界定拓展了罗尔斯在《正义论》中关

---

① Michael Allen, *Civil Disobedience in Global Perspective*, Springer, 2017, pp.134–135.

于以国家为中心的公民不服从的思想,并将这种思想应用于他的《万民法》。在国际层面,世界主义公民向全球公众公开表达全球合作体系中基本的不公平,在这一过程中,体面代替了国内社会正义的自由主义原则,这一替代也正是艾伦讨论全球层面公民不服从的核心内容。因为在《万民法》中,罗尔斯指出,自由主义原则成为全球正义基础的关键在于对非自由主义观点的不宽容,而这本身即违背了自由主义的宽容原则,是一种悖论性存在。但是艾伦所关心的并非对非自由主义观点的宽容问题,而是旨在论证非自由主义观点能够通过全球公民不服从而对全球正义进步作出积极贡献,即来自非自由社会的全球公民和非自由的人民均能够通过全球公民不服从而面向国际共同体的体面人民进行公开表达,而且非自由主义的体面人民也应当能够与自由主义的人民结成联盟,积极推动全球正义。他说:

> 我的首要关切不是对非自由主义观点的宽容,而是表明他们也能够通过全球公民不服从实践而对全球正义的进步作出积极贡献。也就是说,通过拒绝自由主义原则,来自非自由社会的不服从的全球公民和不服从的非自由人民可以通过面向所有体面人民的国际共同体的全球不服从的公开表达而做出这种贡献。非自由主义观点可能通过与自由社会不服从的国际公民或不服从的自由人民的联盟,为全球正义做出积极贡献。①

在此基础上,Allen 给出了体面的非自由等级制社会和等级制人民从事全球公民不服从的正当性证明,具体包括四点:

---

① Michael Allen, *Civil Disobedience in Global Perspective*, Springer, 2017, p.136.

（a）等级社会和等级人民的公民具有遵守国内和国际合作条款的表面上的义务，只要这些条款符合体面和人权。

（b）然而当这些合作条款违反体面时，等级公民和人民可以合法地诉诸不服从的公共演说（符合253页中8所述，体面是压在服从义务之上的道德考虑）。

（c）特别是等级制公民和人民的不服从是由违背作为规定所有人和人民都可以有效获得法治，通过争论和异议保证非支配（与253页中9一致）的体面而被证成的。

（d）在那里，与国际体面保持一致，非支配成为自由人民和体面的等级制人民的共同承诺。①

总之，艾伦的全球公民不服从概念不仅将国际的或国家的和跨国的公民不服从概念统一起来，并援引罗尔斯《万民法》中的体面原则和人权原则作为全球公民不服从的共同承诺，而且较好地将传统的公民不服从概念拓展至全球化背景之下，为后续的全球公民不服从的正当性证成提供了坚实的概念基础。

（二）全球公民不服从的证成

在传统的公民不服从理论中，服从良法与反抗恶法的内在张力，服从义务与不服从权利之间的道德困境，以及民主理想与现实之间的差距或者民主价值与手段之间的差距等共同构成了公民不服从行为正当性证成的逻辑起点。而且传统的公民不服从的证成主要遵循两种逻辑，即发生论证成与目的

---

① Michael Allen, *Civil Disobedience in Global Perspective*, Springer, 2017, p.136.

论证成,前者基于公民不服从行为发生的理由来赋予其正当性,后者则基于公民不服从行为的功能或效果来赋予其正当性。从全球公民不服从的文献来看,大多数证成路径可以被归为发生论证成,正义、法治、民主等价值及其正式代理机构在全球层面的缺失或不健全,生态危机、动物权利、非法移民等全球问题的层出不穷,都成为全球公民不服从正当性证成的起点。反观整个公民不服从的证成路径可知,宏观上讲,民族国家内部的法律体系和政治体系均存在理想与现实的差距,个人对国家在道德层面的服从义务与基于高级法的道德原则、政治原则或宗教原则的不服从权利均成为公民不服从的正当性基础。全球公民不服从的证成在很大程度上遵循了这种证成路径,理想的全球秩序和价值的缺失提供了首要的正当理由,而从微观层面来看,一方面传统公民不服从的规范性正当标准成为检视全球公民不服从正当性的有力工具,另一方面这些标准也在检视的过程中得到进一步的反思。

1.全球正义与公民不服从的正当性

在全球公民不服从的证成逻辑中,全球正义具有双重价值,一种是作为国家法律和道德权威补充的全球正义,即作为相对于国家权威的高位权威,这种对全球正义的理解成为全球公民不服从抗议国家失败的最终诉诸;另一种是作为现实全球社会中所缺失的应然价值的全球正义,这种对全球正义的理解直接提供了全球公民不服从的正当理由。

史密斯的证成逻辑正是基于第一种全球正义理解而展开的。他认为,总体上而言,跨国公民不服从诉诸国际规范秩序来避免个人、人民或物种可能遭受的严重威胁,而现代国家并非总是愿意或能够提供保护,因此某种程序的国际合作、援助或压力是对现代国家法律和道德权威的必要补充。正如传统的公民不服从一样,跨国公民不服从需要一种道德上的证成。所以跨国公民不服从的正当性取决于是否具备以下三个条件:

美国公民不服从理论研究

第一个条件是,公民不服从应限于抗议可避免的未能保护代理人免受严重威胁的行为,在这种情况下,这种失败可被谴责为背离国际公约、条约或其他类型的既定监管框架。[①]也就是说,跨国公民不服从的本质实际上是由于国家失败而诉诸国际规则的行为,即国家没有履行对本国公民的责任和对他国公民的国际责任,其抗议对象应当被限制在背离国际规则的一系列国家或跨国行为。

第二个条件是,合法途径本应经过一段时间的试验,除非有令人信服的理由认为这种努力是无效的。[②]而且抗议者还必须阐明从合法手段过渡到非法手段的理由。按照跨国公民不服从的三种情形来看,这一条件的满足将面临不同的困难。就抗议者诉诸全球规范标准来重塑国内社会冲突的情形而言,由于"国内政府对国际谴责或外来干涉威胁的自然抵制,加上社会通过参照其特定历史和思想了解其冲突的趋势,这可能是困难的"。就抗议国内集体决定和行为产生的外部效应的第二种情形而言,困难在于如何在国内选民利益和意见占主导的社会环境中,确保外部党派的观点得到听取。就抗议外国政府、跨国治理组织或其他外部行为者的第三种情形而言,最大的困难是抗议者往往不是被排除在公共论坛之外,就是只拥有纯粹象征性的参与地位,因此抗议者很难与外国公众和政府接触,也很难利用这些跨国治理机构的决策程序。

第三个条件是,必须有坚实的基础,才能认为公民不服从是在任何特定情况下维护全球规范标准的有效手段。这不仅要求抗议活动必须被合理地描述为一种向预期受众传达观点的尝试,而且还要求增强对抗议者旨在推进

---

① William Smith, Civil Disobedience As Transnational Disruption, *Global Constitutionalism*, Vol.6, No.3, 2017, p.488.

② William Smith, Civil Disobedience As Transnational Disruption, *Global Constitutionalism*, Vol.6, No.3, 2017, p.489.

的更广泛事业的责任感。①

史密斯认为,公民不服从三方面的特征可以满足这一条件,首先,公民不服从具有扰乱正统观念并为其他观念创造表达空间的潜力;其次,公民不服从对一国政府构成了直接挑战,比合法抗议更难以忽视;最后,"逮捕、监禁和惩罚的可能性意味着公民不服从可以成为确保反对论点公开性的有效手段"②。

史密斯认为,即使满足上述三个条件,跨国公民不服从仍然存在两个限度,第一,公民不服从者应当警惕抗议行为变成习惯性和经常性行为的可能性,从而削弱其作为民主社会中向公众表达观点的有效手段的作用,不仅是因为过度的公民不服从可能会对社会稳定造成威胁,而且其效力和影响可能会因为过度重复而减弱。第二,公民不服从者应当警惕跨国抗议会引发民族主义者或反动分子的反应,从而不利于促进全球规范标准这一更为广泛的目标。例如,全球环境活动人士于 2010 年 6 月在波恩举行的联合国气候变化框架公约(气候公约)会议上,沙特阿拉伯代表团进行的象征性抗议中,该抗议行为涉及盗取沙特的铭牌,并在厕所里散发其照片,这一抗议活动直接加剧了沙特国内反对民间社会参与的声音。

在此基础上,史密斯回应了对跨国公民不服从的三种质疑观点。第一,对公民不服从援引标准的质疑。跨国公民不服从的基本推定是,一国政府无法保护公民免受严重威胁,因此需要诉诸国际公约、条约或监管计划等全球规范体系,但社会内部和社会之间对这些全球规范体系的义务存在较大分

---

① William Smith, Civil Disobedience As Transnational Disruption, *Global Constitutionalism*, Vol.6, No.3, 2017, p.490.

② William Smith, Civil Disobedience As Transnational Disruption, *Global Constitutionalism*, Vol.6, No.3, 2017, p.491.

歧,而且许多公约和条约都存在广泛的模糊性,例如国际人权法缺乏明确性和一致性。按照罗尔斯的观点,当跨国公民不服从诉诸全球规范标准的时候,政治判断缺乏必要的重叠,因而不存在公民不服从的国际条件。

但是史密斯认为,公民不服从并不需要达到罗尔斯所说的目标受众之间的共识程度,就像哈贝马斯所指出的那样,公民不服从的证成依赖于对宪法的态度和理解,而宪法本身是一个未完成的过程。彼得·辛格也同样认为,公民不服从行为往往发生在国内社会就公正的正确解释存在复杂和分裂的争端中。因此,公民不服从正是在出现分歧的情况下,作为一种有效的上诉,或者作为一种宣传公众关注不足的特定观点的手段,促使多数人由于少数群体的强烈反对而重新考虑其决定。

第二,对公民不服从不利于对民主社会稳定的质疑。这种质疑仍然沿用第一种质疑的逻辑,但主要聚焦于公民不服从对公民友谊(Civic Friendship)造成的压力上,因此主张对公民不服从加以限制是出于维护这种公民友谊,或者说维护民主社会的稳定。即便在具备政治共识的前提下,罗尔斯仍然将公民不服从的抗议对象限定在严重违反第一正义原则、平等自由原则和公然违反第二原则即机会平等原则的法律、政策或行为,这被视为公民不服从的一种稳定装置。跨国公民不服从诉诸的全球规范标准不具备这种稳定装置,因为它赋予抗议者以更大的解释空间,"让他们扮演创新者或先驱的角色"。

但是史密斯认为,对跨国公民不服从的限制可以脱离罗尔斯的理论,因为前文所述的两个限度能够使公民不服从者保持克制,不论从策略的有效性考虑还是从违法成本对抗议行为选择的限制看,都可以实现这一点。此外,这种不合理的限制容易导致抗议者对国内和跨国公众的道德吸引力弱化,有时往往正是在对全球治理的目标指向不太清楚的情况下,跨国公民不服从可以使公众不断审议全球规范标准的适当解释,促进对国际公约和条约所承载的道德和法律义务进行反思。因此,"重要的是不要阻止抗议者将对全球规范标准的意料之外或新颖的解释推入公共领域的可能性"①。

第三,对公民不服从易错性的质疑。这种质疑指出,跨国公民不服从者有可能抱有一种错误观点,由于全球规范标准缺乏权威性或确定性的说明,抗议者失去对全球标准的创新解释,尽管是具有刺激公众审议的潜力,但也存在使可疑言论泛滥的风险。按照罗尔斯的观点,国内的民主多数的集体判断是一种有效的评价标准。至少在罗尔斯看来,公民不服从在公共领域中所取得的共鸣,将在相当大程度上转向通过它传达的道德论点的说服力。如果缺乏这种共鸣,公民不服从者就应当停止其抗议活动。

史密斯认为,对于这种质疑有两点回应,首先,跨国公民不服从保留了罗尔斯的核心观点,即集体判断仍然是对跨国公民不服从者易错性的一种检验。其次,跨国公民不服从通过借助分散的组织结构,吸收来自不同背景的参与者,以促进基于广泛想法的深思熟虑的决策过程,"至少可能会降低围绕着对全球规范标准的严重误导或特殊解释而出现的运动的风险"②。

事实上,史密斯的证成逻辑是将全球公民不服从理解为国内公民不服从向国际舞台的延伸,同时也指出了全球公民不服从的两种功能,即通过跨国抗议促进国内公民团结和民主社会稳定,以及促进全球共识的形成和国际规范的稳定。这种根植于国家政治的全球公民不服从证成逻辑受到了胡里亚·本图哈米(Hourya Bentouhami)的质疑,他认为,在当今全球化的背景下,权力来源的多样化、国际法或规则的出现,导致仅仅将国家视为一种司法模式的过时,从而也导致了人们质疑诉诸公民不服从的相关性。

---

① William Smith, Civil Disobedience As Transnational Disruption, *Global Constitutionalism*, Vol.6, No.3, 2017, p.498.

② William Smith, Civil Disobedience As Transnational Disruption, *Global Constitutionalism*, Vol.6, No.3, 2017, p.501.

美国公民不服从理论研究

本图哈米首先描述了公民不服从自梭罗到全球化时代的转变。第一,作为公民不服从理论之父,梭罗的思想中已然包含了一种无国家社会的可能性。尽管公民不服从的目的并非推翻国家或接管政府,但对于梭罗而言,一个没有国家而繁荣的社会仍然具有极大的诱惑,因此退出政治共同体与梭罗的良心拒绝是并行不悖的。但是作者认为梭罗的学说并非是对无政府主义的支持,而是表达了一种怀疑主义的立场,正如斯多葛派一样,放任世界走向错误而证明自身的正确,却忽视匡正它的责任。

第二,相比梭罗的良心拒绝更强调行为的道德性,当代的公民不服从更具有政治性的特征。当代媒体和互联网的发展,使得公民不服从的成本日益降低,其表达的效率却更高,因而公民不服从现在已成为一种集体行动的手段。在全球化背景下,公民不服从也呈现出手段的多样性和战线的扩展性等特征,当代的公民不服从理论开始讨论国家边界、国籍和公民身份的议题。

第三,上述变化给公民不服从理论带来的挑战。传统的公民不服从理论认为公民不服从要么是对国家权力的批评,要么是一种根植于法治所提供的宪法框架内的合法化的主张,然而跨国社会运动与公民不服从的关联导致公民不服从理论不得不面临一种困境,即一方面公民不服从者由于司法主张的国家性和地域性而相对承认国家主权,另一方面却试图在全球范围内变得更有效率。

在此基础上,本图哈米借助南希·弗雷泽(Nancy Fraser)的异常正义(Abnormal Justice)理论,提出了一种横向的公民不服从概念,它既不是国际的,也不是国家的,而是横向的(Transversal),从而应对和解释全球化背景下新的权力分配的两种倾向,第一种是在全球范围内国家政治组织形式的明显终结,第二种是加强这些边界。

在全球化背景下,由于意识形态对抗的终结和公民社会的形成,包括定期选举、多数党统治、代表权、议会制度等在内的所谓程序极简主义成为当前民主的充要条件，遵循这种极简主义的思路，"无论在何种情况下，诉诸公民不服从似乎都是被没有权力和手段影响政治的少数用来补偿不利的权力关系，同时维护其原则，最重要的是深刻改变政治和社会组织"①。

在这一基础上，首先需要澄清的正是何为少数的问题。人数的多寡并非判断少数的关键，真正的少数是指没有影响力和权力的少数群体。事实上，有两种少数，'真的'和'假的'：真正的少数实际上是没有影响力和权力的少数群体，而虚假的少数则是直接享有表达公共意见的少数。"②

其次，主权不再成为公民不服从行为的边界，公民不服从可以在国际、国家和地方三个层面展开。最后，公民不服从的目的并不只是对现有法律体系的改变，而是对国家法治原则违背国际基本人权的公开，和对个人行动自由的呼吁。即公民不服从是一种为了应得权利的斗争行为。

在此基础上，本图哈米指出，公民不服从的总目标是扩大政治参与，但是当人民被剥夺影响其政治的权利，以及在国际层面受影响的群体与公民共同体不再重合的时候，集体动员就变得非常困难。在这种情况下，选择退出正常的法律体系就成为展示共同体成员资格的一种方式。那么这种公民不服从必须解决两方面的问题，一是合法性问题，二是权利问题。就合法性问题而言，作者认为，"以……名义"或"代表……"应当成为公民不服从主义的内容，前者涉及理论依据或行为所诉诸的原则，后者则基于特定人群的利益诉求。就权利问题即谁有权表达诉求的问题而言，他认为公民不服从的边界应当模糊，其主体和议题应当更加广泛。公民不服从既非严格地等同于争取平

---

① Hourya Bentouhami, Civil Disobedience from Thoreau to Transnational Mobilizations: The Global Challenge, *Essays in Philosophy*, Vol.8, No.2, 2007, p.4.

② Hourya Bentouhami, Civil Disobedience from Thoreau to Transnational Mobilizations: The Global Challenge, *Essays in Philosophy*, Vol.8, No.2, 2007, p.4.

等分配生存条件的斗争，也不是某一社会团体为实现其利益而进行自我价值战略的表达。它的实际效果是使长期被忽视的问题政治化。因此，公民不服从应当被理解为对司法无效(Juridical Void)，即妨碍个人或团体要求其权利的批判方式，在这一意义上，公民不服从具有建立国际关系中所缺乏的法律秩序的可能性。

本图哈米的质疑实际上指出了史密斯观点的两个问题，一是全球层面是否存在公民不服从所诉诸的法律资源。二是全球公民不服从双重功能之间存在冲突，或者说国内公民不服从向全球领域扩展时存在困难，尤其是一国公民完成全球层面的集体动员的困难。第一个问题涉及全球公民不服从证成的前提和基础，类似于传统公民不服从理论中的发生论证成进路。第二个问题涉及全球公民不服从在主体和目标层面的恰当性，即全球公民不服从更多地属于何种主体，例如强国还是弱国，自由国家还是非自由国家，富人群体还是穷人群体等，以及全球公民不服从应当采取何种方式实现何种目的，例如非暴力的全球呼吁还是适当暴力的人道主义干预等。

遵循这种证成路径，奥贡耶探讨了全球社会非正义的基本背景下跨国公民不服从的正当性和可行性问题，其基本立场包括两个方面，一方面他引入正义的自然义务(the natural duty of justice)来强调在全球层面富人参与跨国公民不服从的义务。首先，他认为富人有从事公民不服从的义务而非仅仅是一项权利；其次，为从事公民不服从的义务提供理由比证成权利更具挑战和争议。另一方面，他认为由于跨国公民不服从涉及正义、机构和法律体系的三方关系，因此是改善全球秩序和追求全球正义的更好方式。

奥贡耶指出，关于全球正义问题的认识存在两种主要观点，世界主义者主张全球平等主义(global egalitarianism)，而国家主义者则主张平等主义只限于国内领域，在全球层面则主张全球充分主义(global sufficientarianism)。

也就是说,世界主义者认为,国内平等主义的逻辑推定应当支持全球相关利益主体之间平等的社会经济权利分配,而国家主义者则认为全球的相关利益主体的需求得到足够的满足即可。尽管二者对于全球正义的理解不尽相同,然而二者均认为当前的世界是非正义的,因为世界主义者认为当今世界不存在社会经济权利的平等分配,而国家主义者则认为许多个人和国家均不具备足够的资源来满足自身或其公民的基本需求。此外,相对于国家主义者而言,世界主义者认为全球非正义的程度更为严重,世界主义认为我们距离一个国家至少还有资源来满足人民的基本需求的世界更近, 而距离一个在全球个人之间平等分配社会经济权利的世界更远。

在奥贡耶看来,这就为跨国公民不服从的证成带来了挑战,因为按照罗尔斯的理论,公民不服从只能发生在一个接近正义的社会,而世界主义者和国家主义者关于全球正义的立场均认为我们处在一个非正义的全球社会,那么跨国公民不服从的理由何在呢?

按照罗尔斯的观点,传统意义上的公民不服从是一种非法的、公开的、非暴力的和本着良心的抗议行为, 而且一个接近正义的社会是公民不服从行为发生的基本语境。如果在一个不是接近正义或者大部分是正义的社会,公民不服从就会被更为激进的抗议行为所替代,并且其目标是寻求推翻整个政体。这种传统观点在全球层面则面临着挑战,因为按照世界主义者的观点,全球社会并非一个接近正义的社会,那么非暴力和接受处罚就不应当成为跨国公民不服从的必要条件。

针对这种观点,奥贡耶认为,本着良心、公开的和旨在实现改革非正义的法律和行为这三个公民不服从的基本特征, 符合跨国公民不服从旨在使世界更加正义的内在要求。正如罗尔斯的"正义的自然义务"所包含的两重含义,即公民不服从一方面支持正义的制度安排,另一方面则反对非正义的秩序。由此看来,正义的自然义务是分离的,而且公民不服从更符合后者。

在此基础上,关于公民不服从的其他限制性条件,他指出,首先,反对全球非正义的义务和支持国内正义的义务之间存在张力,对于公民不服从者而言,则需要衡量在何种条件下前种义务会超越后种义务,但现存的全球非正义的事实至少能够说明反对全球非正义的义务并不是一种相对不重要的义务。

其次,世界主义者和国家主义者均不认为国际社会现在满足公民不服从的条件,但相对于世界主义者而言,国家主义者更倾向于认为当前全球秩序接近正义,公民不服从能够作为一种追求更大正义的工具。在世界主义者看来,全球秩序的非正义程度要求更为激进的革命不服从行为,因此也不认同将非暴力和接受处罚作为限制性条件。基于此,奥贡耶认为,安德鲁·萨布尔(Andrew Sabl)提出的分段正义社会(piecewise just society)概念有助于解释公民不服从的那些要素,并使世界主义者和国家主义者认同公民不服从作为追求全球正义的恰当方式。具体而言,世界主义者和国家主义者虽然在全球正义的现状与其理想状态之间的分离程度有分歧,但都认同正义在当今世界是存在的。尽管并不像它应当的那样具有包容性,但这并非意味着二者都认为当前的全球正义状态处于完全不正义和完全正义的连续统当中,而应当理解为在全球社会中,自由民主社会构成了一个实行接近正义的特权群体,而其他社会则被排除在外。因此,公民不服从应当被视为一种追求更大的全球正义的可能方案。

最后,至于非暴力和接受惩罚这些限制性条件,尽管世界主义者并不认同,然而在考察非暴力的限制性条件时就注意到了两方面的内容,一方面,在将暴力作为政治变革的施压手段时应当考虑三个问题,即"暴力造成的痛苦是否比它帮助防止的还要多;暴力真正使世界走向积极的政治变革的可能性;以及是否还有其他非暴力手段可以取得同样或类似的结果"①。另一方面，全球层面的公民不服从者对非暴力的遵从并非基于其对当前政权的义务,而是基于对未来全球合作可能性的展望。至于接受惩罚,奥贡耶认为这有助力排除不诚实和自利性的轻率行为,但正如萨布尔所言,接受惩罚对于公民不服从者而言是一种过分的道德负担,真正的道德压力应当转向当权者。

因此,奥贡耶在对艾伦概念进行修正的基础上提出了跨国公民不服从的正当理由。首先,追求全球正义的方式中,跨国公民不服从应当是一种相较于其他合法的和主流的政治行动更为可取的方式。理由在于,相对于诸如向国际社会组织捐款或者支持发展中国家的志愿活动等追求全球正义的替代性方案,跨国公民不服从涉及正义、机构和法律体系的三方关系,从而避免了孤立和不协调的个体善意作为前述这些替代性方案的核心内容,无法保证全球社会经济权利公平分配的可持续性的弊端。

其次,相对于合法政治行为,跨国公民不服从"通过公开违法和接受与犯罪相关的惩罚,不服从者展示了其信念的力量,而且这样做使其活动戏剧化了,而合法活动很难实现这一效果"②。

最后,相对于其他普通公民参与的非暴力的以及道德上正当的政治行为,跨国公民不服从至少具有一致的有效性。一般认为,由于在国家层面当权者和机构之间的关系要强于国际层面,因此跨国公民不服从不具备国内公民不服从寻求变革的施压机制。对此,奥贡耶认为,第一,恰当的比较应当在跨国公民不服从与其他非暴力合法政治行为之间进行,而非与国内公民不服从进行简单比较。第二,这种较弱关系的现实的确是从事跨国公民不服从的个

---

① Temi Ogunye,Global Justice and Transnational Civil Disobedience,*Ethics & Global Politics*, Vol.8,No.1,2015,p.8.

② Temi Ogunye,Global Justice and Transnational Civil Disobedience,*Ethics & Global Politics*, Vol.8,No.1,2015,p.14.

人所必须要应对的问题。第三,在缺乏实证研究的有力支撑的情况下,简单排除跨国公民不服从的效力并不可取。基于此,奥贡耶列举了绿色和平组织在 1995 年占领被壳牌(Shell)公司废弃在设德兰群岛(Shetland)东北部的 Brent Spar 石油平台的事件,和 2012 年突袭北极石油平台并公开北极融化和石油开采及提取风险的事件。从这些事件尤其是从第一个事件来看,"绿色和平组织的活动涉及一个对国内边界几乎不怎么效忠的全球个人网络。绿色和平组织的活动人士认为自己抗议的不是德国人、挪威人,甚至是北欧公民,而是全球公民在全球重要问题上与全球公众接触"[1]。因此,跨国公民不服从与国际公民不服从和国内公民不服从的最大区别在于, 一是由个人进行,二是在一个缺乏单独的权威立法者的背景下展开。总之,奥贡耶认为在全球层面具备公民不服从的条件,他说:

> 首先,公民不服从和正义战争事实上处于正当政治行为的连续统当中,一端是日常的守法行为而另一端是正当的和合法的暴力。其次,甚至更为显著的是,如果反对全球非正义的公民不服从遭遇当权者冷漠的、顽固的和彻头彻尾的反抗的话,那么公民不服从可能不再是一种实现未来合作的有效手段,而更为激进的社会变迁方式可能更为适合。[2]

由上可知,全球非正义的存在或者全球社会作为分段正义的社会这一现实完全有理由构成跨国公民不服从的正当性基础,并且基于罗尔斯的正义的自然义务,全球公民尤其是富人群体更应当承担起跨国公民不服从的责任。

---

[1]　Temi Ogunye,Global Justice and Transnational Civil Disobedience,*Ethics & Global Politics*,Vol.8,No.1,2015,p.17.

[2]　Temi Ogunye,Global Justice and Transnational Civil Disobedience,*Ethics & Global Politics*,Vol.8,No.1,2015,p.18.

这种论证在乔纳森·怀特(Jonathan White)对于欧盟的观察中也能够得到印证。怀特认为,自2010年欧元危机以来,欧洲政治最显著的特点之一便是以危机管理的名义行使自由裁量权和制定新规则的强烈愿望。其中,最重要的核心观念是新的秩序依赖于对政治主动性的限制。然而那些拥有自由裁量权的强势国家或欧盟委员会和欧洲银行等超国家机构并未受到这种限制,那些处于从属地位的国家却对新秩序存在不满。他们表达其不满有几种方式,即普通立法手段、司法回应和恶意遵从(Malicious compliance)。

这三种质疑的方式都是在制度框架内发生的,而且往往无法有效达到反对的目的。首先,立法手段涉及欧盟委员会国家代表的政府间决定,并在某种程度上得到欧洲议会的支持,以回应欧盟委员会提出的建议。这种方式尽管维护了欧盟法律一体化的理想,但在政治权力分散的背景下,这一手段需要欧盟成员国的一致同意或大多数成员国的共识,而这在现实中是不大可能的。其次,欧盟法院的反应通常是强化强国的自由裁量权,而不是挑战它。而且针对欧元的应急措施往往是由具有专业知识的欧洲银行作出的,出于认识权威的考虑,欧盟法院一般不会质疑这些措施。最后,恶意遵从的策略在于不去直接挑战这些应急措施,而是认定随着情况的变化,这些措施可能很快就过时了,因此教条式地遵从它们就会造成它们的内部紧张局势,从而达到破坏它们的目的。然而恶意遵从所坚信的内部紧张局势的形成,高度依赖具体的社会条件,同时也可能牺牲掉好的规则和准则。

因此,这三种质疑方式并非应对由于应急措施导致的不公正秩序的有效手段。在此就应当引入原则性的公民不服从。但是与传统公民不服从的讨论不同,怀特认为跨国公民不服从提供了一种体制内不服从的可能性。因为欧盟的政治权力是分散在不同机构和不同层级的,因此国家一级的行政或立法人员也有可能是不服从者中的一员。

美国公民不服从理论研究

民族国家之外的公民不服从可能会面临两方面的挑战，即受众和主体的问题。怀特认为，共同的欧洲利益、欧洲人民以及建立在共同宪法基础上的共同规范等方面的缺失都使跨国公民不服从面临困境，当然共识的形成可以通过政治动员来实现，而不是作为行动的必要条件，但不可否认其中的风险。在主体问题上，怀特倾向于将欧洲议会的跨国政党联系视为不服从的集体主体，跨国政党不仅为欧洲人民提供了政治选择从而消除民主赤字，而且蕴含着重塑政治结构的意愿与能力。那么这种跨国公民不服从的正当性何在呢？怀特提出了三点证成标准，即愿意将行动提交公众批准、普遍证成的承诺、致力于建立真正的宪法秩序。

首先，与利己主义不同，原则性的公民不服从依然认同自身行为需要限制，只不过是用公众认可与授权取代现有政治和法律框架。因此，愿意将行动提交公众批准是原则性的公民不服从的首要特征。公众批准的方式依然是通过现有体制展开的，包括参加选举和投票、通过党员身份参与政策制定，以及事后要求选举等审议方式。但是这一原则往往也为欧洲极右翼势力所利用，因此只是其正当性的必要而非充分条件。其次，普遍证成的承诺意味着原则性的公民不服从绝不仅仅是为了促进某一个部门集团的利益，所以其本质上是一种主张多元利益的政治。再次，原则性的公民不服从者如何表明其致力于建立真正的宪法秩序呢？除了公开声明之外，一方面可以通过观察政党等不服从者在国家一级对待法律的态度和行为进行判断，另一方面相比较普通大众而言，政党的纪律严明，遵守选举和宪法要求的意愿是其进入议会和政府的前提条件。

2.全球公民与走向世界主义的公民不服从

与怀特的论证策略类似，奎尔（Lawrence Quill）是将全球公民不服从视为在全球化背景下普通大众重获或争取权力的手段。他认为，首先，在全球化背景下超越国界的经济力量事实上造成了反民主或不民主的结果,因为这些经济力量通过公民消费者对政治公民身份的取代通过更为有效地行使政治权力,加之放松管制的新法律环境和这些经济公民的过度流动性,导致其不需要对选举产生的政治官员和任何政府负责。其次,在这种背景下,公民不服从成为一种非暴力的"人民力量"(People Power),但由于全球民间社会对全球化的态度具有多样性,从而导致人们对公民不服从的功能认知也有所不同。

在全球化背景下,公民不服从具有两种不同的功能或目标,一方面是"对'新自由主义'经济议程的反击",另一方面是"可以用来支持这一议程和走向经济和政治自由化的'民主化'进程的战略"①。前一种观点的主张者将公民不服从视为反对全球化的武器,后一种观点的主张者则将公民不服从视为在支持全球化前提下推动所谓民主的"第四次浪潮"的有效途径。按照麦克福尔(McFaul)的观点,民主的"第四次浪潮"与早期主要以精英为基础的权力分享机制,即所谓的"第三次浪潮"有所不同,这一全球民主趋势是由"来自下层的革命运动和对思想的承诺"所驱动的。

因此,奎尔首先以康德的永久和平思想尤其是世界主义民主观念作为理论基础,对全球层面的公民不服从进行了论证。在奎尔看来,康德的永久和平思想在看待民族国家及其内部的不服从问题上能够得出与罗尔斯及其追随者大致相同的结论,即希望在民族国家内部制裁不服从行为,但这不影响从康德的思想中推断国际政治舞台上公民不服从的价值。

第一,建设性的公民不服从(constructive form of civil disobedience)与其他公民不服从的规范模式不同,并不能遵循洛克式的社会契约论,以及在此基

---

① Lawrence Quill, *Civil Disobedience–(Un)Common Sense in Mass Democracies*, Palgrave Macmillan, 2009, p.135.

础上以对政府信任的破坏为由来为公民不服从提供道德的正当性证明，而恰恰是社会契约在国际层面的缺失构成了公民不服从的纯粹理性基础。

第二，从康德的社会契约论到人民联盟的理想。康德在《论俗语》中区分了两种不同的社会契约，即人们为服务共同目的而订立的契约和人们应该分享的思想目的之间订立的契约，他认为后一种契约构成理性决策的基础，在摆脱自然状态时，暴力转化为权威，外部法律构成了对个人自由的限制，进而保证每个人的自由之间的协调，这是公民社会存在的正式条件。因此，在《道德形而上学》中，康德指出，即使统治者存在不端行为，革命权利依然不能存在。对于普通公民而言，其抗议的空间也极为有限，尽管每个人都应被平等和自由地对待，然而这并不意味着人人都有权作为积极公民来影响和组织国家本身。因此，在奎尔看来，康德的社会契约思想实际上是霍布斯式的。

但是康德的这种反对民族国家内部不服从行为的主张所包含的避免无政府状态的立场，恰恰提供了批判国际范围内自然状态的逻辑起点。首先，康德认为，在国际层面，各个国家如同霍布斯笔下的角斗士一样，将彼此视为武器，即使它们没有参与到彼此的战争之中，它们也一样处于战争状态。而且各国将自己的公民作为实现征服战争的工具，导致公民福祉陷入危险之中，因此康德主张建立所谓的"人民联盟"，既保护自己的国家免受外部侵略，同时又不干涉别国的内部安排。其次，国家之间应当相互尊重，相互承认自治，才能达到永久和平。永久和平应当建立在人类共同利益的观念基础之上，这种共同利益观念要求各国至少应当摒弃哪怕在战争期间也应当摒弃的邪恶。最后，康德还提出了实现永久和平的一系列包容性要素，如创建公民民兵取代常备军，传播商业精神并加强财政控制，以及呼吁道德领袖等。总之，康德认为以一个开明而强大的大国作为起点建立国家之间的联邦是达致永久和平的现实路径。

奎尔认为,康德高估了道德领袖和全球机构的地位和作用。正如戴维·赫尔德(David Held)等人所言,全球机构是国际性的而非世界性的,是基于民族国家及其代表之间的利益,因此公民不服从是一种在国际上争取代表权的运动。因此,"在缺乏适当'理性'的领袖、非政府组织和国际非政府组织的情况下,被称为跨国或全球公民社会的协会必须参与国际机构建设的实际政治"①。此外,正如詹姆斯·博曼(James Bohman)在康德关于国家间联邦制观点的基础上进一步指出的那样,应当在各共和国内部建立世界性的公共领域,而在共和国外部建立一个活跃的跨国公民社会,建立多元化和批判性的世界主义民主,从而使世界公民应当有能力与铁板一块的治理机构抗衡。②

其次,奎尔区分了两种不同的公民不服从策略,即在非民主国家实现民主的策略,以及从精英手中夺回民主以避免精英将民主简化为政治和行政过程的方法。也就是说,在全球化背景下,公民不服从具有两种现实的功用,一种是作为人民力量推动民族国家民主化的手段;一种是作为超级权力(Super-power),由非政府组织和国际非政府组织抵制跨国公司侵犯民主国家公共生活和私人生活的手段。

最后,他探讨了将公民不服从制度化的可能性。第一,公民不服从的制度化并非全球化时代的产物。卢梭在他的《社会契约论》中描述了按照政府无法控制的常规时间表举行主权民众"定期集会"的必要性,这些集会可以解散政府。潘恩在《人权》中提出应定期求助于为评估和改革宪法而设立的公民大会。阿伦特也提出了市政厅会议等将异议制度化的观点。

---

① Lawrence Quill, *Civil Disobedience-(Un)Common Sense in Mass Democracies*, Palgrave Macmillan, 2009, pp.144-145.

② James Bohman, The Public Spheres of the World Citizen, in James Bohman and Matthias Lutz-Bachmann(eds.), *Perpetual Peace: Essays on Kant's Cosmopolitan Ideal*, MIT Press, 1997, pp.179-201.

第二,20 世纪 70 年代捷克的异议者扬·帕托卡(Jan Patocka)的政治哲学拒绝了主张将文明简化为一系列可解决问题的现代性理论。他认为现代世界需要保留一个个人良知的空间, 而且应当将这些具有良知的人聚焦在一起,并且从阿伦特那里得到启示,发展了"动荡"(Shakenness)的概念来描述他认为是政治生活中不确定性的、必要的、不稳定的和不可减少的因素。

第三,神学家安德鲁·桑克斯(Andrew Shanks)在这一基础上进一步提出了制度改革的主张,以确保反抗(Resistance)在他所谓的"第三现代性"条件下占据永久的位置。桑克斯认为,

> 第一次现代化的特征是《旧约》中的宏大叙事,所有国家都前往锡安朝圣。第二现代性通常被理解为启蒙时期的现代性,自由主义、社会主义和民族主义的现代性。这是与第一个神学宏大叙事相对立的世俗宏大叙事。相比之下,第三种现代性的兴起恰恰是因为之前的两种叙事都没有达到"应对共同创伤(corporate trauma)的能力",它们无法应付动荡。①

在奎尔看来,帕托卡和桑克斯在寻求阐明现代性弊病时均认为一种动态的公共回应(a dynamic communal response)是必需的,而不是将自由简化为一系列自给自足的命题。按照桑克斯的观点,"被动摇就是意识到某些历史真相和虚假希望的崩溃"②,第二现代性缺乏应对这种焦虑的必要性,第三现代性则别无选择,尤其是气候变化和基因工程等跨越国界的议题使得国际合作与

① Lawrence Quill, *Civil Disobedience-(Un)Common Sense in Mass Democracies*, Palgrave Macmillan, 2009, pp.155-156.

② Lawrence Quill, *Civil Disobedience-(Un)Common Sense in Mass Democracies*, Palgrave Macmillan, 2009, p.157.

监管显得迫在眉睫。因此,20世纪后30年兴起的社会运动没有义务保持第二现代性的神话,正如经典政治行动模式中的压力集团一样,这些社会运动不能被边缘化到对政治辩论没有影响的程度。因此,被动摇者应当建立一种民间宗教的形式来加强团结,要么作为反政治的反抗的非党派政治,要么促进跨文化对话的发展,来应对后现代的动摇所导致的焦虑。

第四,这一议题在赫尔德和贝克(Ulrich Beck)那里也得到了共鸣。赫尔德在《全球盟约:取代华盛顿共识的社会民主替代方案》一书中提出了全球化背景下新的政治生活必须要解决的三个差距,即:

管辖差距(A jurisdictional gap)——导致"外部性"问题和全球公域的退化。从哲学上讲,这是一个谁应对全球化令人不快的副作用负责的问题。

激励差距(An incentive gap)——因为在这个监管全球公共产品供应的新领域中,没有一个支配性的治理框架,许多国家忽视了环境问题并制定了短期计划,或者在一个领域维护自己的权力而损害了其他国家。

道德差距(A moral gap)——国家之间的巨大不平等,以及人们越来越意识到许多人的生活成本太高。人们往往漠不关心或故意无知,加上原始爱国主义的主张,而不是对如何防止世界上大多数特权较少的人口陷入困境进行更广泛和有意义的讨论。[1]

正因为上述三个差距的存在,全球政治生活中的决策和受这些决策影响

---

[1]　David Held, *Global Covenant: The Social Democratic Alternative to the Washington Consensus*, Polity, 2004, p.79.

的人之间缺乏对称性,新形式的国家和非国家参与成为必要,例如加强发展中国家与强大伙伴进行谈判的能力,建立跨国机构以解决全球问题。尤其是赫尔德认为应当通过全球问题网络(Global Issue Networks)中的多元行动者来共同解决政策问题,并且鼓励对某一特定政策议题持反对意见的行动者来提出倡议,以此将阻力转化为创新动力。当然,赫尔德认为这种方法的问题在于,这些网络依赖于国家行动者是否接受和执行网络的政策建议,如果行动者拒绝合作或不采取行动,则对核心问题的解决少有裨益。但奎尔认为,如果一个国家行动者长期拒绝网络提出的政策建议,那么同样的行动者仍然能够通过网络来宣传和揭露这种不合作,从而对不合作的国家行动者施加压力。

此外,贝克主张进行政党改革,即将国家党转变为世界党(World Party),"与现有的国家政党不同,世界政党将被重新配置为思想竞争的场所,吸引作为世界公民的人们,而不仅仅是作为一个国家的成员"①。尤其是环境保护和女权主义领域的非政府组织必然会促进不同文化的全球公民具备共同价值观,克服国家边界导致的政治分歧,有利于形成地方主义和世界主义相互承认相互影响的全球公共论坛,并通过国家及其机构来实现变革。

与奎尔主张通过正式组织将全球公民不服从制度化的主张不同,史蒂芬·库克(Steve Cooke)从 2013 年的"北极 30"事件出发来思考抗议全球化趋势背景下跨国公民不服从的正当性问题。针对一些学者提出的将罗尔斯的公民不服从理论突破民族国家语境来应对和解释激进主义的当代形式和跨国法律的问题,库克试图构建一套世界主义的公民不服从理论来作出回应。

他指出艾伦(Michael Allen)的世界主义公民不服从概念相对比较狭窄。

---

① Lawrence Quill, *Civil Disobedience-(Un)Common Sense in Mass Democracies*, Palgrave Macmillan, 2009, p.160.

他以罗尔斯在《万民法》中提出的体面概念为基础,论证了对全球非正义的抗议行为的正当性，从而将个人从事违反别国法律的跨国抗议行为排除在全球公民不服从的概念之外。与艾伦的立论基础不同,库克虽然认同应当尊重自治,但其理由在于对人格(Personhood)的尊重,而非罗尔斯式的维护人类社会稳定的愿望。而且公民不服从具有说服性而非强制性的特征,因而在任何情况下都不会干涉自治。此外,他怀疑罗尔斯关于一个体面的非自由社会理想是否能够代表人民自决的真正形式，从而转向肯定享有民主政府的人权和合法性权威的必要条件。因此,库克试图提出一种所谓全心全意的世界主义公民不服从概念,肯定个人及其利益,而不是人民的伦理首要地位。在此基础上,库克主要论证了个人在他国进行公民不服从行为的正当性。

第一,跨国公民不服从行为是否应为穷尽合法途径之后的最终诉诸? 从传统的公民不服从理论来看,违法应当是最后的手段,因为法治是接近正义的社会的必要条件,法律和程序要想实现正义,就必须体现或表达蕴含正义的价值观,因此挑战法律有可能会破坏正义,所以只能在极端情况下进行。但这一条件似乎并不总是成立。库克援引了约瑟夫·拉兹的救护车工人合法罢工和金伯利·布朗利的顽固少数群体的立论来说明穷尽合法途径似乎并不可行,前者表明非法暴力抗议可能比合法抗议危害更小,而后者则表明由于少数群体捍卫的事业往往是当权者最反对的事业，因而合法渠道可能不完全有效。此外,库克还指出,在一个民主国家,理论上可以改变任何法律,但现实中的不平等权力关系、社会偏见、文化习俗等因素使得这种理论上的可能性无法实现。所以他认为最终手段原则应当与不服从者的实际情况联系起来考察,而不能只作为一种理想而存在。当然,这一正当理由同时适用于跨国和国内的公民不服从。

第二,跨国公民不服从如何应对主权问题? 在库克看来,主权原则是横

美国公民不服从理论研究

亘跨国公民不服从正当性面前的首要难题,国家主权既指不受其他国家干涉的豁免权,也指对国家边界内政治共同体成员的最高权力,主权原则反对公民不服从代理人去破坏一个其并非为成员的政治共同体的合法法律,因为这种行为构成了对他人生活和权利的干涉,即:

> 违反另一个国家的法律似乎侵犯了其公民的自主权,因为这是一种外部干涉,旨在改变国内城邦成员的生活方式或推翻他们的选择。①

对于这一问题,库克认为有两种方案可以在承认自决权的前提下克服主权难题。第一种方案是表明抗议者的命运与其抗议的共同体密切相关,从而说明抗议者对该共同体的法律具有发言权。第二种方案是表明抗议行为不一定对主权构成侵犯。

首先,所有受影响者原则(The All Affected Principle)。就上述第一种方案而言,世界主义理论对跨国民主的论证能够提供相应的理论资源。其基本立场包括两点,一方面,个人应当在对其生活有重大影响的决策中拥有发言权。另一方面,受政治决定重大影响的个人的群体往往不由作出这些决定的国家的边界所决定或划定。这就是所谓的"所有受影响者原则",根据这一原则,民主决策的范围不应由民族国家的边界决定,而应由受其影响的人决定。"政治不服从的正当性自然延伸到允许非公民非法抗议对他们有重大影响,但他们有发言权的法律。"② 由此可见,所有受影响者原则打破了公民自决权由其所在的民族国家政治共同体的边界来规定的理论设定,从而为跨国公民

---

① Steve Cooke,Cosmopolitan Disobedience,*Journal of International Political Theory*,May 23,2019,p.9.

② Steve Cooke,Cosmopolitan Disobedience,*Journal of International Political Theory*,May 23,2019,p.11.

不服从提供了理论依据。

当然，一些理论家对所有受影响者原则也提出了质疑。如大卫·米勒（David Miller）认为，民主决策的影响者应当是决策程序中所包括的人，在作出决策之前并不清楚何人被纳入决策程序，因此所有受影响者原则意味着要将所有人包括在民众（demos）的范畴之内。但是这样做的结果将会破坏一个运转良好的民主社会所必需的团结感和共同认同感，因此所有受影响者原则并不可取。

库克认为，米勒夸大了功能性民众所必需的纽带的强度或丰富性，或者说低估了在跨国或全球层面建构这些纽带的可能性。他认为一个运转良好的民主社会所应具备的要素，诸如人民愿意达成的所有人接受的协议、关于公共生活的基本信念以及对他人的充分信任等，将由于物理距离和文化多样性的原因而被削弱。但库克认为并没有确切理由表明这些要素无法在全球层面存在。首先，从康德的世界主义心态（the cosmopolitan mind-set）观念来看，世界主义应当确立一种普遍善待陌生人原则的思维模式，包括愿意公开、和平地与外人接触，并本着接受差异和他人的精神，这种接受是基于对共同人性的承认。其次，库克认为可以借鉴罗伯特·古丁（Robert Goodin）的"适度近似"（modest approximations）原则。在无法在全球层面给予所有人以选举权的情况下，古丁提出了赋予所有受影响者原则以现实可操作性的两种方案，一是当国家公民的利益受到域外行为者的影响时，给予他们诉诸全球治理机构的权利。另一个是当人们的利益受到国际法制度的负面影响时，给予他们索赔的权利。库克认为，古丁的方案并未违背米勒关于政治共同体边界的设定，而是确立了所有受影响者在其利益受到忽视时的纠正机制。按照这种方案的逻辑，跨国公民不服从也具有类似的纠正作用，当跨国或全球不法行为发生时，不服从者有权进行上诉、申请赔偿或修改法律。

此外,关于所有受影响者原则的另一个争议在于对影响的界定,争议的焦点在于影响的范围和大小如何决定抗议行为的正当性。影响可以包含许多内容,并且影响可能包括程度很小以及缺乏道德意义的影响,因此如果不顾影响如何及其程度大小,而要求受影响者具有发言权是不合理的。而且影响还包括正面和负面两方面的结果,当受影响者接受利益时没有发言权,而当受影响者利益受损时要求发言权,这一原则也是不合理的。总之,所有受影响者原则必须确定影响的性质和大小。对此,库克认为,卡罗尔·古尔德(Carol Gould)将影响限定为对基本人权的影响过于严格,因为这一限定忽视了侵犯非基本人权也可能导致严重后果。米勒将影响限定为一个民众所作的决定对非成员具有强制力的情况,同样忽视了非胁迫性的民主决定可能导致严重的伤害。所以古丁提出的上述两种方案仍然应当作为衡量影响的恰当标准。

至此,所有受影响者原则完成了回应主权难题的第一种方案的论证,即抗议者的命运与其所抗议的共同体密切相关,从而表明抗议者对该共同体的法律具有发言权,进而挑战了政治共同体的边界并不等同于民族国家的边界。那么关于回应主权难题的第二种论证方案,即跨国抗议是否构成对主权的侵犯,也就是所有受影响者原则的第二个立场,民众是否由民族国家的公民身份和居住地决定。

主权原则意味着一个民族国家的公民有权在不受干涉的情况下集体作出决定,即使这些决定对其政治共同体之外的人有重大影响。库克认为,对于这一观点的回应关键在于如何认识干涉。干涉通常被认为是强制参与人们的选择,由于自由对于人类福祉和道德自主的重要性意味着限制人们的自由是非常错误的,而按照米勒的观点,民主国家的决策是由公平程序作出的,民主尊重公民的自由和平等地位,并赋予每个人以平等的发言权和法律地位，因此基于公民集体决定的自由选择即便对非国家公民造成强制或胁迫也是合理的。

对此，库克认为，首先，米勒的强制原则有利于排除那些旨在破坏的抗议行为和颠覆政治秩序的军事或革命行为，但并不能排除所有的抗议行为。旨在表达谴责或希望改变法律、政策或社会态度，并能够提供可供理解的理由的抗议行为则不应被排除在外，因为这种抗议旨在说服而非胁迫，因而并不侵犯基于自治的主权。其次，公民的自由和平等地位并非来自政治共同体的成员资格，而是由公民的前政治地位(pre-political status)所产生的政治共同体赋予参与权的要求。因此，公民的自由选择权是有限的，尤其是当他们的决定影响到共同体之个人的自由和平等地位时，即使这一决定是在民主社会中合法作出的，也不能使其免受干涉。而且主权原则包含了与其他国家主权的相互尊重，这就要求即使一国公民的决策影响到他国民众的利益时，也应当为他国民众保留为自己辩护的权利，以免受不正当伤害。因此，当这种情况发生时，跨国公民不服从可以被视为一种自我防卫的正当方式。

此外，库克认为，"所有受影响者原则"还导致了一个有趣的结果，即跨国抗议有时似乎为非国民抗议提供了比他们抗议国家的公民更有力的理由。按照正统的公民不服从理论，在一个自由国家，如果国家没有为其公民提供平等权利来管理他们的生活，那么公民不服从不需要强有力的理由，缺乏法律上的参与权本身就成为公民不服从的道德权利；而在一个不自由的国家，政治参与权受到侵犯，则其公民也自然获得公民不服从的权利，作为其追求政治目标的补救措施。遵循这一推断，按照所有受影响者原则，如果缺乏全球参与的选择，那么被排斥的受影响者也应当获得参与跨国公民不服从的权利。

其次，代表他人行事(Acting on behalf of others)。跨国公民不服从还有另外一种情形是,抗议者常常代表他人而采取直接行动,例如环境主义者不仅为自身利益进行抗议,而且还为遥远的陌生人和后代的利益进行抗议,海洋守护者(Sea Shepherd)等主张动物权利的积极团体则代表有知觉的非人类动物直接行动,像"不再死亡"(No More Deaths)这样的组织则试图保护从墨西哥进入美国的非法移民。库克认为,这些行为无法用所有受影响者原则进行辩护,因为这些抗议者本身并不受影响。但他也指出,这一理论问题并非跨国公民不服从的特殊问题,而是所有抗议行为的普遍问题,只不过这一问题在跨国抗议中表现得更为明显,因为上述这些案例涉及抗议者代表那些诸如后代、非人类动物、移民、环境等缺乏民主声音的群体来进行抗议。这些群体缺乏公民权利,无法参与制定影响他们的法律,也没有民主机制来代表他们的利益。

对于这一问题,库克认为,首先,正统的公民不服从理论本身存在理论前提的漏洞,即它要求抗议者所诉诸的正义原则本身就将非人类动物这样的群体排除在外,但从同样的民主理由出发,如果当民主立法机构中缺乏相应的代表时,抗议者就能够代表它们提出抗议。其次,正如阿兰·卡特(Alan Carter)所说的那样,为他人而不是为自己的利益行事,本质上就是一种典型的本着良心。因此,抗议者代表这些无法发出自己声音却又受到影响的脆弱群体,来反对任何威胁他们利益的法律和政策是正当的。最后,当脆弱群体具有政治发言权且能够采取行动时,抗议者跨越国界代表脆弱群体进行抗议有可能导致家长式干涉。在这种情况下,抗议者则应当获得这些群体的同意,或者有充分理由确信其行为会被接受,并至少保证其行为不会导致脆弱群体的处境恶化,那么抗议行为就能够获得正当性。

第三,走向一种世界主义的公民不服从理论。需要注意的是,将跨国抗议描述为公民不服从仍然需要进一步解释或限定,即便跨国抗议是本着良心的和旨在实现社会或政治变革的沟通性违法行为。库克认为,实现跨国抗议向公民不服从的跨越,关键在于如何诠释公民不服从的公民(civil)这一限定语。他指出,这里的公民概念包含两种含义,一是将公民用作不服从发生的领域,二是文明(civility)的态度。世界主义的公民不服从理论认为,在第一种含义上公民领域可以跨越民族国家的边界,而在第二种含义上跨国抗议可以表达文明态度。

首先,关于不服从行为发生的公民领域。库克指出,正统的公民不服从理论将不服从的代理人限定为特定民族国家的公民,意味着只有针对抗议者所在的政治共同体的不服从才是公民的,这是一种狭隘的概念限定,最为直接的后果就是排除了常住的外国公民的参与权。因此,考察公民含义时应当遵循世界主义的路线。库克认为,在当代全球化背景下,世界的普遍联系导致国家的政治权力存在于多个重叠的领域,并延伸到了国家边界之外,这意味着全球公民领域与民族国家的边界重叠。正如在"北极 30"的案例中,绿色和平组织的抗议者不是在本国公民领域的地理边界内进行活动,而是向超越民族国家的全球社会公开表达,从而试图挑战北极钻探的国际法律框架。因此,将公民不服从的公民限定为一国的公民或公共领域是狭隘的和不充分的。

其次,关于不服从行为的文明方式和态度。按照罗尔斯的观点,公民不服从之所以是公民不服从的理由在于不服从者尊重公民之间相互忠诚的纽带,彼此具有相互合作的平等义务,所以其尊重参与互利合作事业的自由和平等公民的原则。此外,以文明的方式从事公民不服从意味着接受他人的利益和偏好,而非将自己的道德判断置于多数人的道德判断之上,所以公民不服从的方法不是压迫性的和强制性的,而是沟通性的说服,同时也不是用来表达仇恨的情感,而是彰显对同伴的尊重和体贴的态度。对此,库克认为,所有受影响者原则描述的是一个利益共同体,这种共同体可能不像一国公民那样是一个有共同身份、态度和目标的特定群体,有着共同的规则来管理社会互动,但罗尔斯过于保守的文明概念排斥了非人类动物或环境的代表,以及移民和寻求庇护者等外国居民抗议文明化的可能性。

总之,库克认为,世界主义主张人们对其负有文明义务的共同体不受人们作为国家政治共同体成员的限制。全球运动和议题、全球治理形式和新兴的全球公民社会的出现表明,跨国抗议者可能参与了罗尔斯认为产生忠诚和忠诚义务的那种合作努力,因此他所描述的公民之间相互忠诚的义务也很可能是跨国的。他说:

> 对于世界主义者来说,公民身份不仅仅意味着个人和国家之间的法律关系;它首先是一种道德关系,表示一个普遍的道德共同体的成员,所有人仅仅因为他们共同的道德地位而成为这个共同体的成员。……这样一来,跨国抗议不仅属于全球或跨国公民领域,而且还可能包含基于公民身份的文明要求,这些要求源于对全球道德共同体和以共同身份参与集体努力的真正的跨国代理人共同体的忠诚和尽责。①

3.人道主义干预与国家公民不服从的正当性

与奥贡耶等人不同的是,怀特和奎尔一来认同跨国公民不服从在国际体制内发生的可能性,二来主张跨国政党这类的正式组织而非非正式的全球公民团体作为跨国公民不服从的主体。由此引出的对于全球公民不服从证成的进一步讨论是,作为全球公民实施不服从行为的载体或直接作为主体的正

---

① Steve Cooke, Cosmopolitan Disobedience, *Journal of International Political Theory*, May 23, 2019, pp.34–35.

式组织尤其是民族国家,其所从事的跨国抗议行为如何证成。正如上文提及的约尔特所提出的问题一样,为什么有的国家实施的跨国干预行为就是正当的,而有的国家行为则受到谴责呢?

约尔特认为,这是因为当把公民不服从概念运用于国际社会时就会出现两方面的问题,一方面涉及公民不服从的理由与合法性(Legitimacy),另一方面涉及国际社会的概念。就第一个问题而言,约尔特指出:

> 正当性(Justification)是指为支持某一概念或实践提供论据的规范性命题,而合法性(Legitimacy)是指对与国际社会有关的做法的一般说明。值得注意的是,国家公民不服从和任何关于公民不服从的解释一样,并不是一种为一般违法行为辩护的方式,而只是一种旨在提高社会道德水平的违法行为。①

约尔特认为,按照克里斯蒂安·瑞斯·施密特(Christian Reus-Smit)的观点,正当性主要属于规范性理论领域,而合法性则属于经验领域,二者应当区别开来。他更多地是从合法性的角度来论证国家公民不服从的。

就第二个问题而言,约尔特认为,国际社会与国际社会中共同的规范框架和道德观念构成了国家行动的理由。因此,国际社会的概念是理解国家公民不服从的基础。他说:

> 如果没有这样一个共同的规范框架,即如果没有任何共同的规范和机构,没有任何可以处理和满足正当要求的共同道德观念,或者任何共

---

① Ronnie Hjorth, State Civil Disobedience and International Society, *Review of International Studies*, Vol.43, Part 2, No.3, 2016, p.332.

同和相当普遍的国际合法性概念,那么国家公民不服从的整个想法似乎很难考虑。[①]

约尔特指出,关于国际社会的理解在英语世界主要存在两种立场,即多元主义(Pluralism)和团结主义(Solidarism)。多元主义认为建立国际社会应当是为了减少不安全和维护国家间的差异,团结主义则主张世界主义和人道主义伦理,但团结主义者很少否认国际社会应当将国家间的秩序视为中心承诺。

多元主义担心"接受国家公民不服从会增加国际社会的暴力程度,危及国际秩序和国家自治"[②]。按照罗尔斯和拉兹的观点,多元主义对国家公民不服从的质疑有两点,一是罗尔斯认为只有合法和强大的政治组织才能容纳公民不服从,二是拉兹认为公民不服从只适用于非自由国家,自由国家的人们没有公民不服从的权利。

回顾关于公民不服从的一般文献,在国际社会中从"多元主义"的角度考虑国家公民不服从,至少有两种批评和有些矛盾的立场似乎是相关的:第一,约翰·罗尔斯声称,只有合法和强大的机构才能容纳公民不服从实践,因为只有这种政治组织能够支撑公民不服从。这是因为人们相信,公民不服从会导致更普遍地减少对法律和秩序的尊重。第二,约瑟夫·拉兹的论点是,公民不服从的做法通常只适用于任何其他类型的国家,而不是一个尊重人民意志和尊重法治的强有力的自由国家。[③]

---

① Ronnie Hjorth, State Civil Disobedience and International Society, *Review of International Studies*, Vol.43, Part 2, No.3, 2016, p.335.

② Ronnie Hjorth, State Civil Disobedience and International Society, *Review of International Studies*, Vol.43, Part 2, No.3, 2016, p.335.

③ Ronnie Hjorth, State Civil Disobedience and International Society, *Review of International Studies*, Vol.43, Part 2, No.3, 2016, pp.335–336.

第四章　当代公民不服从理论的议题拓展与现实挑战

约尔特认为，国家公民不服从正在挑战国际社会的多元化概念，而关键问题在于，国际社会能否真正遏制国家尤其是大国的政治自由裁量权的使用，确保合法的规范框架的作用。很显然，大国更有能力使用国家公民不服从为自身辩护，国家公民不服从因而变得对大国更为有利。国际社会的不平等削弱了国家公民不服从在国家间的平等运用，而团结主义对国际社会国家间的秩序也表达了与多元主义同样的关切。

基于此，约尔特认为，国家公民不服从的合法化与成功实践受到两个因素的影响，即国家地位与叙事策略。首先，按照 T.V.保罗、德博拉·韦尔奇·拉森和威廉·C.沃尔福斯等人在《世界政治中的地位》一书中的定义，国家地位指的是"关于一国在价值属性(财富、强制力、文化、人口地位、社会政治组织和外交影响力)上的排名的集体信念"。因此，地位是指国际社会成员之间的等级社会账户(hierarchical social accounts)。在国际社会中，地位主要表现在两方面：在社会或国家"俱乐部"中的成员资格，以及在国际社会中的"相对地位"。其次，叙事涉及使政策合法化的对世界政治的解释和描述，本身即是一种对政策的证成。约尔特认为："正当性和合法性问题通常涉及共同的价值观和承诺，以及对政治空间的叙述。"[①] 他区分了两种叙事类型，即霸权主义叙事和反叙事(hegemonic narratives and counter narratives)，两种叙事是相互对立的。与不服从问题相联系，霸权主义叙事不一定意味着服从，而反叙事不一定意味着不服从。例如，美国在国际问题上的单边主义常常是对国际裁决的不服从，如1999年轰炸科索沃，2003年发动伊拉克战争都是对联合国决议的反对。

在实际的国际政治中，国家地位与叙事策略往往交织在一起，共同构成

---

① 　Ronnie Hjorth, State Civil Disobedience and International Society, *Review of International Studies*, Vol.43, Part 2, No.3, 2016, p.337.

美国公民不服从理论研究

影响国家公民不服从合法化和成功的组合性因素。约尔特指出,地位与叙事存在四种不同的组合模式,包括:高地位—霸权主义叙事,高地位—反叙事,低地位—霸权主义叙事,低地位—反叙事。这四种模式构成了成功实践公民不服从的四种策略。

第一,通常来讲,高地位与霸权主义叙事的组合往往能够使不服从行为获得更多的合法化机会。需要注意的是,叙事策略的选择有时与地位并不存在恒定的关系,例如高地位就一定会选择霸权主义叙事,叙事策略的选择通常反映的是在主流国际舆论中的站位选择。因此,高地位的国家要么致力于形成并维持一种霸权主义叙事,要么为了削弱霸权主义叙事从而削弱某种政策的合法性而建立一种反叙事。例如,联合国五大常任理事国中,美、英、法维护了一种自由国际主义和干涉主义的霸权主义叙事,而中国和俄罗斯则培育了反叙事。[①]

第二,高地位与反叙事的组合策略如果不能使不服从行为合法化,高地位的国家往往会使用废止权(Destituent Power)。废止权与创制权(Constituent Power)和宪定权(Constituted Power)相对应,创制权指的是制定法律的权力,宪定权是指维护法律的权力,废止权是废除法律的权力。

第三,由上可知,作为不服从的废止权主要不是弱者的工具,而更可能是强者的策略。

第四,对于小国而言,选择支持霸权主义叙事可能会提高其国际地位,并获得参与或支持大国行动的道德声誉,也可能促进国际规则和道德的改进。

总之,约尔特认为:"或许可以公平地说,第一,在使用'创制'和'废止'权力时,高地位对国家公民不服从的成功实施很重要;第二,霸权主义叙事可能

---

① Ronnie Hjorth, State Civil Disobedience and International Society, *Review of International Studies*, Vol.43, Part 2, No.3, 2016, p.338.

会平息人们对不服从的关切,而不管地位如何。"① 也即是说,影响国家公民不服从成功的因素很大程度上取决于高地位与霸权主义叙事。这意味着在全球层面,大国或者强国更有可能获得从事国家公民不服从行为的合法性,这一结论真实却又十分悲观地描述了国家地位与叙事策略所导致的国际政治的不平等现实,但是约尔特又指出,尽管国际社会中国家间的不平等对作为弱者工具的国家公民不服从造成了挑战,但不平等恰恰是多元化的国际社会整合并保持秩序的一个因素。相比于国家公民不服从对国际社会秩序造成的潜在破坏,如叙利亚和伊拉克等国家内部的无序和政治衰败所造成的破坏性更大。

约尔特还指出了两种不依赖于地位与叙事的国家公民不服从发展路径,即道德路径和现实路径。"第一条道路是努力使国际社会成为一个道德联盟,从而增强社会中较弱的成员的能力,同时不破坏维护秩序的不平等因素。"② 这一道德化路径的基础在于,公民不服从只有作为一种道德实践才能被证明为正当,而国际社会应当是一种国家间的道德联合,尽管在现实上很难使国际社会建立在具有共同道德规范的共同文化之上,但至少应当设想扩大国际社会的考虑范围,从而促进"对利益的平等考虑"。需要注意的是,尽管加强国际社会的道德因素并不能自动解决不公正问题,但至少提供了促进改革的基础。尽管如此,约尔特承认这种道德化路径仍然充满了理想主义的成分。

第二条发展路径着眼于现实实践,包含了两个方面的考量,一方面是要求国家公民不服从遵循非暴力的原则,另一方面是要求将国家公民不服从限定在法律框架内。对于第一点,约尔特总体上承认非暴力原则的重要性,但

① Ronnie Hjorth,State Civil Disobedience and International Society,*Review of International Studies*,Vol.43,Part 2,No.3,2016,p.340.

② Ronnie Hjorth,State Civil Disobedience and International Society,*Review of International Studies*,Vol.43,Part 2,No.3,2016,p.341.

也承认在一些特殊情况下使用暴力的正当性,他说:

> 在政策上尽可能减少暴力并坚持和平原则是有意义的。为此目的,有理由避免接受可能增加使用暴力的原则。然而,当考虑到家庭暴力和由坏政府、失败的国家、错误的战争行为等造成的人类痛苦时,使用军事手段有时不仅更有效,而且总的来说也可能减少暴力和痛苦的程度。①

对于第二点,约尔特认为,尽管国际法在国际政治中并不占据决定地位,国家往往倾向于采取将自身行为确定为国际规范的"确认规范"行为,而非使自身行为符合国际规范的"遵循规范"行为,然而国际社会仍然存在一个法律框架和一种共同的法律语言,能够为国家公民不服从提供辩护,而且一旦突破法律框架来寻求国家公民不服从的辩护,意识形态与身份政治会使辩护话语更加模糊。②

总之,约尔特尽管试图通过振兴国际社会从而使其成为一个道德协会,并发展一种基于非暴力手段的更有限的国家公民不服从方法,进而彰显不服从行为所固有的正义感和改革活力,然而这些努力并不能掩盖其所提示的由于国家地位和叙事策略所决定的不平等现实,以及对强国从事国家公民不服从更易获得合法性的承认。这种精英主义的立场与奥贡耶所强调的富人义务异曲同工,安东尼奥·弗朗切特(Antonio Franceschet)对此提出了批评。他认为,国家公民不服从的精英主义立场主要包含三个内容,第一,主张正当的公

---

① Ronnie Hjorth, State Civil Disobedience and International Society, *Review of International Studies*, Vol.43, Part 2, No.3, 2016, p.342.

② Ronnie Hjorth, State Civil Disobedience and International Society, *Review of International Studies*, Vol.43, Part 2, No.3, 2016, p.343.

民不服从必须以重塑约束所有国家的法律为目的;第二,遵循从国内政治中的个人到国际领域的国家的类比论证;第三,倒置了公民不服从的政治基础,从作为弱者工具的国内公民不服从转变为作为强国策略的国家公民不服从。

弗朗切特认为,国家的公民不服从与公民的公民不服从应具有相同的逻辑,如果后者不服从非正义的法律是正当的,那么国家不服从非正义的国际规则也是正当的。但是关于国家公民不服从的现有理论并未将弱国视为主体,因为公民不服从必须改革国际法律的系统性缺陷,而弱国并不具备这种动机与能力,从而被排除在公民不服从主体之外。在这种语境下,弗朗切特引入了创制权(Constituent power)和废止权(Destituent power)的概念来论证弱国仍然具有成为公民不服从者的潜力,即"这些国家通过行使废止权力,力求摆脱某些国际法律义务的不利影响"①。

首先,基于创制权的国家公民不服从。引用安德烈亚斯·卡利维斯(Andreas Kalyvas)关于国家内部表达创制权的条件或要素的观点,认为国际政治领域中并不具备表达创制权的要素,即集中的政治制度、明确的权力界限和共同体意识。在国际政治领域中,并不存在集中的政治权力,只有类似的治理机构,如联合国安全理事会和国际刑事法院等。弗朗切特也认同布坎南和霍格的观点,呼吁针对国际法的国家公民不服从,以阻止对他国进行的合法人道主义干涉,他们主张由欧洲的发达国家来领导国际社会行使创制权。因此,在理论上,创制权的行使存在国家间的不平等,大国可以对联合国安理会提出质疑,而边缘国家的反对却并未受到承认。按照布坎南的观点,新立宪的或缺乏民主和法治经验的国家不具有行使创制权的资格,恰恰由于强国和全球治理实体的代理,弱国的人民得到了修正后的法律的好处。

---

① Antonio Franceschet, Theorizing State Civil Disobedience in International Politics, *Journal of International Political Theory*, Vol.11, No.2, 2015, p.240.

美国公民不服从理论研究

其次,基于废止权的国家公民不服从。弗朗切特指出,如果一个国家不愿意接受跨国力量的好处,又无法依靠发达国家来代表它们的利益,又当如何呢？ 例如：

> 乌拉圭希望有空间选择一种符合其利益的政策,而不必担心一个偏僻的、家长式的帝国中心。也许就像甘地和印度独立运动一样,乌拉圭要求"独处",并允许自己尝试一些事情。[①]

弗朗切特认同拉斐尔·劳达尼(Raffaele Laudani)的观点,即国家公民不服从可以与废止权力相联系进行论证。他认为,与旨在建立一种新的制度秩序的创制权不同,废止权力的目的是退出某种制度秩序,但这种权力并非反体制的和无政府主义的,它并不构成破坏这种制度秩序的结果。这两种权力的分野正如金与甘地之间的区别,金希望创造一种公平的秩序,而甘地却希望摆脱英国的殖民统治。因此,正是由于废止权力才使得弱国的公民不服从变得容易理解。

基于废止权力的国家公民不服从的正当性如何证成呢？ 因为通常人们会质疑这种国家公民不服从的目的不是改善政治或法律体系,而是从中退出,这将使其难以通过普遍性检验(Universalizability Test)。对此,弗朗切特认为,对于不想被强国利益吞没的弱国来说,基于废止权力的国家公民不服从恰恰是一种自我保护机制,而且这种退出并未造成对他人的蓄意伤害,体现了公民的特征。因此,他呼吁强国应适当放弃一些权力,在国际平等的环境中,强国的创制权与弱国的废止权应当共存。他说：

[①] Antonio Franceschet, Theorizing State Civil Disobedience in International Politics, *Journal of International Political Theory*, Vol.11, No.2, 2015, p.250.

今后的研究仍需进一步充实承认弱国抵抗的机构和自主权的规范性理由。令人难以置信的是,国际法所承受的唯一不公正现象是欧洲国家所承认的,即那些在历史上处于国际社会权力和道德等级的核心的国家。在自由主义内部,有一种对权力腐败的影响不信任的传统,以及当权者的家长式作风,他们知道什么是对其他人最有利的。关于国家公民不服从的下一阶段理论应该通过确定符合尊重基本人权和国家自决的合法抵抗的规范标准来培育这一传统。正如甘地和金的例子所显示的那样,这些价值观并不是自上而下而来的,而是在特定的历史背景下,在争取解放的斗争中产生的。①

对此,舒尔曼(William E Scheuerman)并不认同,他认为不论是国家语境下还是后国家语境下的创制权均无法为公民不服从提供正当理由。具体而言,首先,舒尔曼明确指出:“创制权(constituent power)并不是理解公民不服从的有效手段,公民不服从是法外(extra-legal)政治抗议的最重要模式,至少在或多或少自由和民主的社会中是如此。”②二者在本质上是不相容的。理由在于:第一,在创制权这一术语的创造者阿贝·西耶斯(Abbe Sieyes)及其当代捍卫者那里,创制权被视为是宪法(并且最终是制度)合法性的最高的、自发的和法律上不受制约的来源,它高于宪法和法律秩序,因此既可以改变后者,也可以构建后者。相反,公民不服从主张对宪法和法律秩序的尊重,是一种为了法律的违法行为,是一种在合法名义下的违法行为。

---

① Antonio Franceschet,Theorizing State Civil Disobedience in International Politics,*Journal of International Political Theory*,Vol.11,No.2,2015,p.253.

② William E Scheuerman,Constituent Power and Civil Disobedience:Beyond the Nation-State?,*Journal of International Political Theory*,2018,p.3.

第二,捍卫创制权的学者还认为,创制权与政治创造力和创新能力联系在一起,即创制权创造了新的甚至是前所未有的宪法及其机构,舒尔曼认为这是一种美、法革命知识分子的直觉,是对革命遗产的继承。公民不服从则与这种暴力革命的模式相反,它代表了一种建设性的尝试,而不是对法律秩序的否定。即哈贝马斯所讲的激进的改革主义,公民不服从不是一个同质的统一主体在法律之外行动,而是在多元主义背景下的一群公民为了改善法律而违反法律,通过说服政治多数来推进改革。所以非暴力是公民不服从的基本特征。

第三,创制权与民主并无直接联系。在西耶斯那里,创制权的载体是国家,与法国民众无关,他甚至反对由制宪会议和公民投票的方式来制定和批准宪法,因此西耶斯的创制权思想实际上是对自由威权主义的捍卫,而非民主或共和。公民不服从则依赖于现存宪法和法律的保护,依赖于基本的公民权利来推进其实践,因此公民不服从本质上是一种基于法治和公民权利的治理,或者说公民不服从本身就是公民权利的体现。

其次,舒尔曼明确指出后国家语境下的创制权也不是公民不服从的正当理由。随着欧洲一体化进程的推进,创制权概念在跨国语境下得到了进一步拓展,如果说民族国家语境下的创制权可能会无法有效回避其革命传统或国家主体的问题,那么后国家语境下创制权则可能不会再有这样的束缚,而直接由欧洲人民来行使其作为主权者的权利,从而也为公民不服从留有空间。但舒尔曼认为,即使在后国家语境下,创制权也无法成为公民不服从的正当理由。

哈贝马斯将欧盟视为欧盟公民和欧洲人民之间的权利共享,在这种二元政治结构中,欧洲人的首要任务是确保已经存在的二元政体的民主化,而不是行使体现其自主性和创造性的创制权,而且基本的正义和自由仍然是由民族国家来保障的。因此，一方面公民的创制权受到了限制，另一方面欧盟的世界主义观念必然会侵犯正义与自由。所以在后国家秩序中，谁来成为创制权的主体并非清晰可见的事情。

尽管哈贝马斯认为公民不服从表明了公民直接担当他们作为主权者的角色，是一种具有前瞻性、创造性的激进民主政治行为，然而舒尔曼认为，"在欧盟，公民不服从原则可能不会成为宪政民主的'爱国拥护者'，它被视为一项永久性的、相对开放的项目，而更理想的是，作为推动其欧洲同胞进行早该进行的改革的推动者，推行一种从根本上来说是混合的或二元的宪法秩序"①。也就是说，在欧洲，哈贝马斯的逻辑是从宪法到创制权，混淆了创制权和宪定权的概念，在一定程度上把创制权置于欧盟的二元宪法秩序之下，实际上是对公民自治的限制。

由上可知，不论创制权是否能够提供国家公民不服从的正当理由，也不论强国是否具有对弱国的国际责任，对于公民不服从的证成而言，这里衍生出的深层问题在于，即便是强国的人道主义干预这类违反国际法的行为在多大程度上能够被证成。杰拉尔德·纽鲍尔（Gerald Neubauer）又回到了史密斯的证成策略，认为一方面仍然需要回到全球正义的层面来解释跨国干预的正当理由，另一方面跨国干预本身需要契合传统公民不服从的规范标准。

纽鲍尔认为，国际法制化是一种介于无政府与暴政之间的状态。进入21世纪以来，现代国家日益被纳入广泛的国际规则之中，涵盖了安全、贸易、投资、环境保护、人权、劳动条件等不同的议题，而且国际法院和准司法争端解决程序越来越多地用以裁决国家之间以及国家与私人之间的冲突。这处变化是对威斯特伐利亚世界秩序的进步，后者本质上是一种无政府状态。无政

---

① William E Scheuerman, Constituent Power and Civil Disobedience: Beyond the Nation-State?, *Journal of International Political Theory*, 2018, p.13.

府状态在道德上是无法接受的,理由有三,首先,强国可以随意支配和利用弱国;其次,个人缺乏针对极权主义政府的国际保护;最后,国家行为对别国公民的外部损害不受限制。因此,具有约束力的国际规则必不可少。甚至可以说,没有国际法制就没有国际正义。

但是国际法制化也可能容纳或产生新的不公正,国际法律体系中的一部分甚至包含了专制的成分。这种现象在国际经济法领域尤其明显,例如世贸组织 1994 年关于知识产权的 TRIPS 协议限制了非专利药品的生产和禁止进口,这使得发展中国家的公共卫生项目必须承受高昂的药品价格,但却保护了发达国家制药公司的利益。此外,IMF 也被视为另一个全球暴政的机构,例如国际货币基金组织在 20 世纪八九十年代对阿根廷提出的结构调整计划加剧了其债务危机,并将外债还本付息置于阿根廷人民的基本社会权利之上。

因此,纽鲍尔认为,国际法制化并不必然促进道德进步,这虽然能够避免世界秩序的无政府状态,但也可能产生不公正的国际规则,从而使一些国家的支配地位制度化,令另一些国家的利益受损。所以当不公正的国际规则出现的情况下,国家公民不服从能够成为一种补救的办法。

纽鲍尔认为,正是由于全球法律制度比国家法律制度更为脆弱,所以应当对国家公民不服从规定更为严格的限制条件。按照个人公民不服从的基本特征或限制性条件的内容, 他认为国家公民不服从应当具备如下五个特征:

第一,违法性。由于国家内部法律体系和司法机构的相对完备,个人公民不服从的违法性比较容易确定, 但是很多个人公民不服从行为最终会被法院裁决为无罪,所以纽鲍尔认为,只在个人实施行为时被行政官员宣布为违法即可,事后的法院裁决并不是判断的关键。相比之下,国家公民不服从的违法性较难确定,因为没有一个世界性的执行机构来侦查违反国际法的行为,因此唯一的办法是确定有关国家在采取某种行动时是否面临严重的法律后果。如果一个国家冒着法律制裁的危险,我们可以说它采取了一种所谓的非法行动,即使最终并未被国际法庭定罪。

第二,本着良心。这一特征表明,无论是个人还是国家,实施公民不服从行为不是出于自私的个人理由或特定的国家理由,而应当以普遍的道德理由来为其行为辩护。但纽鲍尔并不认同将良心理解为一种引导行为的完全无私的内在动机,他认为这种误导性标准既不适合个人,也不适合国家。首先,良心标准并不排除一个公民不服从者,除了他的道德论点外,还可以从改革的政策中获得个人利益。其次,应该忽略行为者动机方面的问题,而只考虑为其行为公开辩护的理由。

第三,旨在改变法律或政策。这一特征表明,公民不服从行为的目标是改变法律或政策,而不是寻求实现个人的特殊利益。因此,在国际层面,只为谋求改变影响其他国家的国际法和政策,违法国家才能被定性为公民不服从的国家。这种改变通常表现为以下几个方面:

第一,不服从的国家可以试图通过提出额外的解释规则来说服国际条约缔约方改变条约本身或条约的适用。第二,一个国家可以通过打破旧习惯法和说服其他国家和律师相信他提出的新规范来建立新的习惯法。第三,一个国家可以试图说服国际法院或类似的争端解决机构建立新的判例法,这不同于迄今为止的法律解释。第四,国家可以离开受到批评的国际机构和(或)建立更好地反映其道德要求的新机构。①

第四,非暴力。非暴力是个人公民不服从的核心特征和最重要的证成标准,然而将非暴力标准适用于国家公民不服从所面临的问题是,所有的国家行为都是以合法垄断的暴力为基础,这是国家地位的决定性因素。Neubauer认为,国家对暴力的合法垄断是执行法律、和平和人权的先决条件,因此对于国家公民不服从,非暴力标准应当修正为合法暴力标准,一方面国家合法垄断的暴力应当受到法治的约束, 另一方面国家违反国际法的行为只有在国家不使用任何法律之外的暴力情况下,才能被称为公民不服从。

第五,公开性。这一特征表明公民不服从行为必须是公开实施,公民不服从者不能向公众和国家隐瞒其行为,而当公开表明其立场和论点。国家公民不服从也应当具备这一特征,但由于国家公民不服从本质上的公共性,大多数违反国际法的国家公民不服从不会向公众隐瞒,因此公开性标准对于国家公民不服从而言是一个次要标准。

纽鲍尔列举了两个国家公民不服从的现实案例,一个是阿根廷的债务抵赖,一个是玻利维亚违反双边投资条约的行为,两个案例都符合上述国家公民不服从的五个标准。此外,通过这两个案例,纽鲍尔发现,国家公民不服从的发端往往都是国内民众的抗议,给国内政府施压,从而导致国家对国际法的违背,再加上国际社会组织将国内社会运动的诉求转化为国际人权保护的话语,进而使国家和国际社会组织在国际层面为国内的地方行为进行辩护,并提出改革国际法的建议。因此,纽鲍尔认为,国家公民不服从也可以称为"基于公民社会的不服从"(civil society based disobedience)。

米歇尔森(Danny Michelsen)大体上也遵循相同的证成策略,与纽鲍尔不

---

① Gerald Neubauer, State Civil Disobedience: Morally Justified Violations of International Law Considered as Civil Disobedience, *General Information*, Transtate Working Papers, No.86, Univ., Sonder-forschungsbereich 597, Staatlichkeit im Wandel, Bremen, 2009, p.10.

同的是，米歇尔森基于共和主义的立论基础强调了国家公民不服从保护人权与维护民主的目标，并对作为国家公民不服从的人道主义干预设置了更多的条件。他认为，当前关于国家公民不服从的讨论主要涉及两个相关主题，一是跨国民主化和国际人权保护，一是人道主义干预。国家公民不服从至少跟全球正义与国际人权保护有关，而且从共和主义理论来看，国家公民不服从的规范观点是非支配（non-domination）的理想和积极参与的基本权利。

与罗尔斯一样，阿伦特也认为公民不服从者无法用个人私利、宗教教义或良心来为其行为辩护，而应当援引作为政治秩序基础的共同正义观念。但是阿伦特仍然对以罗尔斯和哈贝马斯为代表的公民不服从的自由主义理论进行了批评，首先，这种共同的正义观念是蕴含在异议权之中的，因此它只能包含一般的宪法权利，而非具体的法律和政策；其次，自由主义要求公民不服从者应当接受其行为的法律后果来表达忠于法律的态度，这是一种荒谬的要求，因为忠于法律这样的抽象标准会演变为一种道德命令，从而阻碍理性讨论。最后，罗尔斯认为，公民不服从是一种最终诉诸的手段，只有在严重违背第一原则、公平自由原则和公然违背第二原则的情况下才能实施；但阿伦特认为，不仅旨在恢复《第一修正案》权利的公民不服从行为是合法的，而且认为那些质疑政治决策过程的低民主质量的行为也是合法的。

总之，共和主义的公民不服从理论主张，应当被视为防止民主决策过程变形（Deformations）的一种手段，因此与自由主义强调"只有在严重侵犯宪法权利的情况下公民不服从才是正当的"这一观点不同。共和主义认为，私人权利和社会权利都是实现政治自由的先决条件，除侵犯公民权利以外，社会不平等和反贫困的乏力措施也可以成为公民不服从的理由。但是按照佩迪特的自由即非支配的概念，"共和政治的基本任务是消除由国家（主权统治权）（Imperium）或私人（完全所有权）（Dominium）构成的统治机会结构，这可以通过使公民以其行动能力控制国家或私人机构的干涉来实现"[①]。与阿伦特相反,佩迪特将政治参与视为达致自由的手段,而非自由的内涵,因此公民不服从的有用性和正当性取决于其是否有利于促进实现非支配自由的基本权利。

基于此,米歇尔森认同纽鲍尔关于国家公民不服从的三个基本条件,即国家公民不服从只适用于对人权的系统性侵犯,同时是一个国家用尽所有法律手段之后的最终诉诸,并且不应危及国际法的法治化(Juridification)。但是共和主义有别于自由主义最低限度的人权理由,它主张将国家公民不服从的理由拓展至一国公民的社会权利和政治参与的基本权利。例如,阿根廷在21世纪初拒绝向 IMF 偿还债务,因为其政府辩解说偿还债务会危及基本社会权利的公共保障,而且这些债务是在军政府执政下产生的,当时公民的政治参与权被中止,因此公民无法有效控制国家和 IMF 对他们行为和未来的影响。此外,希腊政府反对欧盟委员会和 IMF 提出的联合求助条件,以及 2010年后的欧洲危机管理措施扩大了应急规则的范围,严重损害了欧洲法律的一致性,从而破坏了民主自治的原则。因此,除了保护人权之外,抵制超国家或跨国不民主的决策过程,也应当成为国家公民不服从的目的。

总之,米歇尔森认为,否认人道主义干预作为一种国家公民不服从的理由是它不符合非暴力原则,但是在严重侵犯人权的情况下,也即侵犯最低限度的人权如种族灭绝、种族清洗、大规模屠杀或奴役部分人口的情况下,人道主义干预的军事行为是对一种正当的保护义务的履行。当然,这种正当的人道主义干预还需要具备两个基本条件,一是干预国必须向全球受众解释其合理意图并接受其法律后果,二是必须满足非支配自由的原则,即要为被干预

---

① Danny Michelsen, State Civil Disobedience: A Republican Perspective, *Journal of International Political Theory*, Vol.14, No.3, 2018, p.4.

国的人民保留自治的空间。但是米歇尔森又认为非支配自由和参与权利不能为国家公民不服从提供证成理由，因为非支配自由太过理想，而参与权本身并非人权的一部分。因此，出于实用主义的考虑，民主国家应当追求在非民主国家中非暴力政权更迭的长期目标，而不是人道主义干预，单纯出于民主化目的的国家公民不服从是无法证成的。

同样，基于传统的公民不服从证成的规范性讨论，米勒（Nathan J. Miller）对国际层面的人道主义危机背景下未经授权的国家军事干预进行了考察。正如上文所提到的那样，米勒对国际公民不服从概念的界定延用和遵循了罗尔斯概念的基本内涵和要素，并且运用这一概念来解决当前在应对国际层面的人道主义危机过程中，个别国家未经授权的军事干预的正当性问题。他认为，尽管国际法应当有效限制主权国家的权力，抑制它们相互之间以及对其公民施加暴力和不公正的行为，并为和平共处提供实际和规范的指导方针，然而国际法对何为合理干预和是否应当进行合理干预等问题缺乏规范。

对于这一问题的讨论，米勒认为国际上有先例可循。他援引了两个报告来为军事干预提供依据，一个是由理查德·戈德斯通法官担任主席的科索沃问题独立国际委员会（the Independent International Commission on Kosovo）提供的报告中所使用的对人道主义干预"非法但正当"（"illegal but legitimate"）的评价术语，并且在关于对叙利亚进行军事干预的辩论中再次流行。另一个是干预和国家主权国际委员会（the International Commission on Intervention and State Sovereignty，简称 ICISS）2001 年发布的关于出于"人类保护"的干预的报告，该报告提出了著名的"保护责任"（responsibility to protect，简称 R2P）原则，即"当对平民的重大伤害正在发生或即将发生，有关国家不能或不愿结束伤害，或本身就是肇事者时，出于保护人类目的的干预，包括极端情况下的军事干预,是可以支持的"[1]。并且这一原则在2005年得到联合国大会采纳,2006年联合国安理会通过的第1674号决议也认可了R2P原则。因此,米勒认为,出于人道主义和保护责任的未经授权的国际干预行为是能够被证成的,而这一证成需要提供一种有别于国家语境的国际公民不服从理论,即:

> 有动机使用军事力量制止大规模侵犯人权的行为,但不愿意违反国际法的国家不需要在拯救生命和维护法治之间作出选择。相反,国家可以通过一种有原则的漠视(disregard)法律来做到这两点。本研究将把这种原则性的漠视称为"国际公民不服从",但承认国内和国际背景的不同之处在于,"公民不服从"一词可能更多的是一种类比,而不是直接适用。[2]

与国家语境下的公民不服从一样,国际公民不服从需要满足一系列条件或遵循一系列原则才能够与其他形式的非法行为区别开来。米勒认为:

> 将国际不法行为定性为国际公民不服从行为,或类似的行为,只要它是公共的,即透明的(非秘密的),也是一种公共理性行为;本着良心的;最大限度上非暴力的;忠于法律,即不服从的国家接受其行为的法律后果。这就设置了一个适当的高标准,有利于那些选择满足这一标准,

---

[1] Nathan J. Miller, International Civil Disobedience: Unauthorized Intervention and the Conscience of the International Community, *Maryland Law Review*, Vol.74, No.2, 2014, pp.329–330.

[2] Nathan J. Miller, International Civil Disobedience: Unauthorized Intervention and the Conscience of the International Community, *Maryland Law Review*, Vol.74, No.2, 2014, p.316.

但仍然担心建立一个宽松先例的国家。[①]

但是将公民不服从理论拓展至国际语境导致了一系列理论难题,首先,一般认为公民不服从是无权者影响有权者的行为方式,即所谓被压迫者的工具,国际公民不服从的主体转变为超级大国或者少数强国。其次,国际公民不服从对大规模暴力的承认与公民不服从理论对非暴力的强调之间存在分歧。再次,公民不服从理论强调公民不服从者必须接受法律处罚来表明其行为是本着良心进行的,而强国则可能逃脱对其行为的法律制裁。最后,公民不服从通常被理解为是一种仅限于宪政民主框架内的现象,宪政民主国家存在强大的道德和政治共识,能够对其公民提出道德要求,而国际体系是否具备这种共识和能力则是一个不太确定的问题。[②]对此,米勒进行了相应的理论回应。

首先,宪政民主并非国际公民不服从的限定性条件。米勒认为,公民不服从是一种解决义务冲突的方式,即一个人需要处理同时存在的服从法律和捍卫自由与反对非正义的义务之间的冲突。而这一点与国际层面存在的侵犯人权事件和未经授权的干预之间的冲突非常相似。但是米勒又进一步指出,简单将国家语境下的公民不服从理论套用在国际语境是值得怀疑的,因为国际法不同于国内法,而且按照工具主义的国际法概念,公民不服从是荒谬的,因为在这种概念之下,遵守法律的义务是微弱的。因此,米勒认为需要探讨在非民主的国际体系下公民不服从的正当性问题。

按照罗尔斯的推理逻辑,宪政民主并不是产生公民不服从的理由,而是

---

① Nathan J. Miller, International Civil Disobedience: Unauthorized Intervention and the Conscience of the International Community, *Maryland Law Review*, Vol.74, No.2, 2014, p.355.

② Nathan J. Miller, International Civil Disobedience: Unauthorized Intervention and the Conscience of the International Community, *Maryland Law Review*, Vol.74, No.2, 2014, pp.356–357.

美国公民不服从理论研究

一个接近正义的社会没有完全按照一些基本的正义原则而完美地组织起来,恰恰是这种不完美构成了公民不服从的理由。在罗尔斯看来,宪政民主不过是符合上述要求的唯一的组织形式。在国际层面上讲,国际体系是否建立在充分共享的正义原则之上, 进而为实施这些原则而建立的机构能否满足要求,就成为证成国际公民不服从的核心问题。

回答这一问题不需要建立一种新的国际法理论,因为公民不服从的可能性取决于国际体系是否存在足够强大和共享的规范承诺, 无论是世界主义的抽象论证还是实证主义的现实推导都表明了这种承诺的存在。而且按照罗尔斯在《万民法》中的观点,国际体系是建立在共同的基本正义原则基础之上的,这些基本正义原则应当通过一套合作性的制度安排来实施,而罗尔斯似乎承认诸如安理会表决结构的特定机构安排有可能会阻碍基本正义原则的实现。因此,在米勒看来,这种基本正义原则与其执行机构之间的差距就成为国际公民不服从的理由, 而且罗尔斯在其国际基本结构安排的八项原则中的第四项原则中明确提出,各国人民应遵守不干涉的义务,处理严重侵犯人权的行为除外, 这也表明罗尔斯的万民法思想实际上为国际公民不服从留下了理论空间。

其次,国际公民不服从应当是一种政治的和公共的行为。传统的公民不服从理论认为,公民不服从与其他非法行为的本质区别在于,它是一种公共理性行为,旨在改变与基本正义原则相违背的法律或政策。而且公民不服从是政治性行为,因为它呼吁共同的政治承诺而非特定的善的概念,个人宗教信仰、政策偏好和道德偏好不足以构成公民不服从的正当理由,一个自由国家和社会承认和包容多种合理的善,包括相互竞争的宗教教义。因此,公民不服从与激进行为不同,它旨在寻求参与和改革,并最终维护而非瓦解现有政治秩序。

第四章　当代公民不服从理论的议题拓展与现实挑战

在米勒看来，R2P原则构成了国际社会所共同承诺的政治共识，承认国际社会的每个成员都有义务保护平民免遭大规模暴行。罗尔斯《万民法》中的基本正义原则也包含了某种版本的R2P原则。因此，基于这一原则而实施的国际公民不服从无疑是一种政治的和公共的行为。

再次，国际公民不服从应当是一种本着良心的行为。传统的公民不服从理论认为，公民不服从者应当本着良心来实施其抗议行为，而且必须通过客观行为来表明其善意（good faith）的内心状态，诸如穷尽合法抗议的途径和愿意接受法律后果等，而且公民不服从行为必须是公开的，有公开宣称的正当理由。米勒认为，在无法确切获知不服从者的主观意图的情况下，本着良心的客观要求有助于不服从者的观众评价其行为的真诚，在国际公民不服从的案例中，观众是国际体系的机构，如联合国和其他国家。在这样的观众面前，客观界定的诚信标准变得比个人更重要——特别是在声称本着良心的行为者在倾向于进行未经授权的军事干预的情况下。因此，声称参与国际公民不服从的强国必须接受其行为的法律后果，服从国际法的制裁，以此来表达对国际法的忠诚，否则将会强化这样的普遍认识，即国际法是一种最终服从于国家偏好的弱约束，或者只是权力的虚伪面具。当然，仅仅表示服务国际法的制裁也可能不会导致事实上的制裁法律程序，但这种对国际法的忠诚依然应当能够通过接受国际法院对未经授权的军事干预导致的争端的管辖权来表达。在米勒看来，公民不服从的这一正当性理由为个人和国家的行为设置了极高的标准，避免了个人和国家的恶意行事。

最后，非暴力在某种情况下并不能作为国际公民不服从的必要条件。米勒认为，非暴力是公民不服从的一项基本原则，尽管少数理论家认为暴力有时是正当的，然而仍然与公民不服从的理念背道而驰。但在国际层面来看，尤其是R2P原则在某些情况下允许暴力的前提下，国际公民不服从提出了一个新的问题,即如果基本正义原则要求暴力,而法律禁止这种要求暴力的行为,应当如何处理这一矛盾？按照米勒的观点,在一些极端的侵犯人权案例中,实施正义原则要求而法律禁止的暴力行为并不会减损对法治的忠诚。因此,国际公民不服从在某些情况下允许采取暴力行为。

总之,"主张国际公民不服从的可能性,就是主张国际法足够强大,可以直面其矛盾。稳定效果源于一个几乎公正的社会的显著特征,与例如基于神权的君主政体或基于专制统治的非自由社会相反:个人之间的自由和自由选择的合作是由共同的基本正义原则的吸引力所获得的。将一个社会建立在这种自由选择的合作基础上的一个后果是,该社会的个人成员可以自由表达他们对这种合作的当前形式的不满。但这并不是说宪政民主国家的成员,或国际体系中的国家,可以在任何时候或出于任何原因自由违抗法律。这将否定法律的概念,破坏对法治的忠诚。相反,也就是说,当该核心协议的具体机构表达偏离其内容时,行为者应该自由地提出异议。"[1]

综上所述,回顾整个公民不服从理论的经典框架与当代进展可见,法治、道德和民主构成了公民不服从理论的核心议题和理论轮廓。作为一种处理个人与国家、权利与义务之间关系的学说,公民不服从理论提供了公民在民族国家边界内基于法治、道德和民主的内在悖论而实施违法行为的一整套正当性标准,尽管其带有明显的理想主义色彩,然而其在实际的国家政治生活中依然具有强烈的现实主义取向。但是从思想史的角度来看,公民不服从理论的形成和发展是一个历史性问题,其理论框架的确立并非一蹴而就,从柏拉图的议题萌芽到梭罗时期的议题确立,从戴维·斯皮兹的议题重塑到罗尔斯的理论廓清,公民不服从理论的产生几乎横跨了西方政治思想史的整个发

---

[1]　Nathan J. Miller, International Civil Disobedience: Unauthorized Intervention and the Conscience of the International Community, *Maryland Law Review*, Vol.74, No.2, 2014, p.368.

展进程,而且从目前来看,这一发展进程依然没有停下脚步,现实的政治发展不断为这一理论提供着挑战和更新的实践资源。

正如前文所指出的那样,公民不服从理论打破了国家的神话,试图展示一幅服从与革命之间的动态画卷,并为介于其中的不服从行为框定一个文明的或曰正当的理论框架和实践标准体系,但对这一理论框架和实践标准体系的证成充满争论。尽管罗尔斯的经典理论所确立的一系列核心要素仍然具有强大的生命力,但后续的理论家仍然在对这些经典理解进行着挑战和修正,一些理论家用"民主"这一修饰词取代了"公民"的定语,[1]将不服从被理解为将边缘化的论点带入公共领域和提高民主协商的广度和质量的一种手段,[2]并主张对政治交流的正式限制可能会剥夺弱势社会选民的权力,并试图将破坏性的、对抗性的社会运动行动主义作为一种合法的民主授权形式,[3]等等。

这种对"公民"定语及其内涵的反思甚至民主替代,意味着公民不服从理论本身的外延扩展,包括公民不服从的目标和手段等方面的经典限制性规定都出现了松动。正如盖伊·阿奇森(Guy Aitchison)所指出的那样,许多理论家倾向于将公民不服从的内涵扩展至适用于一些更为激进的社会运动,这些运动往往追求对现有政治制度和主流(新)自由资本主义秩序的激进拒绝,[4]而非暴力也似乎不再被视为公民不服从行为的绝对律令,[5]对法律后果的接受

----

① Daniel Markovits, Democratic Disobedience, *The Yale Law Journal*, Vol.114, No.8(Jun., 2005), pp.1897–1952.

② William Smith, Civil Disobedience and Deliberative Democracy, Routledge, 2013.

③ Iris Marion Young, Activist Challenges to Deliberative Democracy, *Political Theory*, Vol.29, No.5, 2001, pp.670–690; John Medearis, Social Movements and Deliberative Democratic Theory, *British Journal of Political Science*, Vol.35, No.1, 2005, pp.53–75.

④ Guy Aitchison,(Un)civil Disobedience, *Raisons Politiques*, No.69, 2018, pp.5–12.

⑤ Robin Celikates. Rethinking Civil Disobedience as a Practice of Contestation: Beyond the Liberal Paradigm, *Constellations*, Vol.23, No.1, 2016, pp.37–45.

也并不能作为政治行动的严格限制条件。①因此,到目前为止,公民不服从理论在很大程度上仍然是一个未完成的理论。除了这些经典议题在当代理论界的持续争论之外,生态环境、非法移民、军事干预、全球化、信息化等经济社会和政治实践发展中新兴的一系列问题不断地为公民不服从理论提供了新的议题与挑战。

自20世纪90年代以来,随着人们对计算机网络和全球化的反思逐渐深入,公民不服从理论的核心议题与理论边界也相应得以拓展,同时这一时期的公民不服从理论议题呈现出对正统理论的强大冲击和挑战。这种挑战涉及一个核心问题,即公民不服从理论是否适用于新的时代背景?计算机网络的普及与政治化运用提出了基于有形实体抗议行为的公民不服从理论与网络空间的虚拟抗议行为之间的相容性问题,而日益密切的全球交往也导致了基于民族国家边界的公民不服从理论与国际层面的跨国抗议行为之间的相容性问题。如果公民不服从理论的解释力足够强大,那么它也必须要面对为上述新的抗议形式提供正当性证明的理论难题。如果既有的理论框架无法直接提供证成资源,那么它就必须对自身进行理论反思与修正以适应新的时代变化。

---

① Kimberley Brownlee, Conscience and Conviction: The Case for Civil Disobedience, Oxford University Press, 2012.

结　论

　　拉博埃西（Etienne La Boétie）曾指出："基本的政治问题是为什么人民
会服从一个政府。"①萨拜因也说："政治哲学上最具争议的乃是这样一个问题：
臣民是否有权反抗他们的统治者。"②费尔南多·萨瓦特尔（Fernando Savater）
则讲道："政治不外乎是服从的道理与反抗的缘由构成的集合体。"③由此可
见，服从与不服从的问题一直是政治哲学的基本问题，人类也始终处于服从
与不服从的追问与反思当中。服从产生权威与义务，不服从产生自由与权利，
两种力量之间的较量伴随着整个人类历史的发展过程。在西方，从古希腊至
今的政治哲学大都对这种较量进行过思考。在个人与国家的关系中，最为基
本的两种选择无非是服从与不服从，如果这两种选择走向绝对，结果便是两
种情形：对于国家而言，一端是极端无政府主义，一种是绝对国家主义；而对
于个人而言，一端是绝对服从，一端是绝对不服从。对于前一种绝对化情形，
伯特兰·罗素曾指出："在整个人类历史上，极度的无政府状态和过于严厉的

---

①　[法]拉博埃西、[法]布鲁图斯：《反暴君论》，曹帅译，刘训练校，译林出版社，2012年，第31页。

②　[美]乔治·萨拜因：《政治学说史》（下卷），邓正来译，上海人民出版社，2010年，第31页。

③　[西班牙]费尔南多·萨瓦特尔：《政治学的邀请》，魏然译，北京大学出版社，2014年，第22页。

政府控制时期一直存在着交替起伏。"① 而对于后一种绝对化情形，约翰·麦克里兰认为："要么凡法律即服从，要么凡法律都不服从，都不是办法。"② 如果人们只是处于这样一种绝对状态，那么政治哲学就没有存在的必要，但这并不是现实，现实永远不可能是一种非此即彼的存在。

也正因为如此，政治哲学才会在国家正当性（legitimacy）、政治义务这些问题上大费周章，也正是在这个意义上，公民不服从理论才彰显出其自身存在的价值。一方面公民不服从使得国家的神话破灭，国家的正当性需要提出证明理由，另一方面它提供了介于服从与不服从的绝对化情形之间的中间状态，也即在绝对服从与绝对不服从之间存在一个所谓的连续统（continuum）。

美国的公民不服从理论是对美国政治实践的反映，从波士顿倾茶事件、废奴运动、女性选举权运动、反战运动和民权运动直到当代的少数族裔、妇女、移民、贫民等不同群体的抗议活动此起彼伏，平权运动、女权运动、环境运动、同性恋运动、反战运动等依然充斥美国的政治生活，全球化、城市发展、就业、医疗等各种问题都可能成为公民不服从的主题或导火索。公民不服从理论着重从法治、道德和民主的角度出发，对这些政治现象进行研究，涉及了法学（包括法理学和法哲学）、政治学、伦理学、历史学、心理学等不同学科的研究视阈。

从公民不服从的理论中可知，法律与道德、法律与民主、道德与民主之间存在着一定的冲突，良法与恶法在当代国家中的并存、法治秩序的价值与其他政治价值之间的张力，自治道德与他治道德的冲突、服从的道德义务与不服从的道德权利之间的对抗，民主所蕴含的多数原则与多数决定的正当性之间的冲突、民主参与的合法途径与非正式的政治参与之间的冲突，都构

① ［英］伯特兰·罗素：《权威与个人》，储智勇译，商务印书馆，2012 年，第 95 页。

② ［英］约翰·麦克里兰：《西方政治思想史》（上卷），彭淮栋译，中信出版社，2014 年，第 181 页。

成了公民不服从的内在动因。在当代民主国家中,公民不服从最为突出的问题是其证成性。一般而言,政治秩序的存续都依赖于服从,而不服从往往被视为对政治秩序的破坏者。但在公民不服从理论看来,公民不服从是对有违宪法、正义、道德和民主原则的法律和政策的违背,在法律意义上,不论是直接的公民不服从还是间接的公民不服从,二者都是一种违法行为,在法律上都不具有正当性,因而应当受到法律的制裁。同时公民不服从理论又指出,当选择公民不服从作为一种政治策略时,公民不服从者也应当考虑其行为的法律和社会后果,并自愿接受惩罚,进而尽可能采取非暴力的手段来实施。而在道德层面上,公民不服从理论认为公民不服从行为是一种本着良心的行为,行为所违背的法律或政策缺乏道德根据,有违个人或集体道德,是一种不正义的法律或政策,因此不论是良心拒绝还是本着良心的公民不服从行为都应当受到法律的容忍。最后,基于多数原则的民主在原则上为所有公民提供了平等参与政治体系的权利,但现实中的民主仍然有可能排斥少数群体的参与权利,或者限制少数群体的参与能力,因而导致不平等的后果。

此外,民主程序所产生的法律和政策仅仅能够获得一定的程序正当性,并不能保证法律和政策的实质正当性。这些因素都为公民不服从提供了空间。然而,美国的公民不服从理论仍然承认民主是一种最为有效或接近正义的政治安排,从而比非民主政体更能提供服从的理由,因此民主政体下的公民不服从必须以接受民主原则和现存法律体系为前提,必须承认公民不服从本身也存在着诸多限度。总之,在当代美国的民主语境下,由于民主本身的缺陷导致了公民不服从的可能,所以只有依赖民主的不断完善才能消除或削弱公民不服从的诱因。

另一方面,公民不服从理论也包含着一些理论困惑。既然政治权威不是一种绝对存在,其本身需要被证成,那么政治权威的正当性所附带的服从的政治义务也需要被证成。而公民不服从理论对于政治义务的态度徘徊在一种确定与不确定之间,对于法律体系、法治原则、民主价值,公民不服从理论是接受的,但这种接受不排除对特定法律或民主决定的不服从,也不排除基于对现实政治体系背离政治理想的道德判断而采取的不服从。也就是说,公民不服从理论更倾向于接受哲学无政府主义的立场。所以公民不服从理论试图在服从与不服从之间找到一个界线,服从与不服从都不是绝对的。但是从公民不服从的理论内容来看,这种寻求界线的努力并非完全有效。

这种局限性尤其表现在公民不服从的证成方面,法律的发生论证成完全是失败的,因为法律不能证明违法为正当,而法律的目的论证成不仅无法排除逻辑上的悖谬,而且通过违法来促进法治的做法在实践中也绝非无可挑剔,尤其是不同的理论家对于非暴力手段的分歧更容易导致在行为上的相对主义。这种困境在道德领域和民主原则之下也同样存在,道德判断的个人性在理论上往往沦为一种个人主义,在实践中似乎并未提供消除分歧的可行方案,而在民主原则下,公民不服从的正当性也充满了争议,例如罗尔斯提出的指向严重违背正义、穷尽合法资源和非暴力等限制条件作为判断公民不服从正当性的依据,就遭到范德伯格和马丁等人的质疑,他们争论的结果也未能澄清公民不服从的正当性问题。总之,在美国的公民不服从理论中,法治、道德与民主三者的关系彼此勾连,从任何一个角度来看,公民不服从都充满了悬而未决的问题。但是在现实世界,公民不服从行为却一直存在,对这种现象的分析仍然亟待既有理论的创新和发展。

最后,在公民不服从的正统理论仍在对其内在核心议题和规范结论争论不休的同时,人类社会已然迈入信息化和全球化的时代,黑客主义和电子公民不服从将计算机和互联网带入了公民不服从的理论视野,而国际公民不服从和跨国公民不服从也将全球正义、跨国公民抗议,以及国际人道主义干预等话题陈列在公民不服从理论的面前,脱离线下物理空间的线上抗议行为,以及国家和非国家公民超越民族国家边界的跨国不服从行为,不仅为正统的公民不服从理论提供了新的议题,而且在很大程度上拓展了正统理论的边界。这种拓展在展示了公民不服从理论的反思韧性和解释力的同时,也放大了正统理论本身所固有的悖论和不确定性,而恰恰因为这种不确定性,公民不服从仍然是当前美国乃至世界的理论热点之一。

参考文献

一、中文文献

(一)中文论著

1.何怀宏编:《西方公民不服从传统》,吉林人民出版社,2001年。

2.孔新峰:《从自然之人到公民:霍布斯政治思想新诠》,国家行政学院出版社,2011年。

3.李寿初:《法治的局限及其克服——公民不服从问题研究》,法律出版社,2009年。

4.涂文娟:《政治及其公共性:阿伦特政治伦理研究》,中国社会科学出版社,2009年。

5.王利:《国家与正义:利维坦释义》,上海人民出版社,2008年。

6.《哲学评论》编委会:《哲学评论》(第一辑),社会科学文献出版社,1993年。

7.周濂:《现代政治的正当性基础》,生活·读书·新知三联书店,2008年。

(二)中文论文

8.顾肃:《宪政原则与公民不服从的法理问题》,《浙江学刊》,2007 年第 4 期。

9.郝铁川:《论良性违宪》,《法学研究》,1996 年第 18 卷第 4 期(总第 105 期)。

10.郝铁川:《社会变革与成文法的局限性》,《法学研究》,1996 年第 18 卷第 6 期(总第 107 期)。

11.郝铁川:《温柔的抵抗——关于"良性违宪"的几点说明》,《法学》,1997 年第 5 期。

12.韩逸畴:《公民不服从思想:渊源与流变》,《法制博览》,2012 年第 7 期。

13.吕建高:《论公民不服从的形式特征》,《理论界》,2009 年第 3 期。

14.吕建高:《论公民不服从的正当性标准》,《南京社会科学》,2009 年第 9 期。

15.章秀英:《政治哲学视野下的公民不服从》,《浙江学刊》,2008 年第 5 期。

16.周永胜:《论公民不服从》,《法制与社会发展》,1999 年第 5 期。

(三)外文译著

17.A·约翰·西蒙斯:《道德原则与政治义务》,郭为桂、李艳丽译,江苏人民出版社,2009 年。

18.安东尼·刘易斯:《言论的边界——美国宪法第一修正案简史》,法律出版社,2010 年。

19.伯纲德·贝林:《美国革命的思想意识渊源》,涂永前译,中国政治大学出版社,2007 年。

20.伯纳德·施瓦茨:《美国法律史》,王军等译,法律出版社,2011 年。

21.伯特兰·罗素:《权威与个人》,储智勇译,商务印书馆,2012 年。

22.布鲁斯·阿克曼:《我们人民——宪法的变革》,孙文恺译,法律出版社,2009年。

23.查尔斯·A.比尔德、玛丽·R.比尔德:《美国文明的兴起》(上、下卷),于干译,商务印书馆,2012年。

24.费尔南多·萨瓦特尔:《政治学的邀请》,魏然译,北京大学出版社,2014年。

25.菲利浦·金巴多:《路西法效应》,孙佩妏等译,商周出版社,2008年。

26.汉娜·阿伦特:《共和的危机》,郑辟瑞译,上海人民出版社,2013年。

27.汉娜·阿伦特:《责任与判断》,陈联营译,上海世纪出版集团,2011年。

28.霍布斯:《论公民》,应星、冯克利译,贵州人民出版社,2003年。

29.卡罗尔·帕金、克里斯托弗·米勒等:《美国史》(下册),东方出版中心,2013年。

30.卡尔·贝克尔:《论〈独立宣言〉——政治思想史研究》,彭刚译,江苏教育出版社,2005年。

31.卡尔·科恩:《论民主》,聂崇信、朱秀贤译,商务印书馆,2007年。

32.拉博埃西、布鲁图斯:《反暴君论》,曹帅译,刘训练校,译林出版社,2012年。

33.路易斯·哈茨:《美国的自由主义传统》,张敏谦译,金灿荣校,中国社会科学出版社,2003年。

34.罗伯特·沃尔夫:《为无政府主义申辩》,毛兴贵译,甘会斌校,江苏人民出版社,2006年。

35.洛克:《政府论》(下篇),叶启芳等译,商务印书馆,2004年。

36.罗纳德·德沃金:《认真对待权利》,信春鹰、吴玉章译,上海三联书店,2008年。

37.乔恩·皮埃尔、B.盖伊·彼得斯:《治理、政治与国家》,唐贤兴、马婷译,唐贤兴校,格致出版社/上海人民出版社,2019年。

38.乔万尼·萨托利:《民主新论》,冯克利、阎克文译,上海世纪出版集团,2009年。

39.乔治·克洛斯科:《公平原则与政治义务》,毛兴贵译,江苏人民出版社,2009年。

40.乔治·萨拜因:《政治学说史》(下卷),邓正来译,上海人民出版社,2010年。

41.塞缪尔·P.亨廷顿:《难以抉择——发展中国家的政治参与》,汪晓寿等译,华夏出版社,1989年。

42.塞缪尔·P.亨廷顿:《变化社会中的政治秩序》,王冠华等译,上海世纪出版集团,2008年。

43.斯坦利·米尔格拉姆:《对权威的服从——一次逼近人性真相的心理学实验》,越萍萍、王利群译,新华出版社,2013年。

44.汤姆·宾汉姆:《法治》,毛国权译,中国政治大学出版社,2012年。

45.托克维尔:《论美国的民主》(上卷),董果良译,商务印书馆,2008年。

46.托马斯·阿奎那:《阿奎那政治著作选》,马清槐译,商务印书馆,2010年。

47.托马斯·潘恩:《常识》,何实译,华夏出版社,2004年,第56页。

48.沃浓·路易·帕灵顿:《美国思想史(1620—1920)》,陈永国等译,吉林人民出版社,2002年。

49.乌·贝克、哈贝马斯等:《全球化与政治》,王学东、柴方国等译,中央编译出版社,2000年。

50.悉尼·胡克:《理性、社会神话和民主》,金克、徐崇温译,上海世纪出版集团,2006年。

51.西塞罗:《国家篇 法律篇》,沈叔平、苏力译,商务印书馆,2002年。

52.亚里士多德:《政治学》,吴寿彭译,商务印书馆,2011 年。

53.约翰·罗尔斯:《罗尔斯论文全集》,陈肖生等译,吉林出版集团有限责任公司,2013 年。

54.约翰·罗尔斯:《正义论》(修订版),何怀宏、何包钢、廖申白译,中国社会科学出版社,2009 年。

55.约翰·麦克里兰:《西方政治思想史》,彭淮栋译,中信出版社,2014年。

56.约翰·范泰尔:《良心的自由——从清教徒到美国宪法第一修正案》,张大军译,贵州大学出版社,2011 年。

57.约瑟夫·拉兹:《自由的道德》,孙晓春等译,吉林人民出版社,2011 年。

58.约瑟夫·拉兹:《法律的权威》,朱峰译,法律出版社,2005 年。

二、英文文献

(一)英文著作

59.Allen, Michael.*Civil Disobedience in Global Perspective*, Springer, 2017.

60.Bedau, Hugo Adam(ed.), *Civil Disobedience: Theary and Practice*, Pegasus, 1969.

61.Bedau, Hugo Adam(ed.), *Civil Disobedience in Focus*, Routledge, 1991.

62.Bloom, Harold(ed.), *Civil Disobedience*, Infobase Publishing, 2010.

63.Bohman, James; Bachmann, Matthias Lutz.(eds.), *Perpetual Peace: Essays on Kant's Cosmopolitan Ideal*, MIT Press, 1997.

64.Breitman, George(ed.), *Malcolm X Speaks: Selected Speeches and Statements*, Grove Press, 1965.

65.Brownlee,Kimberley, *Conscience and Conviction:The Case for Civil Disobedience*,Oxford University Press,2012.

66Carter,Stephen L., *The Dissent of the Governed* :A Meditation on Law, Religion,and Loyalty,Harvard University Press,1998.

67.Chatterjee,Deen K.(ed.), *Encyclopedia of Global Justice*,Springer,2011.

68.Clarke,Paul Barry;Foweraker,Joe, *Encyclopedia of Democratic Thought*, Routledge,2001.

69.Crawford,Curtis(ed.), *Civil Disobedience—A Casebook*,Thomas Y,Crowell Company,1973.

70.Cohen , Carl , *Civil Disobedience—Conscience , Tactics , and the Law* , Columbia University Press,1971.

71.Collins,Ronald K.;L.,Skover;David M., *On Dissent—Its Meaning in America*,Cambridge University Press,2013.

72.Corlett , J. Angelo , *Responsibility and Punishment (Fourth Edition)* , Springer,2013.

73.Crawford,Curtis(ed.), *Civil Disobedience—A Casebook*,Thomsa Y. Crowell Company,1973.

74.Critical Art Ensemble, *Electronic Civil Disobedience and Other Unpopular Ideas*,Autonomedia,1996.

75.Critical Art Ensemble, *Digital Resistance:Explorations in Tactical Media*, Autonomedia,2001.

76.Dixit,R. D., *Civil Disobedience—A Philosophical Study*,GDK Publications,1980.

77.Fortas,Abe, *Concerning Dissent and Civil Disobedience*,The New American Library, 1968.

78.Fromm, Erich, *On Disobedience and Other Essays*. Routledge & Kegan Paul, 1984.

79.Goldwin, Robert A. , *Disobedience—Old and New*, Rand Mcnally &Company, 1968.

80.Green, T. H. , *Lectures on the Principles of Political Obligation*, Batoche Books, 1999.

81.Greenawalt, Kent, *Conflicts of Law and Morality*, Oxford University Press, 1989.

82.Greene, Abner S. , *Against Obligation: The Multiple Sources of Authority in a Liberal Democracy*, Harvard University Press, 2012.

83.Goldwin, Robert A. (ed.), *Disobediecne: Old and New*, Chicago, Rand Mcnally & Company, 1968.

84.Hall, Robert T. , *The Morality of Civil Disobedience*, Harper&Row, Publishers Inc. , 1971.

85.Held, David, *Global Covenant: The Social Democratic Alternative to the Washington Consensus*, Polity, 2004.

86.Jordan, Tim; Taylor, Paul A. , *Hacktivism and Cyberwars: Rebels with a Cause?* Routledge, 2004

87.King, Martin Luther, Jr. , *Why We Can't Wait*, Penguin Books, 1963.

88.King, Martin Luther Jr. , *A Testament of Hope, The Essential Writings of Martin Luther King*, Jr.Janes Melvin Washington(ed.), Harper & Row, 1986.

89.King, Martin Luther Jr. , *Stride Toward Freedom—The Montgomery Story*, Beacon Press, 2010.

90.King, Martin Luther, Jr., *Where Do We Go From Here—Chaos or Community?*, Beacon Press, 2010.

91.Kirkpatrick, Jennet, *Uncivil Disobedience: Studies in Violence and Democratic Politics*, Princeton University Press, 2008.

92.Klosko, George, *Political Obligations*, Oxford University Press, 2005.

93.Lovell, Jarret S., *Crimes of Dissent—Civil Disobedience, Criminal Justice, and Politics of Conscience*, New York University Press, 2009.

94.Madden, Edward H., *Civil Disobedience and Moral Law in Nineteenth-Century American Philosophy*, University of Washington Press, 1968.

95.Mitchell, W. J. T.; Harcourt, Bernhard E.; Taussig, Michael, *Occupy: Three Inquiries in Disobedience*, The University of Chicago Press, 2013.

96.Milligan, Tony, *Civil Disobedience: Protest, Justification, and the Law*, Bloomsbury, 2013.

97.Myrdal, Gunnar, *An American Dilemma: The Negro Problem and Modern Democracy*, Harper & Row, Publishers, 1944, 1962.

98.Nathanson, Stephen, *Should We Consent to Be Governed?* Wadsworth Press Company, 1992.

99.Nemeth, Charles P., *Aquinas and King: A Discourse of Civil Disobedience*, Carolina Academic Press, 2009.

100.Peczenik, Aleksander, *On Law and Reason.* Springer, 2008.

101.Perry, Lewis, *Civil Disobedience—An American Tradition*, Yale University Press, 2013.

102.Quill, Lawrence, *Civil Disobedience—(Un) Common Sense in Mass Democracies*, Palgrave Macmillan, 2009.

103.Raz, Joseph, *The Authority of Law: Essays on Law and Morality*, Oxford University Press, 1979.

104.Reidy, David A., Riker, Walter J. (eds.), *Coercion and the State*, Springer, 2008.

105.Roberts, Adam; Timothy Garton Ash (eds.), *Civil Resistance and Power Politics—The Experience of Non-violent Action from Gandhi to the Present*, Oxford University Press, 2009.

106.Samuel, Alexandra Whitney, *Hacktivism and the Future of Political Participation*, Harvard University, 2004.

107.Sanders, John T., Narveson, Jan(eds.), *For and Against the State*, Lanham, Maryland, Rowman and Littlefield Publishers, Inc., 1996.

108.Schaefer, David Lewis, *Illiberal Justice: John Rawls vs. the American Political Tradition*, University of Missouri Press, 2007.

109.Seidman, Louis Michael, *On Constitutional Disobedience*, Oxford University Press, 2012.

110.Singer, Perter, *Democracy and Disobedience*, Oxford University Press, 1973.

111.Simmons, A. John, *Justification and Legitimacy: Essays on Rights and Obligations*, Cambridge University Press, 2001.

112.Smith, Michael P., Deutsch, Kenneth L. (eds.), *Political Obligation and Civil Disobedience: Readings*, Thomas Y, Crowell Company, 1972.

113.Smith, William, *Civil Disobedience and Deliberative Democracy*, Rouledge, 2013.

114.Snodgrass, Mary Ellen, *Civil Disobedience: An Encyclopedia History of*

Dissidence in the United States(Vol.1,2), M.E. Sharpe, Inc., 2009.

115. Thoreau, Henrry David, *The Writings of Henrry David Thoreau(Vol.4)*, The Riverside Press, 1906.

116. Walzer, Michael, *Obligations—Essays on Disobedience, War, and Citizenship*, Harvard University Press, 1970.

117. Wellman, Christopher Heath; Simmons, A. John, *Is There a Duty to Obey the Law*, Cambridge University Press, 2005.

118. Weber, David R.(ed.), *Civil Disobedience in America—A Documentary History*, Cornell University Press, 1978.

119. Wolff, Robert Paul; Moore, Barrington Jr.; Marcuse, Herbert, *A Critique of Pure Tolerance*, Beacon Press, 1965.

120. Zashin, Elliot M., *Civil Disobedience and Democracy*, The Free Press, 1972.

121. Zinn, Howard, *Disobedience and Democracy, Nine Fallacies on Law and Order*, Random House/Vintage, 1968.

122. Zwiebach, Burton, *Civility and Disobedience*, Cambridge University Press, 1975.

(二)英文论文

123. Adams, Raymond, Thoreau's Sources for "Resistance to Civil Government", *Studies in Philology*, Vol.42, No.3(Jul. 1945).

124. Aitchison, Guy, (Un)civil Disobedience, *Raisons Politiques*, No.69, 2018.

125. Allan, T. R. S., Disclosure of Journalists' Sources, Civil Disobedience and the Rule of Law, *The Cambridge Law Journal*, Vol.50, No.1(Mar., 1991).

126.Allan,T. R. S.,Citizenship and Obligation:Civil Disobedience and Civil Dissent,*The Cambridge Law Journal*,Vol.55,No.1(Mar.,1996).

127.Allen,Barbara,Martin Luther King's Civil Disobedience and the American Covenant Tradition,*Publius*,Vol.30,No.4,Essays in Memory of Daniel J. Elazar(Autumn,2000).

128.Barkan,Steven E.,Legal Control of the Southern Civil Rights Movement,*American Sociological Review*,Vol.49,No.4(Aug.,1984).

129.Bayles,Michael,The Justifiability of Civil Disobedience,*The Review of Metaphysics*,Vol.24,No.1(Sep.,1970).

130.Barth,James L.,Understanding and Teaching about Civil Disobedience in a Democratic Society,*The Clearing House*,Vol.38,No.7(Mar.,1964).

131.Bauer,Steven M.;Eckerstrom,Peter J.,The State Made Me Do It:The Applicability of the Necessity Defense to Civil Disobedience,*Stanford Law Review*,Vol.39,No.5(May,1987).

132.Bedau,Hugo A.,On Civil Disobedience,*The Journal of Philosophy*,Vol. 58,No.21,American Philosophical AssociationEastern Division Symposium Papers to be Presented at the Fifty—Eighth Annual Meeting,Atlantic City,N.J.,December 27–29,1961(Oct. 12,1961).

133.Bentouhami,Hourya,Civil Disobedience from Thoreau to Transnational Mobilizations:The Global Challenge,*Essays in Philosophy*,Vol.8,No.2,2007.

134.Betz,Joseph,Can Civil Disobedience Be Justified? *Social Theory and Practice*,Vol.1,No.2,1970.

135.Bickel,Alexander M.,Conscience,Power,and the Duty to Obey Law, *Bulletin of the American Academy of Arts and Sciences*,Vol.27,No.6 (Mar.,

1974).

136.Black, Charles L. Jr., The Problem of the Compatibility of Civil Disobedience with American Institutions of Government, *Faculty Scholarship Series*, Paper 2590, 1965.

137.Blackstone, W. T., Civil Disobedience: Is It Justified? *The Southern Journal of Philosophy*, Vol.8, No.2–3, 1973.

138.Black, Virginia, The Two Faces of Civil Disobedience, *Social Theory and Practice*, Vol.1, No.1, (Spring, 1970).

139.Bookman, John T., Plato on Political Obligation, *The Western Political Quarterly*, Vol.25, No.2(Jun., 1972).

140.Brown, Stuart M., Jr., Civil Disobedience, *The Journal of Philosophy*, Vol. 58, No.22, American Philosophical Association Eastern Division Fifty–Eighth Annual Meeting, Atlantic City, N. J., December 27–29, 1961(Oct., 26, 1961).

141.Brownlee, Kimberley, Features of a Paradigm Case of Civil Disobedience, *Res PublicA*. Vol.10, No.4(2004).

142.Brownlee, Kimberley, Legal Obligation as a Duty of Deference, *Law and Philosophy*, Vol.27, No.6(Nov., 2008).

143.Brownlee, Kimberley, Penalizing Public Disobedience, *Ethics*, Vol.118, No.4(July 2008).

144.Brownlee, Kimberley, The Civil Disobedience of Edward Snowden: A Reply to William Scheuerman, *Philosophy and Social Criticism*, Vol.42, No.10, 2016.

145.Van der Burg, Wibren, The Myth of Civil Disobedience, *Praxis International*, Vol.9, No.3, 1989.

146.Carron, T. J., Distinctions of Civil Disobedience, *Science, New Series*,

Vol.162, No.3854(Nov. 8,1968).

147.Cavallaro, James L., The Demise of the Political Necessity Defense: Indirect Civil Disobedience and United States Schoon, *California Law Review*, Vol.81, No.1(Jan.,1993).

148.Celikates, Robin, Rethinking Civil Disobedience as a Practice of Contestation: Beyond the Liberal Paradigm, *Constellations*, Vol.23, No.1,2016.

149.Childress, James F., Nonviolent Resistance and Direct Action: A Bibliographical Essay, *The Journal of Religion*, Vol.52, No.4(Oct.,1972).

150.Childress, James F., Nonviolent Resistance: Trust and Risk−Taking, *The Journal of Religious Ethics*, Vol.1(Fall,1973).

151.Cohen, Carl, Essence and Ethics of Civil Disobedience, *Nation*, Vol.198, No.12(1964).

152.Cohen, Marshall, Civil Disobedience in a Constitutional Democracy, *The Massachusetts Review*, Vol.10, No.2(Spring,1969).

153.Cohen, Marshall, Liberalism and Disobedience, *Philosophy & Public Affairs*, Vol.1, No.3(Spring,1972).

154.Colaiaco, James A., Martin Luther King, Jr. and the Paradox of Nonviolent Direct Action, *Phylon*(1960−), Vol.47, No.1(1st Qtr.,1986).

155.Colaiaco, James A., The American Dream Unfulfilled: Martin Luther King, Jr. and the "Letter from BirminghamJail", *Phylon*(1960−), Vol.45, No.1(1st Qtr.,1984).

156.Coleman, Gerald D., Civil Disobedience: A Moral Critique, *Theological Studies*, Vol.46, No.1(1985).

157.Coleman, Gerald D., Contemporary Civil Disobedience: Selected Early and Modern Viewpoints, *Indiana Law Journal*, Vol.41 : Iss. 3, Article 6.(1966).

158.Cox, Archibald, Direct Action, Civil Disobedience : and the Constitution, *Proceedings of the Massachusetts Historical Society*, Third Series, Vol.78(1966).

159.Cooke, Steve, Cosmopolitan Disobedience, *Journal of International Political Theory*, May 23, 2019.

160.Cooper, Davina, Institutional Illegality and Disobedience : Local Government Narratives, *Oxford Journal of Legal Studies*, Vol.16, No.2(Summer, 1996).

161.Dean, Howard E., Democracy, Loyalty, Disobedience : A Query, *The Western Political Quarterly*, Vol.8, No.4(Dec., 1955).

162.Denning, Dorothy E., Activism, Hacktivism, and Cyberterrorism : The Internet as a Tool for Influencing Foreign Policy, *Journal of Computer Security*, Vol.16, No.3, 2000.

163.Doctor, Adi H., Resistance Politics, Its Implications for Democracy, *The Indian Journal of Political Science*, Vol.54, No.2(April – June 1993).

164.Dominguez, Ricardo, Electronic Civil Disobedience : Inventing the Future of Online Agitprop Theater, *PMLA*, Vol.124, No.5, Special Topic : War(Oct., 2009).

165.Dominguez, Ricardo, Electronic Disturbance Theater : Timeline 1994—2002, *The Drama Review*, Vol.47, No.2, 2003.

166.Duban, James, Conscience and Consciousness : The Liberal Christian Context of Thoreau's Political Ethics, *The New England Quarterly*, Vol.60, No.2 (Jun., 1987).

167.Dusen, Lewis H. Van Jr., Civil Disobedience : Destroyer of Democracy, *American Bar Association Journal*, Vol.55, No.2(Feb., 1969).

168.Edmundson, William A., Legitimate Authority without Political Obligation, *Law and Philosophy*, Vol.17, No.1(Jan., 1998).

169.Euben, J. Peter, Philosophy and Politics in Plato's Crito, *Political Theory*, Vol.6, No.2(May, 1978).

170.Farrell, Daniel M., Paying the Penalty: Justifiable Civil Disobedience and the Problem of Punishment, *Philosophy & Public Affairs*, Vol.6, No.2(Winter, 1977).

171.Franceschet, Antonio, Theorizing State Civil Disobedience in International Politics, *Journal of International Political Theory*, Vol.11, No.2, 2015.

172.Frazier, Clyde, Between Obedience and Revolution, *Philosophy & Public Affairs*, Vol.1, No.3(Spring, 1972).

173.Freeman, Harrop A., The Right of Protest and Civil Disobedience, *Indiana Law Journal*, Vol.41, Iss. 2, Article 3, (1966).

174.Galtung, Johan, On the Meaning of Nonviolence, *Journal of Peace Research*, Vol.2, No.3(1965).

175.Grady, Robert C., Obligation, Consent, and Locke's Right to Revolution "Who Is to Judge?" *Canadian Journal of Political Science/Revue Canadienne de Science Politique*, Vol.9, No.2(Jun., 1976).

176.Greaves, Richard L., John Knox, the Reformed Tradition, and the Development of Resistance Theory, *The Journal of Modern History*, Vol.48, No.3, On Demand Supplement(Sep., 1976).

177.Greenawalt, Kent, A Contextual Approach to Disobedience, *Columbia Law Review*, Vol.70, No.1(Jan., 1970).

178.Greenawalt, Kent, The Natural Duty to Obey the Law, *Michigan Law Review*, Vol.84, No.1(Oct., 1985).

179.Grundmann, Reiner; Mantziaris, Christos, Fundamentalist Intolerance or

Civil Disobedience? Strange Loops in Liberal Theory, *Political Theory*, Vol.19, No. 4(Nov., 1991).

180.Hall, Robert T., Legal Toleration of Civil Disobedience. *Ethics*, Vol.81, No.2(Jan., 1971).

181.Habib, Irfan, Civil Disobedience 1930—1931, *Social Scientist*, Vol.25, No.9/10(Sep.– Oct., 1997).

182.Held, Virginia, Justification: Legal and Political, *Ethics*, Vol.86, No.1(Oct., 1975).

183.Hernandez, Cesar Cuauhtemoc Garcia, Radical Environmentalism: The New Civil Disobedience? *Seattle Journal for Social Justice*, Vol.6, Iss.1, Article 35 (2007).

184.Herr, William A., Thoreau, A Civil Disobedient? *Ethics*, Vol.85, No. 1, 1974.

185.Hjorth, Ronnie, State Civil Disobedience and International Society, *Review of International Studies*, Vol.43, Part 2, No.3, 2016.

186.Honoré, Tony, The Right to Rebel, *Oxford Journal of Legal Studies*, Vol. 8, No.1(Spring, 1988).

187.Howard, A. E. Dick, Mr. Justice Black: The Negro Protest Movement and the Rule of Law, *Virginia Law Review*, Vol.53, No.5(Jun., 1967).

188.Hunter, Carol, Nonviolence in the Civil Rights Movement, *OAH Magazine of History*, Vol.8, No.3, Peacemaking in American History(Spring, 1994).

189.Huschle, Brian J., Cyber Disobedience: When is Hacktivism Civil Disobedience? *International Journal of Applied Philosophy*, Vol.16, No.1, 2002.

190.Isaac, Jeffrey C., Situating Hannah Arendt on Action and Politics, *Politi-*

cal Theory, Vol.21, No.3(Aug., 1993).

191.Johnson, Curtis, Socrates on Obedience and Justice, The Western Political Quarterly, Vol.43, No.4(Dec., 1990).

192.Jones, Harry W., Civil Disobedience, Proceedings of the American Philosophical Society, Vol.111, No.4(Aug. 24, 1967).

193.Kampelman, Max M., Dissent, Disobedience, and Defense in A Democracy, World Affairs, Vol.133, No.2(September 1970).

194.Katz, Michael, The Supreme Court and the Moral Foundation of Civil Disobedience, The Massachusetts Review, Vol.11, No.1(Winter, 1970).

195.Kaufman, Edy, Prisoners of Conscience: The Shaping of a New Human Rights Concept, Human Rights Quarterly, Vol.13, No.3(Aug., 1991).

196.Kellner, Menachem Marc, Democracy and Civil Disobedience, The Journal of Politics, Vol.37, No.4(Nov., 1975).

197.Kleine, Don W., Civil Disobedience: The Way to Walden, Modern Language Notes, Vol.75, No.4(Apr., 1960).

198.Klosko, George, Multiple Principles of Political Obligation, Political Theory, Vol.32, No.6(Dec., 2004).

199.Kostroun, Daniella, A Formula for Disobedience: Jansenism, Gender, and the Feminist Paradox, The Journal of Modern History, Vol.75, No.3(September 2003).

200.Koyama, Hanako, Freedom and Power in the Thought of Hannah Arendt—Civil Disobedience and the Politics of Theatre, Theoria, Vol.59, No.133, 2012.

201.Krause, Sharon, The Politics of Distinction and Disobedience: Honor and the Defense of Liberty in Montesquieu, Polity, Vol.31, No.3(Spring, 1999).

202.Lang, Berel, Civil Disobedience and Nonviolence: A Distinction with a

Difference, *Ethics*, Vol.80, No.2(Jan., 1970).

203.Lefkowitz, David, On a Moral Right to Civil Disobedience, *Ethics*, Vol. 117, No.2(January 2007).

204.Levine, Larry, When Political Contributions Become an Act of Civil Disobedience, *Election Law Journal*, Vol.1, (Number 4, 2002).

205.Lieten, G. K., The Civil Disobedience Movement and the National Bourgeoisie, *Social Scientist*, Vol.11, No.5(May, 1983).

206.Lyons, David, Moral Judgment, Historical Reality, and Civil Disobedience, *Philosophy & Public Affairs*, Vol.27, No.1(Winter, 1998).

207.Macfarlane, Leslie J., Justifying Political Disobedience, *Ethics*, Vol.79, No.1(Oct., 1968).

208.Magid, Laurie, First Amendment Protection of Ambiguous Conduct, *Columbia Law Review*, Vol.84, No.2(Mar., 1984).

209.Manion, Mark; Goodrum, Abby, Terrorism or Civil Disobedience: Toward a Hacktivist Ethic, *ACM SIGCAS Computers and Society*, Vol.30, No.2, 2000.

210.Markovits, Daniel, Democratic Disobedience, *The Yale Law Journal*, Vol. 114, No.8(Jun., 2005).

211.Marshall, Burke, The Protest Movement and the Law, *Virginia Law Review*, Vol.51, No.5(Jun., 1965).

212.Martin, Rex, Civil Disobedience, *Ethics*, Vol.80, No.2(Jan., 1970).

213.Martin, Rex, On the Logic of Justifying Legal Punishment, *American Philosophical Quarterly*, Vol.7, No.3(Jul., 1970).

214.Martin, Rex, Two Models for Justifying Political Authority, *Ethics*, Vol. 86, No.1(Oct, 1975).

215.Martin, Rex, Socrates on Disobedience to Law, *The Review of Metaphysics*, Vol.24, No.1(Sep., 1970).

216.McCloskey, H. J., Conscientious Disobedience of the Law: Its Necessity, Justification, and Problems to Which it Gives Rise, *Philosophy and Phenomenological Research*, Vol.40, No.4(Jun., 1980).

217.McLaughlin, Robert J., Socrates on Political Disobedience: A Reply to Gary Young, *Phronesis*, Vol.21, No.3(1976).

218.McReynolds, Phillip, How to Think About Cyber Conflicts Involving Non-state Actors, *Philosophy & Technology*, Vol.28, No.3, 2015.

219.McWilliams, Wilson Carey, Civil Disobedience and Contemporary Constitutionalism: The American Case, *Comparative Politics*, Vol.1, No.2(Jan., 1969).

220.Medearis, John, Social Movements and Deliberative Democratic Theory, *British Journal of Political Science*, Vol.35, No.1, 2005.

221.Michelsen, Danny, State Civil Disobedience: A Republican Perspective, *Journal of International Political Theory*, Vol.14, No.3, 2018.

222.Miller, Nathan J., Civil Disobedience in Transnational Perspective: American and West German Nti-nuclear-power Protesters, 1975—1982, *Historical Social Research*, Vol.39, No.1, 2014.

223.Miller, Nathan J., International Civil Disobedience: Unauthorized Intervention and the Conscience of the International Community, *Maryland Law Review*, Vol.74, No.2, 2014.

224.Murphy, Andrew R., Rawls and a Shrinking Liberty of Conscience, *The Review of Politics*, Vol.60, No.2(Spring, 1998).

225.Nelson, William Stuart, Thoreau and American Non-Violent Resistance,

The Massachusetts Review, Vol.4, No.1(Autumn, 1962).

226.Neubauer, Gerald, State Civil Disobedience: Morally Justified Violations of International Law Considered as Civil Disobedience, *General Information*, TranState working papers, No.86, Univ., Sonderforschungsbereich 597, Staatlichkeit im Wandel, Bremen, 2009.

227.Newhall, David H., Civil Disobedience and Democracy, *The Social Studies*, Vol.LXIV, No.7(Dec., 1, 1973).

228.Ogunye, Temi, Global Justice and Transnational Civil Disobedience, *Ethics* & Global Politics, Vol.8, No.1, 2015.

229.Paul, Robert, On Violence, *The Journal of Philosophy*, Vol.66, No.19, Sixty-Sixth Annual Meeting of the American Philosophical Association Eastern Division(Oct. 2, 1969).

230.Pickett, Brent L., Communitarian Citizenship and Civil Disobedience, *Politics & Policy*, Vol.29, No.2, (June 2001).

231.Pollak, Louis H., Dissent and Disobedience in a Democracy, *ALA Bulletin*, Vol.62, No.6(June 1968).

232.Powell, Brent, Henry David Thoreau, Martin Luther King Jr., and the American Tradition of Protest, *OAH Magazine of History*, Vol.9, No.2, Taking a Stand in History(Winter, 1995).

233.Power, Paul F., Civil Disobedience as Functional Opposition, *The Journal of Politics*, Vol.34, No.1(Feb., 1972).

234.Power, Paul F., On Civil Disobedience in Recent American Democratic Thought, *The American Political Science Review*, Vol.64, No.1(Mar., 1970).

235.Preston, William, Civil Liberty in America: A Freedom Odyssey, *The*

Massachusetts Review, Vol.17, No.3(Autumn, 1976).

236.Prosch, Harry, Limits to the Moral Claim in Civil Disobedience, *Ethics*, Vol.75, No.2(Jan., 1965).

237.Prosch, Harry, More About Civil Disobedience, *Ethics*, Vol.77, No.4 (Jul., 1967).

238.Prosch, Harry, Toward an Ethics of Civil Disobedience, *Ethics*, Vol.77, No.3(Apr., 1967).

239.Pyrcz, G., Obedience, Support, and Authority: The Limits of Political Obligation in a Democracy, *Canadian Journal of Political Science/Revue Canadienne de Science Politique*, Vol.14, No.2(Jun., 1981).

240.Rucker, Darnell, The Moral Grounds of Civil Disobedience, *Ethics*, Vol.76, No.2(Jan., 1966).

241.Samuel, Geoffrey, Civil Disobedience and Press Freedom, *Oxford Journal of Legal Studies*, Vol.5, No.2(Summer, 1985).

242.Schiller, Marvin, On the Logic of Being a Democrat, *Philosophy*, Vol.44, No.167(Jan., 1969).

243.Selfe, David W., Civil Disobedience: A Study in Semantics, *The Liverpool Law Review*, Vol.10, No.2, 1988.

244.Selfe, David W., Sentencing in Cases of Civil Disobedience, Columbia Law Review, Vol.68, No.8(Dec., 1968).

245.Scheuerman, William E., Digital Disobedience and the Law, *New Political Science*, Vol.38, No.3, 2016.

246.Scheuerman, William E., Whistleblowing as Civil Disobedience: The Case of Edward Snowden, *Philosophy and Social Criticism*, Vol.40, No.7, 2014.

247.Scheuerman, William E., Constituent Power and Civil Disobedience: Beyond the Nation-state? *Journal of International Political Theory*, 2018.

248.Simmons, A.John, Justification and Legitimacy, *Ethics*, Vol.109, No.4(July 1999).

249.Schaeffer, Chris, The Limits of Civil Disobedience, *Res Publica - Journal of Undergraduate Research*, Vol.16(2011).

250.Smith, M. B. E., Is There a Prima Facie Obligation to Obey the Law? *The Yale Law Journal*, Vol.82, No.5(Apr., 1973).

251.Smith, William, Civil Disobedience and the Public Sphere, *The Journal of Political Philosophy*, Vol.19(Number 2, 2011).

252.Smith, William, Civil Disobedience As Transnational Disruption, *Global Constitutionalism*, Vol.6, No.3, 2017.

253.Snyder, Robert S., The End of Revolution? *The Review of Politics*, Vol. 61, No.1(Winter, 1999).

254.Spitz, David, Democracy and the Problem of Civil Disobedience, *The American Political Science Review*, Vol.48, No.2(Jun., 1954).

255.Stettner, Edward A., Political Obligation and Civil Disobedience, *Polity*, Vol.4, No.1(Autumn, 1971).

256.Stoller, Leo, Civil Disobedience: Principle and Politics, *The Massachusetts Review*, Vol.4, No.1(Autumn, 1962).

257.Theiss-Morse, Elizabeth, Conceptualizations of Good Citizenship and Political Participation, *Political Behavior*, Vol.15, No.4(Dec., 1993).

258.Thorburn, Malcolm, Justifications, Powers, and Authority, *The Yale Law Journal*, Vol.117, No.6(Apr., 2008).

259.Tollefson, James, Conscientious Objection to the Vietnam War, *OAH Magazine of History*, Vol.8, No.3, Peacemaking in American History(Spring, 1994).

260.Uphaus, Willard, Conscience and Disobedience, *The Massachusetts Review*, Vol.4, No.1(Autumn, 1962).

261.Walzer, Michael, The Obligation to Disobey, *Ethics*, Vol.77, No.3 (Apr., 1967).

262.White, Jonathan, Principled Disobedience in the EU, *Constellations*, Vol. 24, No.4, 2017.

263.Wray, Stefan, Electronic Civil Disobedience and the World Wide Web of Hactivism, 1998, https://www.arifyildirim.com/ilt510/stefan.wray.pdf.

264.Wray, Stefan, On Electronic Civil Disobedience, *Peace Review*, Vol.11, No.1, 1999.

265.Wray, Stefan, The Electronic Disturbance Theater and Electronic Civil Disobedience, June 17, 1998, http://www.thing.net/~rdom/ecd/EDTECD.html.

266.Wasserstrom, Richard A., Disobeying the Law, *The Journal of Philosophy*, Vol.58, No.21, American Philosophical AssociationEastern Division Symposium Papers to be Presented at the Fifty-Eighth Annual Meeting, Atlantic City, N. J., December 27-29, 1961(Oct. 12, 1961).

267.Wendel, W. Bradley, Civil Obedience, *Columbia Law Review*, Vol.104, No.2(Mar., 2004).

268.Woozley, A. D., Civil Disobedience and Punishment, *Ethics*, Vol.86, No.4 (Jul., 1976).

269.Young, Iris Marion, Activist Challenges to Deliberative Democracy, *Political Theory*, Vol.29, No.5, 2001.

270.Zinn, Howard, The Role of Civil Disobedience in Promoting US Democracy, *Peacework*, (Feb. 1999).

后 记

本书是对本人博士论文几番增删而成，书成之际，赴津门求学和博士论文写作的情景历历在目。回想起来，选择"公民不服从"作为论题多少靠了一些运气。对量化研究的生疏使我在博士入学伊始就决定放弃从事多年的中国村级民主的选题，受业师佟德志教授《在民主与法治之间》一书的启发，我尝试研究政党与民主的关系问题，后来发觉这一问题的复杂性远远超出了我的学理把握能力。之后，又在洛克的选题上徘徊了一段时间，然而十卷本的英文版洛克全集和难以计数的二手文献，使我深感西方古典政治思想研究的创新之难。带着令人沮丧的挫折感，我读到了路易斯·哈茨的《美国的自由主义传统》，该书认为美国自建国以来就是一个自由主义国家。国内对美国政治思想的研究一般从美国国父直接进入了重建时期甚至是改革时期，从 18 世纪末到内战爆发之间的这段文学领域称为所谓"浪漫主义时期"的政治思想鲜有涉及，而这一时期既区别于建国时期国父的政治思想，又对改革时期的新个人主义有所启发，如杜威的《新旧个人主义》也讲到所谓美国"拓荒者的个人主义"的时代，但这究竟是一个怎样的时代呢？

忽视 19 世纪美国政治思想的研究就会造成美国自由主义发展脉络的

断裂,所以带着这个疑问我试图去挖掘 19 世纪美国的自由主义。然而惠特曼、爱默生、梭罗等文学家和哲学家的文本让我再次遭遇挫折,尽管之前在文学方面有所汲取,但要想从大量的文学和哲学作品中搭建通往政治思想的桥梁,仍旧是一件非常困难的事情。或许,这也是政治学界忽略这一时期的一个缘由吧。后来,沃浓·路易·帕灵顿的《美国思想史》彻底粉碎了我的这一宏大而不切实际的理想。幸运的是,在这一过程中,我读到了梭罗《论公民不服从》一文,这篇文章成为我研究公民不服从理论的一个起点。公民不服从理论是一个为国内政治学界长期忽视的理论,许多优秀的学者和成果大都聚焦于社会抗争理论,注重实证分析与模型建构,对于抗争行为的政治哲学探讨略显不足,而斯皮兹、贝多、罗尔斯、阿伦特、德沃金、拉兹等一大批大牌学者的文本足以使我们对公民不服从进行政治哲学的研究成为可能。浩繁的资料永远是把双刃剑,一方面足以支撑研究,另一方面也足以拖垮研究者。直到本研究临近最终定稿的时限,我发现依然有大量文献有待补充,这或许是所有研究者都无法回避的压力吧。

此刻,首先要感谢我的业师佟德志教授。老师成名甚早,学望颇高,学术研究独树一帜,从不耽于某一领域的成就,反而竿头日进。老师对学生毫无保留,要求严苛,却又无微不至,循循善诱。老师之于我,既是经师,亦是人师。初读老师的《在民主与法治之间》和《现代西方民主的困境与趋势》,即为老师的才华所折服,当即决心要追随老师,后来忝列门墙,受益于老师的悉心栽培。然而让我不免羞愧的是苦读三年,仍然与老师的要求相去甚远,直到毕业之际我依然没有完成老师交代的美国知华派作家对中国政治制度相关论述的写作任务。没有老师的鞭笞和鼓励,我不可能及早开始阅读英文文献,不可能掌握从原始文献到读书笔记再到论文的写作方法,不可能养成每天十到十二个小时的阅读习惯,也就不可能有本书的问世。还要感谢师母牟硕老师,她的亲切足以缓解我们对老师的敬畏,每次去老师家中拜访,师母总会为我们斟好热茶。有时佟老师与我们谈论一些严肃的学术话题而气氛凝重,师母总会用一些轻松的话题给我们带来笑声。师母对我们的难处也从来不吝施以援手,对我们要处理的一些行政方面的烦琐事务,她总会热心地出谋划策,使这些事情迎刃而解。

其次要感谢徐大同先生。先生在中国政治学界德高望重,桃李遍布,正是因为先生,才让无数像我这样的晚辈后学走进西方政治思想研究的殿堂。我忘不了先生为我们授课的严谨,忘不了先生治学的勤奋,忘不了先生对我们的关爱。如今先生已逝,唯有更加努力,方能不负。还要感谢高建教授、马德普教授、吴春华教授、常士訚教授和刘训练教授等诸位老师的悉心教导和帮助,他们的学问和风范让我大受裨益。感谢南开大学孙晓春教授和杨龙教授对论文的审阅和在论文答辩会上提出的宝贵意见,感谢山东大学葛荃教授、中国社会科学院杨海蛟教授和刘训练教授在论文答辩会上的精彩点评与斧正。感谢曹海军副教授、张继亮博士这两位师友对我的帮助,曹老师才华横溢、学识广博、谈吐洒脱,此刻仍记得我们初次相见,我正在拜读他的译作《在权利与功利之间》,向他索要签名而不得的有趣情景。继亮兄年轻有为、博闻强记、性情豪爽,我对梭罗等人的关注也得益于他的见识,更感谢他从美国和北大图书馆为我查找的大量资料,正是他的帮助使我的论文写作变得更加顺利。感谢我的同窗好友邱成岭博士、李浩博士、霍伟桦博士和张耀博士,无数次把盏论道、比肩夜读和驰骋球场令人难忘,感谢王海洋博士、石海雄博士、张昭博士、邱光亮博士、丁琼博士、赵华博士,愿我们的友谊长存不朽。我还要感谢山西农业大学公共管理学院的王文昌院长,正是王教授的鼓励和支持为我的研究提供了坚实的基础。

最后我更要感谢我的父母郝宪文先生和郑惠枝女士,他们赋予我生命,为我操劳一生,任何言语都无法表达我对父母的感恩。感谢我的妻子郭瑞雁副教授和我的儿子郝亦凡小朋友,是他们在无数个深夜里驱散了我的寂寞,让我在思念中体会幸福和美好。

回首津门求学的三年,咫尺见方的斗室,窗外夏日明媚,南风微曛,多么美好的时光啊!三年里竟然没有仔细地欣赏过师大的美景,记忆中只有图书馆累人颈椎的桌椅,兴文楼难辨东西的格局,食堂"糟糕"的第九大菜系。至于钢笔尖走过的长衣少女,雅艺楼里的琴瑟短笛,秋水湖畔的蛙声虫鸣,梦一般遥不可及。我会努力地记住这一切,祝福母校,祝福遇到的所有人。

政治文化与政治文明书系书目

- **多元文化与国家建设系列**（执行主编：常士闿）

1. 常士闿、高春芽、吕建明主编：《多元文化与国家建设》
2. 张鑫：《混和选举制度对政党体系之影响：基于德国和日本的比较研究》
3. 王坚：《美国印第安人政策史论》
4. 常士闿：《合族之道的反思——当代多民族国家政治整合研究》
5. 常士闿：《族际合作治理：多民族发展中国家政治整合研究》
6. 王向贤：《为父之道：父职的社会构建》
7. 崔金海：《中韩跨国婚姻家庭关系建构及发展的扎根理论研究》
8. **郝炜：《美国公民不服从理论研究》**

- **行政文化与政府治理系列**（执行主编：吴春华）

9. 史瑞杰等：《当代中国政府正义问题研究》
10. 曹海军、李筠：《社会管理的理论与实践》
11. 韩志明：《让权利运用起来——公民问责的理论与实践研究》
12. 温志强、郝雅立：《快速城镇化背景下的群体性突发事件预警与阻断机制研究》
13. 曹海军：《国外城市治理理论研究》
14. 宋林霖：《中国公共政策制定的时间成本管理研究》
15. 宋林霖：《中国共产党执政能力建设研究》
16. 孙宏伟：《英国地方自治体制研究》
17. 宋林霖、朱光磊主编：《贵州贵安新区行政审批制度改革创新研究》
18. 袁小波：《老龄社会的照料危机——成年子女照料者的角色经历与社会支持研究》
19. 刘琳：《空间资本、居住隔离与外来人口的社会融合——以上海市为例》
20. 于莉：《城乡农民的身份转型与社会流动研究》

- **政治思想与政治理论译丛**（执行主编：刘训练）

21. 郭台辉、余慧元编译：《历史中的公民概念》

22. [英]加里·布朗宁等著,黎汉基、黄佩璇译:《对话当代政治理论家》

● **政治思想与比较政治文化系列(执行主编:高建)**

23. 刘学斌:《应为何臣　臣应何为——春秋战国时期的臣道思想》

24. 王乐理:《美德与国家——西方传统政治思想专题研究》

25. 张师伟:《中国传统政治哲学的逻辑演绎》(上下)

26. 刘学斌:《中国传统政治思想中的公共观念研究》

● **民主的理论与实践系列(执行主编:佟德志)**

27. 李璐:《社会转型期城市社区组织管理创新研究》

28. 田改伟:《党内民主与人民民主》

29. 佟德志:《民主的否定之否定——近代西方政治思想的历史与逻辑》

30. 郭瑞雁:《当代西方生态民主的兴起及其对传统民主的超越》

● **政治思潮与政治哲学系列(执行主编:马德普)**

31. 高景柱:《当代政治哲学视域中的平等理论》

32. 许超:《在理想与现实之间——正义实现研究》

33. 马德普主编:《当代中国政治思潮(改革开放以来)》

● **社会主义政治文明建设系列(执行主编:余金成)**

34. 余金成:《马克思主义从原创形态向现代形态的发展——关于中国特色
社会主义基础理论的探索》

35. 冯宏良:《国家意识形态安全与马克思主义大众化——基于社会政治稳
定的研究视野》

● **国际政治系列**

36. 杨卫东:《国际秩序与美国对外战略调整》